FORUM EUROPÄISCHE GESCHICHTE 9

Philipp Strobl

Das Leben mit dem Silber
Die Bergbauregion Schwaz in der Frühen Neuzeit

Martin Meidenbauer Verlagsbuchhandlung

Bibliografische Information der Deutschen
Nationalbibliothek

Die Deutsche Nationalbibliothek verzeichnet diese
Publikation in der Deutschen Nationalbibliografie;
detaillierte bibliografische Daten sind im Internet
über http://dnb.d-nb.de abrufbar.

© 2011 Martin Meidenbauer
Verlagsbuchhandlung, München

Umschlagabbildung: »Schmelzhütte« – Quelle:
Tiroler Landesmuseum Ferdinandeum, Innsbruck,
Dip / 856

Printed in Germany

Gedruckt auf
chlorfrei gebleichtem, säurefreiem und
alterungsbeständigem Papier (ISO 9706)

m-press ist ein Imprint der
Martin Meidenbauer Verlagsbuchhandlung

ISBN 978-3-89975-739-2

Verlagsverzeichnis schickt gern:
Martin Meidenbauer Verlagsbuchhandlung
Schwanthalerstr. 81
D-80336 München
www.m-verlag.net

Dieses Buch ist meinen Großeltern Erika und Luis Rieder gewidmet.

Besonderer Dank gilt Herrn Univ.-Prof. Dr. Franz Mathis für seine großzügige Unterstützung bei Konzeption, Planung und Verfassung dieser Arbeit.

Ebenso bin ich dem Projekt HiMAT sowie der Südtiroler Landesregierung zu Dank verpflichtet, welche Verfassung und Drucklegung dieses Buches ermöglicht haben.

Inhaltsverzeichnis

I. Einleitung

„Eine weitere Arbeit zum Schwazer Bergbau der frühen Neuzeit! Zu diesem Thema ist doch bereits schon alles erforscht!" Auf solche und ähnliche Aussagen kann man stoßen, wenn man sich mit der Region Schwaz in der wirtschaftlichen Hochphase des 15. und 16. Jahrhunderts beschäftigt. Man wird häufig mit dem weit verbreiteten Irrglauben konfrontiert, dass ein Thema bereits sehr gut erforscht sei, nur weil viel dazu publiziert wurde. Speziell bei einem so spannenden Thema wie der Entwicklung des ursprünglich rein agrarischen kleinen Ortes Schwaz zu einer Großregion mit etlichen tausend Einwohnern muss dies schon fast gezwungenermaßen der Fall sein. So finden sich insbesonders zum Thema Bergbau viele äußerst gut recherchierte und ausführliche Werke. Möchte man jedoch weiter gehen und versuchen die Region aus einer sozialgeschichtlichen Perspektive zu betrachten, die auf den einzelnen Menschen fokussiert ist, sieht die Lage bereits anders aus. Für die Betrachtung der Lebensumstände der Bewohner, der Geldflüsse in der Region, des Ortsbildes des Marktes Schwaz und seiner umliegenden Gemeinden sowie der Bevölkerungsgruppen gibt es lediglich wenige wissenschaftliche Grundlagen, auf die man bei Recherchen aufbauen könnte. Hauptsächlich wurde bislang die Geschichte der „großen" Gewerken, Faktoren und Schmelzherren geschrieben. Für den überwiegenden Großteil der Bevölkerung blieb zumeist sehr wenig Platz. Dabei handelte es sich bei diesen Menschen um den eigentlichen Motor des wirtschaftlichen Geschehens. Die einmalige Situation über eine sehr große Bevölkerungsgruppe von in etwa 8.500 bis 9.000 Personen[1] zu verfügen, die ihren Lebensunterhalt erstmals nicht mehr durch die Landwirtschaft bestritt, eröffnete der Region ungeahnte Chancen und Möglichkeiten, konfrontierte sie aber zugleich auch mit zahlreichen neuen Problemen. Dieser Teil der Bevölkerung bekam schließlich zum ersten Mal seine Arbeit mit einem Lohn abgegolten, der für die Bestreitung seines Lebensunterhaltes wieder in der Region investiert werden konnte. Dies führte unweigerlich zu einer weiteren Arbeitsteilung und Spezialisierung. Der Landwirt beispielsweise, der bis dahin sehr geübt in der Bearbeitung von Holz war und sich durch Tischlerarbeiten ein kleines Zubrot zu seiner Ernte verdienen konnte, hatte nun durch die stark gestiegene Nachfrage der Bergleute die Möglichkeit sein „Hobby" zum Beruf zu machen und sich auf die Tischlerei zu spe-

---

1   siehe: Peter Fischer, Die gemeine Gesellschaft der Bergwerke. Bergbau und Bergleute im Tiroler Montanrevier Schwaz zur Zeit des Bauernkrieges, St. Kathrinen 2001, S.214.

zialisieren. Durch das Abwenden von der Landwirtschaft, hin zu spezialisierten Berufen und der damit verbundenen weiteren Entfernung von der bäuerlichen Selbstversorgung, wurde er selbst allerdings auch wieder zum Konsumenten, da er nun ebenfalls zu den „spezialisierten Lohnempfängern" gehörte und nun Lebensmittel zukaufen musste. Es ist vor allem diese Entwicklung Gegenstand der Untersuchungen dieser Arbeit. Entgegen den meisten Ansätzen, die in der bisherigen Literatur zu finden waren, wird sie sich weniger auf die Beträge konzentrieren, die durch den Verkauf des abgebauten Erzes von den schmelzenden Gewerken sowie dem Landesfürsten umgesetzt wurden. Diese verblieben, wie bereits häufig aufgezeigt, nur zum kleineren Teil in der Region[2] und trugen somit auch nur einen geringen Teil zum Wohlstand des frühneuzeitlichen Schwaz bei. Es soll vielmehr um die Löhne der Bergarbeiter gehen, die wie die Arbeit zeigen wird, den mit Abstand größten Motor der wirtschaftlichen Entwicklung darstellten.

Gegenstand der Untersuchung soll daher zunächst die Darstellung der verschiedenen Hauptakteure der Region sein. So gut es möglich ist, soll daher ein Einblick in die Lebensweise der Zeitgenossen gegeben werden. Hierbei steht die Frage nach deren Arbeitstätigkeit ebenso im Vordergrund wie die nach Einkommensverhältnissen und Familiengrößen. In einem weiteren Punkt werden schließlich auch Geldflüsse behandelt werden. Dies wird helfen, die These von den Schwazer Bergarbeitern als Dreh- und Angelpunkt der wirtschaftlichen Entwicklung des Großraumes zu stützen. Es wird dabei anhand verschiedener zeitgenössischer Angaben der jährlichen Gesamtverdienst aller Schwazer Knappen berechnet und den verschiedenen Ausgaben der Bergarbeiter entgegensetzt. Auf diese Weise soll schließlich auch erklärt werden, wie die frühneuzeitliche Schwazer Wirtschaft funktionierte. Thematisiert wird außerdem auch die räumliche Entwicklung des Großraumes. Häufig stößt man in der Literatur noch auf die Bezeichnung des Marktes Schwaz als zweitgrößten Ort Österreichs nach Wien mit einer geschätzten urbanen Bevölkerung von bis zu 30.000 Personen. Bereits im Jahre 1994 wurde jedoch von Franz Mathis in einer Analyse zeitgenössischer Stadtansichten plausibel nachgewiesen, dass die in städtischen Verhältnissen lebende Einwohnerschaft des Marktes nicht über 3.000 bis 4.000 Seelen umfasst haben kann.[3] Aufbauend auf dieser Erkenntnis wird das

---

2   Franz Mathis, Die wirtschaftliche Entwicklung in der frühen Neuzeit, in: Gesellschaft für Wirtschaftsdokumentationen (Hg), Tiroler Wirtschaftschronik Nordtirol/Südtirol, Wien 1994, S.75-114, S.94.

3   Mathis, wirtschaftliche Entwicklung, S.81.

Bild einer dicht besiedelten Region gezeichnet, in der zum überwiegenden Teil ländliche Lebensweisen dominierten. Der Markt Schwaz sollte daher viel mehr als urbanes Zentrum einer solchen Region gesehen werden, anstatt ihn in einem Atemzug mit Wien, Augsburg oder anderen „wirklichen" Großstädten dieser Zeit zu nennen.

Interessant wird auch die Frage sein, wie viele Menschen wovon in der Region lebten. Da die Lebensweise der Schwazer Bevölkerung naturgemäß auch die Versorgungssituation entscheidend beeinflusste, stellt dieser Punkt zugleich auch eine Voraussetzung für die Behandlung einer Folgefrage dar – der Versorgung des Großraumes. Es wird daher auch dargestellt, wie eine Region mit so hoher Bevölkerungsdichte in einer Zeit allgemein hoher Transportkosten und fehlender Kühlmittel ernährt und versorgt werden konnte.

Um den Einblick in die fremde Zeit weiter zu vervollständigen, wird, soweit im Rahmen dieser Arbeit möglich, eine ausführliche Beschreibung der Berufsgruppen geboten werden, die man im frühneuzeitlichen Schwaz antreffen konnte. Hierdurch soll dem Leser ein besserer Einblick in das Leben der Menschen der Region geboten werden. Darüber hinaus kann dadurch allerdings auch besser auf die Frage eingegangen werden, wer von den Entwicklungen im Raum Schwaz profitierte.

Bei den Recherchen zu diesem Buch ergaben sich einige Probleme. Eine der größten Schwierigkeiten war die relativ schlechte Quellenlage. Da das Schwazer Stadtarchiv bei einem Brand im Jahre 1809 zum Opfer der Flammen wurde, wird die Recherchearbeit zur Hochblüte des „silbernen Schwaz" zu einem „Puzzlespiel" bei dem Informationen aus verschiedensten Archiven und Werken zusammengetragen werden müssen. Besonders schwierig war es, Quellen zur Bevölkerungssituation der frühneuzeitlichen Region zu finden. Neben den Urbaren der Pfarrkirche Schwaz aus dem Jahre 1546[4] und 1606[5], die im Tiroler Landesarchiv als Mikrofilm erhalten sind, können Interessierte auch noch auf das landesfürstliche Feuerstättenverzeichnis und Untertanenverzeichnis des Jahres 1427[6] sowie die Urbare der Herrschaft Freundsberg aus dem Jahre 1540[7] zurückgreifen.

---

4   TLA Innsbruck, Urbar der Pfarrkirche Schwaz von 1546, Mikrofilmnummer Nr. 1797/2.
5   TLA Innsbruck, Urbar der Pfarrkirche Schwaz von 1606, Mikrofilmnummer Nr. 1797/3.
6   TLA Innsbruck, Feuerstättenverzeichnis des Jahres 1427, Cod.12, 2v.
7   TLA Innsbruck, Urbar 85/1, 85/2, 85/3.

Bei der vorhandenen Literatur zum Thema sieht es etwas anders aus. Hier sind zwar viele Werke zum Bergbau in Schwaz erhältlich, die Thematik dieses Buches wurde allerdings bislang nur sehr spärlich aufbearbeitet. Alle in der Arbeit verwendeten Werke sind im Literaturverzeichnis zu finden sind. Daher werden an dieser Stelle lediglich häufig verwendete Arbeiten erwähnt.

Eines der wichtigsten und ausführlichsten Werke zum Thema Bergbau und Bergleute wurde von Peter Fischer im Jahre 2001 verfasst.[8] Im Anhang finden sich hier auch eine Reihe von gedruckten Quellen, so beispielsweise auch die in dieser Arbeit häufig zitierte Schwazer Bergbeschau von 1526. Ein sehr aufschlussreiches Werk von Thomas Sokoll aus dem Jahre 1997 ist ebenfalls diesem Thema gewidmet.[9] Sehr aktuelle, ausführliche Informationen sowie eine Transkription des Schwazer Bergbuches von 1556 bietet ein dreibändiges Werk von Christoph Bartels, Andreas Bingener und Rainer Slotta aus dem Jahre 2006.[10] Ein Aufsatz von Erich Egg im Schwazer Stadtbuch aus dem Jahre 1986 ist zwar bereits teilweise überholt, bietet aber immer noch eine gründliche und wertvolle Aufarbeitung der Geschichte der Region.[11] Informationen, insbesonders zur Bevölkerungsgruppe der Bergarbeiter bietet ein Werk von Rudolf Palme, Peter Gstrein und Wolfgang Ingenhaeff aus dem Jahre 2002 mit dem Titel „Glück Auf".[12] Weitere interessante Informationen zur Geschichte der verschiedensten Tiroler Berufsgruppen finden sich in einem Werk mit dem Titel „Von allerley Werkleuten und Gewerben" aus dem Jahre 1976.[13] Absolut unerlässlich für zahlreiche Berechnung dieser Arbeit war eine unveröffentlichte Dissertation von Mathias Schmelzer mit dem Titel „Geschichte der Preise und Löhne in Rattenberg" aus dem Jahre 1972.[14] Besonderer Dank gilt außerdem Yvonne Kathrein für die Überlassung eines inzwischen bereits veröffentlichten Ma-

---

8   siehe: Fischer, gemeine Gesellschaft der Bergwerke.
9   siehe: Sokoll Thomas, Bergbau im Übergang zur Neuzeit, Idstein 1994.
10 siehe: Christoph Bartels (Hg.) / Andreas Bingener/Rainer Slotta, „1556 Perkwerch etc." - Das Schwazer Bergbuch. Bd.I - III: Der Bergbau bei Schwaz in Tirol im mittleren 16. Jahrhundert, Bochum 2006.
11 siehe: Erich Egg, Schwaz vom Anfang bis 1850, in: Stadtgemeinde Schwaz (Hg), Stadtbuch Schwaz. Natur-Bergbau-Geschichte, Schwaz 1986, S.78-216.
12 siehe: Rudolf Palme / Peter Gstrein / Wolfgang Ingenhaeff, Glück auf. Faszination Schwazer Silberbergwerk, Innsbruck 2002.
13 siehe: Erich Egg / Wolfgang Pfaundler / Meinrad Pizzini, Von allerley Werkleuten und Gewerben. Eine Bildgeschichte der Tiroler Wirtschaft, Innsbruck 1976.
14 siehe: Mathias Schmelzer, Geschichte der Preise und Löhne in Rattenberg vom Ende des 15. bis in die zweite Hälfte des 19 Jahrhunderts, phil.Diss., Innsbruck 1972.

nuskripts zu „Berufs und -übernahmen 1540 in Schwaz".[15] Zum Thema der Versorgung von Bergbauregionen erschien ein ausführlicher Sammelband von Ekkehard Westermann im Jahre 1997.[16] Besonders wertvoll für die Recherchen zu diesem Buch war eine Arbeit von Franz Mathis aus dem Jahre 1994, die sich mit der wirtschaftlichen Entwicklung Nordtirols in der frühen Neuzeit befasst.[17] Letztendlich bietet ein bereits etwas älterer Beitrag von Otto Stolz in den Schlern Schriften des Jahres 1939 einen sehr guten Einblick in Bevölkerungszahlen und Familiengrößen des 15. Jahrhunderts.[18].

Diese Arbeit möchte über drei Teile einen Einblick in sozio-ökonomischen Verhältnisse des Großraumes Schwaz geben. Der erste und zugleich auch umfangreichste Abschnitt bietet eine ausführliche Beschreibung der Berufe des frühneuzeitlichen Schwaz. Auf sieben Kapiteln werden hier Tätigkeit, Entlohnung sowie die Anzahl der Arbeiter der verschiedenen Berufe beschrieben. Dadurch soll ein genauerer Einblick in die Lebenswelten der Zeitgenossen ermöglicht werden. So bietet das zweite Kapitel beispielsweise eine Einführung in die Lohn- und Preisverhältnisse sowie in die Kaufkraft der Zeit. Eingangs werden die wichtigsten zeitgenössischen Maß-, Währungs- und Gewichtseinheiten erklärt. Anschließend werden verschiedene überlieferte Löhne der Schwazer Zeitgenossen gegenübergestellt und analysiert. Abgeschlossen wird dieser Teil durch einen Kaufkraftvergleich, bei dem unter anderem ein frühneuzeitlicher Warenkorb errechnet wird. Kapitel drei befasst sich mit den Berufen des Bergbaus. Neben den so genannten „Perkamtleuten", der Beamtenschaft des Landesfürsten, werden hier auch die Herrenarbeiter beschrieben, die die überwiegende Mehrheit der im Bergbau Beschäftigten stellten. Ebenso wird in diesem Kapitel auf die Gewerken eingegangen werden, die als Grubenbesitzer alle Höhen und Tiefen der Bergbauzeit in besonderer Form erlebten. Das vierte Kapitel ist dem Gewerbe des Hüttenwesens gewidmet. Neben den Schmelzherren, den eigentlichen Besitzern und „Bestverdienern" der Region, werden ebenso

---

15 siehe: Yvonne Kathrein, Berufsnamen und -übernamen 1540 in Schwaz (unveröffentlichtes Manuskript), Innsbruck 2008.
16 siehe: Ekkehard Westermann (Hg.), Bergbaureviere als Verbraucherzentren im vorindustriellen Europa. Fallstudien zu Beschaffung und Verbrauch von Lebensmitteln sowie Roh- und Hilfsstoffen (13.-18. Jahrhundert), Stuttgart 1997
17 siehe: Mathis, wirtschaftliche Entwicklung, S.75-114.
18 siehe: Otto Stolz, Quellen zur Steuer-, Bevölkerungs- und Sippengeschichte des Landes Tirol im 13., 14. und 15. Jahrhundert (Schlern Schriften Nr.44), Innsbruck 1939.

deren Arbeiter beschrieben. Einen sehr umfangreichen Abschnitt und zugleich auch eine Abkehr von den modern erscheinenden „kapitalistischen" Strukturen des Bergbaus stellen schließlich die Berufe des fünften Kapitels dar. Es bietet eine Beschreibung der Berufe des Schwazer Handwerks und Gewerbes. Neben den Bereichen der Lebensmittelversorgung und des Bauhandwerks wird auch ein Überblick über die Versorgung mit Gebrauchsgegenständen und nicht zuletzt auch Kleidung geboten. Die Berufe des sechsten Kapitels sind für eine Bergbauregion wie Schwaz besonders wichtig. An dieser Stelle dreht sich alles um Handel und Verkehr. Neben den Exporteuren und Importeuren der Gegend werden hier auch die wichtigen Berufsgruppen des Transportwesens beschrieben. Kapitel VII. widmet sich schließlich den Berufsgruppen des Gesundheitswesens und der Armen- sowie Krankenfürsorge.

Der zweite Teil dieser Arbeit gibt in drei Kapiteln einen Überblick über die eingangs gestellten Kernfragen der Arbeit. Kapitel acht beschreibt die regionale Entwicklung der Stadt sowie ihrer Bevölkerung. An dieser Stelle wird dann auch das vorhin angesprochene Problem der Definition des Raumes Schwaz thematisiert. Das neunte Kapitel handelt von der Versorgung des Großraumes. Es werden Themen wie Eigenproduktion von Lebensmitteln, Zufuhr und Export ebenso behandelt wie die Versorgung der Region unter Normalbedingungen und in Krisenzeiten. Der Fluss des erwirtschafteten Kapitals der Bergleute bildet die Grundlage des zehnten Kapitels. An dieser Stelle wird erörtert, wie hoch die Einnahmen der Bergarbeiter waren und was mit diesen geschah. Die Ergebnisse dieses Kapitels machen schließlich ersichtlich, wie groß die Bedeutung der Löhne der Bergleute für die Schwazer Wirtschaft wirklich war.

Im dritten und abschließenden Teil werden dann die wichtigsten Aussagen dieser Arbeit sowie sämtliche neu gewonnenen Erkenntnisse zusammengefasst. Für diesen Zweck präsentiert sich das Fazit im elften Kapitel in der Form von zehn Thesen. Bild- und Kartenmaterial im Buch sollen schließlich helfen die gewonnenen Informationen in graphischer Form zu untermauern. Hier werden unter anderem auch Darstellungen der Region zu finden sein.

II. Löhne, Preise, Kaufkraft im frühneuzeitlichen Schwaz

In der frühen Neuzeit waren alleine in Tirol eine Vielzahl von unterschied-
lichen Maß- und Gewichtseinheiten in Gebrauch, die Geschäftsabwicklun-
gen sowie Rechenvorgänge bereits zu dieser Zeit sehr kompliziert gestalte-
ten. Am Beginn dieser Arbeit wird daher ein kurzer Einblick in Preisdimen-
sionen des 16. Jahrhunderts gegeben um die später genannten Zahlen besser einordnen zu können. Ebenso soll ein erster Einblick in die Löhne der
Bewohner der Silberregion die später genannten Zahlen fass- und einor-
denbar zu machen.

II. a) Maße und Werte

Es wird kein Anspruch erhoben mit diesem kurzen Überblick eine vollstän-
dige Aufzählung aller Münz- sowie Gewichtsmaße zu geben. Vielmehr
werden dabei die später benutzten Begriffe überblicksmäßig dargestellt.
Die größte aus den Quellen übernommene Wertbezeichnung bezeichnet interessanterweise keine Münze. Mit der häufig erwähnten Mark wurde zwar
oftmals ein Wert beschrieben, sie galt aber eigentlich als Gewichtseinheit
für Gold oder Silber. 276,98 Gramm mussten diese Edelmetalle schwer
sein um als Mark zu gelten.[1] Für die Mark als Wertbezeichnung galt fol-
gende Festsetzung: Eine Mark entsprach in etwa zwei Gulden, das waren in
etwa 10 Pfund Berner. Dieser Wert entsprach 120 Kreuzer oder 240 Berner.
Die häufigste Währungseinheit war zu dieser Zeit der Gulden. Er konnte
aus Gold oder Silber bestehen und hatte einen Edelmetallanteil von 138,49
Gramm. Interessant ist, dass Gold- sowie Silbergulden in etwa den glei-
chen Wert hatten.[2] Er wurde zunächst nur in der Haller Münze geprägt.
Dank der hohen Silbervorräte Tirols galt er lange Zeit als sehr hochwertige
Münze die später sogar in anderen Regionen mit Silbervorkommen wie
Sachsen oder Böhmen nachgeprägt wurde.[3] Der typische Haller, oder auch
Rheinische Gulden war eine Münze mit sehr hohem Wert. Als nächst klei-
nere Untereinheit gab es den Kreuzer. Das Verhältnis zwischen beiden
Münzen war eins zu sechzig, ein Gulden hatte also einen Wert von sechzig
Kreuzern.[4] Der Kreuzer wurde bereits nur mehr aus Silber hergestellt.[5] Er

---

1   Franz Kirnbauer, 400 Jahre Schwazer Bergbuch 1556-1956, Wien 1956, S.149.
2   Kirnbauer, Schwazer Bergbuch, S.149.
3   Andreas Glas, Beiträge zur Geschichte der Preise und Löhne in Tirol, phil. Dipl.,
     Innsbruck 2007, S.46.
4   Glas, Preise und Löhne, S.46.
5   Kirnbauer, Schwazer Bergbuch, S.149.

musste zumindest über einen Edelmetallgahalt von 2,308 Gramm verfügen. Der Berner (oder Perner) stand als Silberwährung mit geringem Wert wertmäßig unter dem Kreuzer. Sein Name kam von der oberitalienischen Münzprägestätte Verona die mit Dietrich von Bern in Verbindung gebracht wurde.[6] Ein Kreuzer war zwei Berner wert. Häufig findet man auch die Bezeichnung ein Pfund Berner. Hierbei handelt es sich um rund ein halbes Kilo Bernermünzen. Fünf Pfund Berner beispielsweise entsprachen einem Gulden. Noch weniger war der so genannte Vierer wert. Fünf Vierer stellten einen Kreuzer dar.

Als Gewichtsmaße gab es neben der bereits bekannten Mark auch noch einige andere. Sehr häufig war das Pfund, mit dem mit 565,665 Gramm[7] in etwa ein halbes Kilogramm beschrieben wird. Das Pfund war seinerseits in vier Vierdung zu je 141,416 Gramm unterteilt.[8] Als weitere, noch kleinere Unterteilungen scheinen das Lot sowie das Quint auf. Beide werden jedoch in den verwendeten Quellen nie genannt. Etwas häufiger kommt ein viel größeres Gewichtsmaß vor. Der Zentner entsprach mit 100 Pfund in etwa 56 Kilogramm.[9] Neben diesen Gewichtsmaßen stößt man häufig auch auf Hohlmaße. Besonders oft wird das Star bei Beschreibungen von Transportware oder bei der Nennung von Maßen für landesfürstliche Abgaben genannt. So wurde die Fron, eine Abgabe auf Kupfer, nur in Star gemessen und bezahlt. Das eigentliche „Tiroler Star" enthielt nach der Landesordnung von 1525 31,704 Liter[10]. Je nach Feuchtigkeit und Gewicht der Ware konnte ein Star erzhaltiges Gestein also rund 50 bis 70 Kilo schwer sein.[11] Etwas größer war das so genannte aus rund sieben Star bestehende Schaffl.[12] Besonders für Getreide, von dem sehr große Mengen in die Bergbauregion transportiert wurde, findet man mit dem Mut auch oftmals ein noch größeres Hohlmaß. Das Mut bestand aus insgesamt 30 Star.[13]

Für flüssige Waren wurden andere Angaben verwendet. Häufig wird dabei das Maß genannt. Hier schwanken die Angaben aber stark. So hatte ein Rattenberger Maß rund 0,817 Liter, während ein Wiener Maß mit 1,414 Litern um 73,07% mehr enthielt.[14]

---

6   Kirnbauer, Schwazer Bergbuch, S.149.
7   Schmelzer, Preise und Löhne, S.38.
8   Schmelzer, Preise und Löhne, S.38.
9   Kirnbauer, Schwazer Bergbuch, S.149.
10   Schmelzer, Preise und Löhne, S.34.
11   Kirnbauer, Schwazer Bergbuch, S.149.
12   Schmelzer, Preise und Löhne, S.34.
13   Schmelzer, Preise und Löhne, S.34.
14   Schmelzer, Preise und Löhne, S.36.

Holz, eines der wichtigsten Produkte im Großraum Schwaz, wurde zumeist in Klafter angegeben. Ein Tiroler Klafter hatte nach der Landesordnung von 1573 eine Schnittlänge von 0,84288 Meter, entsprach also 6,064 m³.[15]

II. b) Löhne im Vergleich

Im folgenden Unterkapitel werden alle in der Arbeit genannten Löhne in tabellarischer Form aufgelistet, um einen besseren Vergleich der einzelnen Verdienste geben zu können. Da nicht immer Angaben zu allen Professionen vorhanden sind, kann es manchmal vorkommen, dass nicht alle beschriebenen Berufe in dieser Tabelle zu finden sind. Die hier erfassten Löhne stammen aus späteren Kapiteln dieser Arbeit. Dort sind auch die dazugehörigen Herkunftsnachweise der Informationen zu finden. Besonderen Aussagewert hat diese Tabelle in erster Linie für die unselbstständigen Berufe. Werte bei Selbstständigen können immer nur Schätzungen sein, da man hier verständlicherweise keine feste Entlohnung angeben kann. Je nach Auftragslage und Rohstoffsituation können sich beim Verdienst der selbstständigen Arbeiter deshalb, genau wie heute auch, enorme Differenzen ergeben haben.

Tab. 1: Löhne im Schwaz des 16. Jahrhunderts

Berufsgruppe	Berufsbezeichnung	Entlohnung/Jahr[16]
Bergbeamte	Bergrichter	über 56 Gulden
Bergbeamte	Berggerichtsschreiber	30 Gulden 30 Kreuzer
Bergbeamte	Fronboten	30 Gulden 30 Kreuzer
Bergbeamte	Berggeschworene	70 Gulden (Nebentätigkeit)
Bergbeamte	Bergmeister	100 Gulden
Bergbeamte	Schichtmeister	68 Gulden, (12 Gulden bei Nebentätigkeit)

---

15   Schmelzer, Preise und Löhne, S.37.
16   Quellenangaben sind bei den jeweiligen Berufsgruppen ab dem Kapitel III. zu finden.

Bergbeamte	Probierer	70 Gulden
Bergbeamte	Holzmeister	62 Gulden 24 Kreuzer
Bergbeamte	Holzknecht	17 Gulden 20 Kreuzer
Bergbeamte	Köhler	24 Gulden 22 Kreuzer
Herrenarbeiter	Hutmann	52 Gulden oder mehr
Herrenarbeiter	Nacht-Hutmann	52 Gulden
Herrenarbeiter	Grubenschreiber	48 Gulden 13 Kreuzer
Herrenarbeiter	Knecht-Hutmann	36 Gulden 24 Kreuzer
Herrenarbeiter	Buben-Hutmann	27 Gulden 44 Kreuzer
Herrenarbeiter	Grubenhüter	36 Gulden 24 Kreuzer
Herrenarbeiter	Haspler	36 Gulden 24 Kreuzer
Herrenarbeiter	Truhenläufer	27 Gulden 44 Kreuzer
Herrenarbeiter	Säuberbuben	24 Gulden
Herrenarbeiter	Forcherbuben	24 Gulden 16 Kreuzer
Herrenarbeiter	Wasserheber	45 Gulden
Herrenarbeiter	Grubenzimmermann	52 Gulden
Herrenarbeiter	Häuer	über 52 Gulden
Hüttenwesen	Schmelzmeister	62 Gulden 15 Kreuzer
Hüttenwesen	Schmelzknechte	26 Gulden (inkl. Verpflegung)
Hüttenwesen	Probierer	70 Gulden
Hüttenwesen	Hüttenverweser	über 250 Gulden
Handwerk	Steinmetz-/Maurermeister	70-100 Gulden
Handwerk	Steinmetzlehrling	28 Gulden

Handwerk	Steinmetzparlier	20 Gulden 48 Kreuzer (inkl. Verpflegung, Durchschnitt Winter+Sommerlohn)
Handwerk	Steinmetzknecht	20 Gulden 48 Kreuzer (zuzüglich Verpflegung)
Handwerk	Mörtelträger	13 Gulden 52 Kreuzer
Handwerk	Tagwerker - Steinmetz	13 Gulden 20 Kreuzer
Handwerk	Zimmermannsmeister	62 Gulden 24 Kreuzer
Handwerk	Zimmermannsgeselle	34 Gulden 40 Kreuzer (zuzüglich Verpflegung)
Handel und Transport	Fuhrleute	bis zu 277 Gulden und 20 Kreuzer abhängig von der Auftragslage
Gesundheitsversorgung	Arzt	20 Gulden (zuzüglich Patientenhonorar)

Die am besten dokumentierten Löhne finden sich im Bergbau. Hier ist durch das Schwazer Bergbuch für viele der beschriebenen Berufe auch das dazugehörige Gehalt überliefert. In diesem Bereich kann man feststellen, dass höherwertige Berufe, die entweder eine entsprechende Ausbildung voraussetzten oder eine gewisse Verantwortung in sich bargen, durchwegs mit einem Gulden pro Woche oder auch mehr entlohnt wurden. Interessant ist auch, dass die bergbaulichen Hilfsberufe im Vergleich zu anderen, ähnlichen Professionen im Tal höher bezahlt wurden. Am wenigsten verdienten im Bergbau die Säuberbuben. Ihr Salär belief sich auf 24 Gulden im Jahr. Ein vergleichbarer Hilfsberuf aus dem handwerklichen Bereich war der des Mörtelträgers. Er wurde für seine Tätigkeit lediglich mit 13 Gulden und 52 Kreuzern entlohnt. Bei Posten mit höherer Qualifikation, sah es interessanterweise anders aus. Vergleicht man hier die Entlohnung eines Zimmermannsmeisters mit dessen Kollegen in den Gruben, kann man feststellen, dass der Meister im Tal besser verdiente. Die höchsten Löhne kann man sicherlich unter den „leitenden Angestellten" der Gewerken und Schmelzherren finden. So dürften sich die Gehälter der Faktoren und Hüttenverweser im Durchschnitt über der 250 Gulden Grenze bewegt haben, da die Angaben über die Entlohnung des später genannten Hüttenverwesers aus Brixlegg aus dem Jahr 1463 stammten.[17] Dies war zu einer Zeit als ein Gulden noch bedeutend mehr wert war als im 16. Jahrhundert.

II. c) Lebensmittelpreise und Kaufkraft

Was konnte man für sein Gehalt erhalten? Wieviel war ein Gulden wert? Diese Frage ist Gegenstand der folgenden Untersuchung in der versucht wird, die Preise jener Produkte darzustellen, die in der Bergbauregion am häufigsten nachgefragt wurden.

Hier bietet das Schwazer Bergbuch von 1556 einen guten Anhaltspunkt, da es die wichtigsten Verbrauchsgüter der Bergleute nennt. Neben Wein scheinen hier Ochsenfleisch, Schmalz sowie Getreide als Hauptnahrungsmittel auf. Kohl, Käse, Milch, Obst Geflügel sowie Eier werden als Ergänzung des Speiseplans genannt.[18] Erweitern kann man diese Angaben auch mit den Notizen eines Augsburger Großgewerken, der ungefähr zur selben Zeit den Lebensmittelwochenverbrauch seiner Bergleute errechnete. Er empfahl bei einem verheirateten Knappen auf ein Pfund Schmalz, ein Pfund Zieger, drei Pfund Mehl, ein Pfund Fleisch [Rindfleisch], fünf Laib Brot und etwa ein Pfund Schweinefleisch.[19] Diese Vorgaben bieten die Grundlage bei der Erstellung eines Warenkorbes. Erwähnenswert erscheinen dabei vor allem Brot beziehungsweise Mehl oder Getreide, Rindfleisch, Schweinefleisch, Wein, Schmalz, Käse, Zieger (Quark), Kohl, Milch und Eier. Da die Preise oftmals stärkeren Schwankungen unterlagen, werden drei Vergleichsdaten verwendet, die die Blüte des Bergbaues einigermaßen abdecken sollen. Die genannten Preise stammen zwar aus Mathias Schmelzers Werk zu den Preisen und Löhnen der benachbarten Stadt Rattenberg[20], aufgrund der Nähe zu Schwaz dürften sich die Preise aber stark geähnelt haben.

---

17   Mutschlechner, Frühzeit des Hüttenwesens, S. 63.

18   Andreas Bingener, Gesundheitliche Aspekte im Zusammenhang mit der Lebensmittelversorgung von Schwaz in der Mitte des 16.Jahrhunderts, in: Bergbau und Medizin. Schwazer Silber, 3. Internationales Bergbausymposium Schwaz 2004. Tagungsband, Innsbruck 2005, S.49-69; S.54.

19   Karl-Heinz Ludwig, Unternehmenserfolge im südeutsch-alpenländischen Montanwesen in der ersten Hälfte des 16. Jahrhunderts in Abhängigkeit von Lösungen der Versorgungs- und Ressourcenprobleme, in: Ekkehard Westermann (Hg.), Bergbaureviere als Verbraucherzentren im vorindustriellen Europa. Fallstudien zu Beschaffung und Verbrauch von Lebensmitteln sowie Roh- und Hilfsstoffen (13.-18. Jahrhundert), S.47-58; S.53.

20   siehe: Schmelzer, Preise und Löhne.

Tab. 2: Preise ausgewählter Lebensmittel in der benachbarten Stadt Rattenberg zusammengestellt nach Mathias Schmelzer[21]

Produkt[22]	1490 Preis in Kreuzer	1510 Preis in Kreuzer	1550 Preis in Kreuzer
Weizen/Star	27,33	26	53 (im Jahr 1551)
Mehl/Star	26,80 (im Jahr 1496)	30	60 (im Jahr 1594)
Rindfleisch/Pfund	0,8 (im Jahr 1499)	1 (im Jahr 1514)	1,4
Schweinefleisch	1,3 (im Jahr 1504)	-	2,6 (im Jahr 1551)
Wein/Maß	2,5	2	3,2
Schmalz/Pfund	2,4	2,36	5
Käse/Pfund	1 (im Jahr 1496)	1 (im Jahr 1515)	2,4 (im Jahr 1557)
Kopfkohl/100 Stück	-	13 (im Jahr 1514)	42 (im Jahr 1568)
Milch/Maß	-	-	0,8 (im Jahr 1612)
Eier/Stück	-	6 (im Jahr 1514)	4 (im Jahr 1541)
Zieger/Pfund	1	1,12 (im Jahr 1512)	1,6 (im Jahr 1557)
Roggen/Star	20,21	13,60	28

Geht man nun nach der bereits genannten Rechnung des Augsburger Gewerken und den in die Tabelle übernommenen Mittelwerten aus dem nahen
Rattenberg, hätte ein verheirateter Bergmann im Jahre 1490 wöchentliche
Lebensmittelausgaben von 12,26 Kreuzer gehabt, wobei der Großteil davon
für Brot aufgebracht werden hätte müssen. 20 Jahre später hätte er für die

---

21   siehe: Schmelzer, Preise und Löhne.
22   siehe: Schmelzer, Preise und Löhne.

gleich Menge 12,76 Kreuzer zahlen müssen. Bis zum Jahr 1550 waren die Preise schließlich kräftig angestiegen, so dass er 19,56 Kreuzer für die Ernährung seiner Familie zu zahlen hatte. Dies entsprach einer jährlichen Summe von rund 17 Gulden. Diese Berechnung hat die von dem Gewerken genannten Produkte Schmalz, Zieger, Mehl, Rind- sowie Schweinefleisch und Brot als Grundlage.

Tab. 3: Warenkorb eines verheirateten Bergmannes[23]

Produkt	Mengenangabe	1490 Preis in Kreuzer	1510 Preis in Kreuzer	1550 Preis in Kreuzer
Zieger	2 Pfund	2,00	2,24	3,20
Schmalz	2 Pfund	4,80	4,72	10,00
Mehl	6 Pfund[24]	3,52	3,96	7,92
Rindfleisch	2 Pfund	1,60	2,00	2,80
Schweinefleisch	2 Pfund	2,60	2,60	5,20
Brot (aus Roggen)	10 Laib[25]	10,00	10,00	10,00
Gesamtpreis	2 Wochen	24,52	25,52	39,12
Gesamtpreis	1 Woche	12,26	12,72	19,56

---

23 siehe: Schmelzer, Preise und Löhne.
24 Umrechnung von Star auf Pfund: Preis für 1 Star dividiert durch 31,704 (1 Star = 31,704 Liter) = 1 Liter. Dichte von Mehl = 0,8 g pro cm³: 1 cm³ = 1 ml, 100g Mehl = 125 ml Mehl, 1 Liter = 800 g Mehl.
25 Ein Laib Brot kostete nach einer Innsbrucker Bäckerordnung des 15. Jahrhunderts einen Kreuzer und wog durchschnittlich drei Pfund. Der Preis blieb danach auch immer gleich, mit steigenden oder sinkenden Roggenpreisen veränderte sich lediglich das Gewicht. siehe: Leopold Kohlegger, Das Innsbrucker Bäckergewerbe (Tiroler Studien 17), Innsbruck 1937, S. 17.

Tab.4: Warenkorb eines unverheirateten Bergmannes[26]

Produkt	Mengenangabe	1490 Preis in Kreuzer	1510 Preis in Kreuzer	1550 Preis in Kreuzer
Zieger	1 ½ Pfund	1,50	1,68	2,40
Schmalz	1 ½ Pfund	3,60	3,54	7,50
Mehl	4 ½ Pfund[27]	2,61	2,97	5,94
Rindfleisch	1 ½ Pfund	1,20	1,50	2,10
Schweinefleisch	1 ½ Pfund	1,95	1,95	3,90
Brot (aus Roggen)	7 ½ Laib[28]	7,50	7,50	7,50
Gesamtpreis	2 Wochen	18,36	19,14	29,34
Gesamtpreis	1 Woche	9,18	9,57	14,67

Für einen unverheirateten Bergmann veranschlagte der Großgewerke etwas weniger. Hier wird bei Schmalz und Zieger etwa drei Viertel der Menge eines Verheirateten angegeben. Bei den restlichen Produkten finden sich leider keine Mengenangaben, sondern nur die Feststellung, dass sie hier „selbst nit zu vil nemen".[29] Für die Berechnung des Verbrauchs der übrigen

---

26   siehe: Schmelzer, Preise und Löhne.

27   Umrechnung von Star auf Pfund: Preis für 1 Star dividiert durch 31,704 (1 Star = 31,704 Liter) = 1 Liter. Dichte von Mehl = 0,8 g pro cm³: 1 cm³ = 1 ml, 100g Mehl = 125 ml Mehl, 1 Liter = 800 g Mehl.

28   Ein Laib Brot kostete nach einer Innsbrucker Bäckerordnung des 15. Jahrhunderts einen Kreuzer und wog durchschnittlich drei Pfund. Der Preis blieb danach auch immer gleich, mit steigenden oder sinkenden Roggenpreisen veränderte sich lediglich das Gewicht. siehe: Kohlegger, Bäckergewerbe, S. 17.

29   Karl-Heinz Ludwig, Unternehmenserfolge im südeutsch-alpenländischen Montanwesen in der ersten Hälfte des 16. Jahrhunderts in Abhängigkeit von Lösungen der Versorgungs- und Ressourcenprobleme, in: Ekkehard Westermann (Hg.), Bergbaureviere als Verbraucherzentren im vorindustriellen Europa. Fallstudien zu Beschaffung und Verbrauch von Lebensmitteln sowie Roh- und Hilfsstoffen (13.-18. Jahrhundert), S.47-58; S.53.

Waren werden daher drei Viertel des Verbrauchs der bei Schmalz und Zieger genannten Wert verwendet, da es hier wahrscheinlich keine bedeutenden Abweichungen der Essgewohnheiten der Bergarbeiter gegeben haben dürfte. Demnach kam ein unverheirateter Bergmann auf wöchentliche Nahrungsmittelausgaben von 9,18 Kreuzern im Jahre 1490. Zwanzig Jahre später dürften die Kosten bei 9,57 Kreuzern gelegen haben. Nach der Teuerungswelle zu Beginn des 16. Jahrhunderts lagen sie schließlich bei 14,67 Kreuzern im Jahre 1550.

Im Endeffekt gaben die Bergarbeiterfamilien aber sicherlich weniger für ihre Lebensmittel aus, da sehr viele eine eigene Landwirtschaft an ihr Haus angeschlossen hatten, über die sie sich zu einem gewissen Grad selbst versorgen konnten.

Der niedrigste Lohn im Bergbau lag bei 24 Gulden im Jahr für die Tätigkeit der Säuberbuben. Im Durchschnitt verdienten die Herrenarbeiter jedoch weit mehr. Gut die Hälfte der Arbeiter gehörten nämlich zu den besserverdienenden Häuern[30], deren Verdienst bei mindestens 52 Gulden pro Jahr lag.

Schlechter sah es bei den Geringverdienern des Handwerks aus. Mörtelträger sowie Tagwerker mussten sich beispielsweise stärker einschränken, da sie mit rund 13 bis 14 Gulden sogar so wenig verdienten, dass sie sich diesen Lebensmittelwochenbedarf gar nicht leisten konnten. Den Zahlen nach kann man auch mutmaßen, dass sich ein „Hilfsarbeiter", insbesonders im Tal, nur sehr schwer eine Familie „leisten" konnte, da mit Gehältern von 13 bis 14 Gulden im Jahr wahrscheinlich nicht einmal der notwendigste Bedarf an Lebensmitteln gedeckt werden konnte.

Der starke Bevölkerungsanstieg in der ersten Hälfte des 16. Jahrhunderts dürfte sich außerdem auch negativ auf die Preissituation ausgewirkt haben. Bei vielen der angeführten Produkte ist sogar ein Preisanstieg um das Doppelte von 1490 auf 1550 zu bemerken ist. Weizen stieg beispielsweise von 27,33 Kreuzer pro Star im Jahr 1490 auf 53 Kreuzer pro Star im Jahr 1551. Ähnlich verhielt es sich beim Schmalz, dessen Preis von 2,4 Kreuzer pro Pfund im Jahre 1490 auf fünf Kreuzer pro Pfund im Jahre 1550 anstieg.

---

30   Fischer, gemeine Gesellschaft der Bergwerke, S.209.

III. Bergbauberufe im frühneuzeitlichen Schwaz

Dieses Kapitel bietet eine Beschreibung jener Berufsgruppen des frühneuzeitlichen Schwaz, die direkt mit dem Bergbau verbunden waren. Der Anteil dieser Schicht an der Gesamtbevölkerung der Region war enorm. Unter den geschätzten 20.000 bis 25.000 Einwohnern des Großraumes Schwaz dürften immerhin mindestens 8.500 Personen direkt im Erzbergbau beschäftigt gewesen sein.[1] Bedenkt man, dass es sich bei den Bergleuten großteils um unverheiratete, relativ kaufkräftige Personen gehandelt hatte, die nach der harten Arbeit im Bergwerk auch bereit waren, ihr Erspartes an den Mann beziehungsweise die Frau zu bringen, erscheint es verständlich, dass auch andere Berufsgruppen der Region indirekt vom Bergbau profitierten.[2] Zwar wird immer wieder von zahlreichen Beschwerden gegen die „rauhen Bergleute" berichtet, deren „Knappengesang, aber auch Gegröhle und Gezank von den zahlreichen Schwazer Wirtshäusern auf die Strassen hallte".[3] Genau genommen war es allerdings das Geld dieser Personen von dem ein nicht unbeträchtlicher Teil der verbleibenden nicht im Bergbau beschäftigten Schwazerinnen und Schwazer leben konnte. Schließlich mussten die Knappen und ihre Angehörigen auch mit Nahrung, Kleidung, Wohnraum und vielem mehr versorgt werden, was unweigerlich zur Entwicklung neuer Absatzmärkte führte.

Durch das Schwazer Bergbuch, eine Zusammenfassung unterschiedlichster Rechtsquellen zum Bergbau aus dem 16. Jahrhundert, wurden detaillierte Beschreibungen zu den am Bergbau Beteiligten überliefert. Anhand dieser Angaben lassen sich die Bergleute in drei Kategorien einteilen. Da sich der Landesherr in Tirol, im Gegensatz zu anderen Regionen Mitteleuropas, aus der detaillierten Steuerung und Planung des Abbaubetriebes großteils heraushielt und sich lediglich auf die Ausübung der Oberaufsicht konzentrierte, konnte sich in Schwaz eine kaufmännisch orientierte Schicht von Gewerken und Schmelzherren herausbilden, die die Freiheit hatte, weitgehend unternehmerisch autonom agieren zu können.[4] Dieser Personenkreis bildet die erste Kategorie. Daneben gab es die Gruppe der landesfürstliche-

---

1   Georg Mutschlechner, Vom alten Bergbau am Falkenstein (Schwaz). Nach gedruckten und ungedruckten Quellen, in: R. Klebelsberg (Hg), Schlern-Schriften. Schwazer Buch. Beiträge zur Heimatkunde von Schwaz und Umgebung, Innsbruck 1951, S.113-125; S.119.
2   siehe: Kapitel X in dieser Arbeit: Geldflüße – was geschah mit den Einnahmen der Bergleute.
3   Palme, Gstrein, Ingenhaeff, Glück auf, S.60.
4   Fischer, gemeine Gesellschaft der Bergwerke, S.83.

nen Beamten unter der Führung des Bergrichters, die für die reibungslose Regulierung des Montanbetriebes und nicht zuletzt auch für die stete Abschöpfung der Berggefälle zuständig waren. Die dritte und zugleich auch größte Schicht setzte sich aus der Masse der Bergarbeiter zusammen. Im Vergleich zur restlichen Bevölkerung des Großraumes Schwaz genossen die Bergleute etliche Privilegien, die sie ihren Zeitgenossen gegenüber besser stellten.[5] Das Bedeutenste war die Ausnahme von der ordentlichen Gerichtsbarkeit. Die Bergleute unterstanden einem eigenen Berggericht. Für Betroffe dürfte sich dieser Umstand nicht gerade nachteilig ausgewirkt haben, da der Bergrichter, der die alltäglichen Probleme des Lebens im Berg nur zu gut kannte mit Sicherheit etwas milder gegen kleinere Vergehen vorgegangen sein wird.[6] Daneben genossen die Bergleute weitere Privilegien, die sie aus der restlichen Bevölkerung hervorhoben. Der Silberbergbau war besonders wichtig für den Landesfürsten und dadurch natürlich auch die hochqualifizierten Arbeiter der Schwazer Reviere. So kam es, dass die Bergknappen von Schwaz bereits im ausklingenden Mittelalter über arbeitsrechtliche Regelungen und soziale Absicherungen verfügten, in deren Genuss die breite Masse der Bevölkerung erst 400 bis 500 Jahre später kommen sollte.[7] Dazu zählten neben einem 8-Stunden-Tag (allerdings 5 1/2 mal die Woche) auch eine sehr hohen Anzahl an kirchlichen Feiertagen, vor deren Antritt immer nur ein halber Tag gearbeitet wurde. Ebenso genossen die Knappen das Privileg der Unterbringung in eigenen „Sozialbauten", den so genannten Söllhäusern, die vom Landesfürsten gegen einen kleineren Betrag zur Verfügung gestellt wurden, sowie die heute fast unvorstellbare Befreiung von der Steuer. Zusätzlich dazu konnten sich die Bergleute auch über ein Vorkaufsrecht am Schwazer Markt, sowie die Erlaubnis des freien Fisch- und Vogelfanges freuen. Es dauerte daher nicht lange bis sich ein ausgeprägtes Klassenbewußtsein unter den Knappen herausbildete. Ein aktuelle Studie von Marina Hilber zeigt sehr schön, dass Bergleute sehr häufig dazu tendierten, innerhalb ihrer Berufsgruppe zu heiraten.[8]

---

5   Gerd Hoffmann, Bergmännische Privilegien im Bereich des Strafrechtes in der alten Bergbauregion Schwaz, in: Der Anschnitt. Zeitschrift für Kunst und Kultur im Bergbau 60 (5-6, 2008), S. 242-246, S.246.

6   Palme, Gstrein, Ingenhaeff, Glück auf, S.57.

7   Palme, Gstrein, Ingenhaeff, Glück auf, S.96.

8   Marina Hilber, Social Interrelations in an Early Modern Mining Area. Marriage Patterns in the Greater Schwaz Area, in: Peter Anreiter / Gert Goldenberg / Klaus Hanke (Hg.), Mining in European History and its Impact on Environment and Human Societies. Proceedings from the First Mining in European History Conference of the SFB-HIMAT, 12.-15. November 2009 Innsbruck, S. 45-49, S. 48.

Der Landesfürst wusste, dass er seine Bergleute bei Laune halten musste, um einen funktionierenden Bergbaubetrieb zu garantieren. Deshalb gab es auch in Tirol Eingriffe in das Produktionssystem. Diese kann man aber am ehesten mit dem System einer „sozialen Marktwirtschaft" vergleichen. Bei zurückgehenden Produktionszahlen, durch nachlassenden Bergsegen beispielsweise, wurden den Gewerken zunächst mit den Fron- und Wechselbefreiungen Abgabenerleichterungen zugesagt. Als die Gewinne schließlich immer mehr sanken, ging der Landesfürst sogar dazu über, die Weiterführung der Produktion durch die Gewährung von Gnad- und Hilfsgeldern zu stützen. Dass sich die am Bergbau Beteiligten ihrer großen Bedeutung sehr wohl bewusst waren, kann man unter anderem auch daran erkennen, dass vom obersten Beamten bis hin zum kleinsten Arbeiter alle die Bergmannskluft als Zeichen ihrer Zugehörigkeit zum Bergbaugewerbe trugen.

III. a) Die „Perkamtleute" - Beamtenschaft im Dienste des Landesfürsten

Nach dem Verkauf des Gerichtes Freundsberg durch seinen ehemaligen Besitzer Ulrich von Freundsberg im Jahre 1467 wechselte das gesamte Land in den Besitz des Tiroler Landesfürsten Sigmund. Dazu zählten auch die Silber- und Kupferreviere der Bergbauregion Schwaz. Da der Fürst verständlicherweise nicht immer vor Ort sein konnte, musste er Personen einsetzen, die seine Interessen vor Ort vertraten, die so genannte Bergbeamtenschaft. Sie griffen in den privatwirtschaftlich organisierten Abbaubetrieb ein, indem sie Abgaben einhoben, auf die Wahrung gesetzlicher Vorschriften achteten und auch schlichtend bei Streitigkeiten agierten.

An der Spitze der Perkamtleute stand der **Bergrichter**. Als oberster Beamter vor Ort galt er sowohl als direkter Vertreter des Landesherren als auch als Richter des bereits erwähnten separierten Berggerichtes Schwaz. Er hatte somit nicht nur alle mit dem Bergbau zusammenhängenden Rechtsakte, wie beispielsweise Verleihungen oder Freiungen vorzunehmen, sondern übte außerdem auch noch die niedere Gerichtsbarkeit über alle Beteiligten am Bergbau aus. Diese schloss auch die Angehörigen der Bergleute ein. Einzig die Bestrafung schwerer Vergehen, die mit Leibstrafen geahndet werden konnten, oblag dem Landgericht Schwaz, das unter anderem auch für alle den Bergbau nicht betreffende Angelegenheiten zuständig war. Kompetenzstreitigkeiten zwischen Berg- und Landrichter waren somit vorprogrammiert. Laut Schwazer Bergbuch sollte der Bergrichter „ain Person

ains gueten Verstanndts" sein „und Vernunnfft in Perckhwerchsachen, Ge-
richtßhanndlungen und Gebreuchn, auch aines erbern Wanndls, Sitten und
Beschaidenhait in yeder Sach wissen Scherz unnd Ernst gebrauchen, albe-
gen den Clager und Antwurtter hören und alsdann in der Sachen guete,
verstenndige und vernunfftige Abschid geben".[9] Aus dieser Beschreibung
geht ebenfalls wieder der hohe Stellenwert hervor, den die Bergarbeiter
beim Landesfürsten gehabt haben dürften. Der Regent brauchte einen ver-
nünftigen, fachkundigen Berater, der vor allem in juristischen Fragen immer ein verständiges, gerechtes Urteil fällen konnte. Denn nur zufriedene
Bergmänner waren gute Bergmänner. Noch deutlicher wird dies bei der
weiteren Schilderung seiner Attribute. Der Bergrichter sollte nämlich auch
„alle pese Praticen und was zu Aufruren dienndt, auch die Führkheuff in
essennden Waren abstellen und abschaffen".[10] Er sollte also das Problem
des Fürkaufs in den Griff bekommen. Dies glich allerdinsg eher einem ide-
alistischen Wunsch als umsetzbarer Realität. Neben diesen Aufgaben musste er sich auch um die Erhaltung der Wälder kümmern, die bei dem hohen
Holzverbrauch der Region ständig von Abholzung bedroht waren.[11] Dies
zeigt, dass man sogar in so holzreichen Regionen wie dem Tiroler Unterland auf einen nachhaltigen Umgang mit diesem Rohstoff achten musste.
Schließlich verbrauchte der Schwazer Bergbaubetrieb enorme Mengen an
Holz. Neben der Holzkohle zur Verhüttung mussten die kilometerlangen
Stollen auch mit Stützbalken ausgekleidet werden. Dem höchsten landesfürstlichen Beamten war es außerdem verboten, Zahlungen für sich selbst
zu verwenden. Ebenso durfte er, wie die restlichen Beamten auch, nicht
selbst im Bergbaugeschäft tätig sein. Eine Darstellung im Schwazer Bergbuch gibt weitere interessante Informationen zur Tracht des Bergrichters
preis. Er wird seinem Rang entsprechend in spanischer Hoftracht mit Mantille, Halskrause und Degen dargestellt. Erstaunlicherweise waren die Verdienstmöglichkeiten in dieser hohen Position eher bescheiden. Im Berggericht Kitzbühel beispielsweise betrug das Jahressalär des dortigen Richters
im Jahre 1515 gerade einmal 56 Gulden.[12] Der Posten im größeren und be-
deutenderen Schwaz, das unter den insgesamt 12 Tiroler Berggerichten die
Führungsrolle einnahm, dürfte zwar höher entlohnt worden sein, bedeutend
mehr dürfte der oberste Beamte dort aber auch nicht bekommen haben. Die

---

9   Andreas Bingener / Christoph Bartels /Rainer Slotta, „1556 Perkwerch etc." - Das
     Schwazer Bergbuch. Band II.: Der Bochumer Entwurf und die Entfassung von
     1556. Textkritische Editionen, Bochum 2006, S.336.
10   Bingener / Bartels / Slotta, Bergbuch II. Band, S.336.
11   Kirnbauer, Schwazer Bergbuch, S.90.
12   Fischer, gemeine Gesellschaft der Bergwerke, S.95.

Verdienstmöglichkeiten unter den privaten Führungspersonen, den Gewerken und Schmelzherren waren im Vergleich dazu ungleich besser. Es dürfte daher häufiger vorgekommen sein, dass ein Richter die Seite wechselte, wenn sich ihm in der Privatwirtschaft eine günstigere Position bot. Für Entlastung bei der nicht gerade unwesentlichen Schreibarbeit stand dem Bergrichter ein **Berggerichtsschreiber** zur Seite. Er war zumeist auch juristisch geschult und sollte für seinen Vorgesetzten neben den Sekretariats- und Kanzleiarbeiten auch Grubenangelegenheiten, Vermessungsarbeiten, Verträge und Gerichtsurteile aufzeichnen und bei Gericht aufbewahren. Seine Entlohnung war naturgemäß geringer als die des Richters. Das Kammerraitbuch des Jahres 1525 weist für die beiden Berggerichtsschreiber zusammen 61 Gulden aus.[13] Dienst- und Arbeitsort des Bergrichters und seines Schreibers war das Berggericht in Schwaz in der heutigen Ludwig-Penz-Straße. Hier befanden sich neben den Amtsräumen auch die Dienstwohnungen der Gerichtsbediensteten. Eine große Gerichtsstube war hier ebenso untergebracht wie eine Schreibstube, ein Archiv und ein Gefängnis. Außerdem diente es den Knappen auch als Zeughaus. Im Jahre 1559 befanden sich dort noch vier alte Landsknechtfahnen, 434 lange Spieße, 151 Hellebarden, drei Hakenbüchsen und 46 Lederkübel, die als Feuerlöschgeräte eingelagert wurden.[14] Zur Umsetzung seiner richterlichen Amtsbeschlüsse wurden dem Bergrichter ein bis zwei **Fronboten** zur Seite gestellt. Ihren Aufgabenbereich kann man am ehesten mit dem heutiger Polizisten oder Gerichtsdiener vergleichen. Neben der Wahrung von Ruhe und Ordnung im Berggericht Schwaz waren sie auch für die Vorführung straffällig gewordener Personen vor Gericht zuständig. Um in der großen Bergbaugemeinde auch wirklich nachhaltig für Ruhe und Ordnung sorgen zu können, standen sie einer Gruppe von Ordnungshütern, den **Fronknechten** vor. Diese Truppe musste jederzeit dienstbereit sein. Zu ihren Aufgaben zählte das Einschreiten bei „Aufruhr und Zuchtlosigkeit", die Ermittlung von Tätern und der Vollzug einer bereits verhängten Strafe.[15] Eine Darstellung im Bergbuch gibt Aufschluss über die „Arbeitsgeräte", die Waffen der Fronboten und -knechte, die mit einer Handaxt und einem Degen dargestellt werden. Im Jahr 1525 scheinen Hanns Tausch und Hanns Sachsenhaimer als „dienstknecht des perckhrichters zu Swaz" auf, die für ihre Dienste zusammen mit 61 Gulden honoriert wurden.[16]

13   Fischer, Die gemeine Gesellschaft der Bergwerke, S.198.
14   Egg, Schwaz, S.106.
15   Palme, Gstrein, Ingenhaeff, Glück auf, S.54.
16   Fischer, gemeine Gesellschaft der Bergwerke, S.94.

Eine weitere äußerst interessante Institution die dem Bergrichter bei seinen Amtsgeschäften zur Seite stand waren die **Berggeschworenen**. Dieses Ratskollegium setzte sich aus 11 Personen zusammen und war oberste Instanz für alle betriebsrechtlichen Entscheidungen. Nach Erich Egg waren sie keine direkten Beamten, da sie nur teilweise vom Landesfürsten ernannt und zum anderen Teil vom Bergvolk gewählt wurden.[17] Bestimmt wurden die Berggeschworenen immer aus den erfahrensten Hutleuten[18] auf die im nächsten Kapitel näher eingegangen wird. Sie kamen also meistens direkt aus der Privatwirtschaft der Schwazer Bergbaureviere und sollten nach dem Schwazer Bergbuch „erfahrene Leute ehrbaren Wandels sein, die ihre unparteiischen Entscheidungen auch bekanntgeben und so begründen können, damit das bei aller Erberkhait und dem rechten Bestand hätte"[19]. Da in diesem Amt Unparteilichkeit absolute Voraussetzung war, galt für die Geschworenen ebenso ein Verbot im Bergbaubetrieb tätig zu sein. Die zuvor zumeist privatwirtschaftlich Tätigen mussten also vor Dienstantritt ihre Arbeitstätigkeit niederlegen. Gleichzeitig mussten die Geschworenen auch über Ansehen und Autorität verfügen, da ihre Entscheidungen akzeptiert werden sollten. In einer Besoldungsliste des Jahres 1525 lässt sich mit einem Hanns vom Eis sogar ein Adliger unter den Geschworenen ausfindig machen.[20]

---

17   Egg, Schwaz, S.105.
18   Egg, Schwaz, S.105.
19   Fischer, gemeine Gesellschaft der Bergwerke, S.89.
20   Fischer, gemeine Gesellschaft der Bergwerke, S.89.

Abb.1:Berggeschworene, Tiroler Landesmuseum Ferdinandeum, Innsbruck, Dip / 856

Dass bei den an die Berggeschworenen gestellten Voraussetzungen auch etwas geboten werden musste liegt auf der Hand. Im Jahre 1526 kam beispielsweise an den damaligen Bergrichter aus Innsbruck die Anweisung, den vormaligen Kitzbüheler Bergrichter Jörg Rebhuen als Berggeschworenen mit einem Jahressold von 100 Gulden aufzunehmen.[21] Dieser Betrag lag laut Peter Fischer etwas über dem Durschschnittssalär für diese Tätigkeit, das in etwa bei 70 Gulden gelegen haben dürfte.[22] Berücksichtigt man aber, dass die Tätigkeit des Berggeschworenen keine regelmäßige war, ergibt sich eine für den landesfürstlichen Dienst beachtliche Summe.

Zweitwichtigster Beamter des Berggerichtes und zugleich Leiter des technischen Kontrollpersonals war der **Bergmeister**. In vielen kleineren Bergbaugebieten war dieser Posten mit dem des Bergrichters identisch. Für die ausgedehnten Grubensysteme der Großbergbauregion Schwaz war jedoch eine Teilung der Aufgaben sinnvoll. Aufgrund der herausragenden Stellung und der enormen Größe des Schwazer Bergbaus war der dortige Bergmeister zugleich auch Bergmeister für alle Oberösterreichischen Lande. Nach Egg hatte er die Aufsicht über den Bergbau selbst zu führen. Er dürfte wohl am ehesten als eine Art staatlicher Betriebsleiter betrachtet werden. In dieser Funktion war er für die Arbeitsmoral der Knappen sowie die Einhaltung

---

21 Fischer, gemeine Gesellschaft der Bergwerke, S.89.
22 Fischer, gemeine Gesellschaft der Bergwerke, S.91.

der Betriebsvorschriften und sozialen Leistungen durch die Unternehmer zuständig.[23] Er musste also mit dem Gewerbe vertraut sein, da es unter anderem auch seine Aufgabe war, die Gruben am Berg an die Gewerken zu verleihen. Außerdem musste er darauf achten, dass der in den Gruben herrschende Betriebszwang eingehalten wurde. Bei Nichtbearbeitung der vergebenen Stollen über eine vorgeschriebene Zeit hinaus konnte er schließlich auch Sanktionen verhängen, die im Ernstfall bis zur Wegnahme der Schürfrechte gingen. Für einen „Neuschurf" beispielsweise galt eine Freiung von drei Tagen.[24] In dieser Zeit musste in der Grube baulich zu arbeiten begonnen werden, andernfalls konnte der Bergrichter die Grube neu verleihen. Für einen bereits laufenden Betrieb war eine maximale Arbeitsunterbrechung von vier Wochen gestattet. Wurde diese Frist überschritten, war der oberste Beamte zunächst angewiesen, den Besitzer auf Weiterführung der Arbeit zu drängen. Geschah dann noch immer nichts, konnte die Grube ebenfalls weiter vergeben werden.[25] Die Wichtigkeit der Schwazer Wälder kann man hier auch wieder an der folgenden Stelle des Bergbuches erkennen, in der der Bergmeister, ähnlich dem Bergrichter, angehalten wurde, aufzupassen, dass „die Wäld, so zu den Perkchwerchen dienstlich sein, gehaitt (gehütet) unnd nit unnuzlichen verschwenndt werden".[26] Er wird im Bergbuch ebenfalls in einer seiner Stellung entsprechenden prachtvollen Kleidung dargestellt. Man kann hier allerdings stärkere Bezüge zum Bergbau entdecken als bei der Darstellung des Bergrichters. So hält der Bergmeister beispielsweise anstatt des Degens des Richters einen Pickel in seiner Hand. Seine Entlohnung dürfte sogar noch etwas über der der Bergrichter und Geschworenen gelegen haben. Das Kammerreitbuch des Jahres 1525 beispielsweise weist einem Herrn Jheronimus Gabl ein jährliches Gehalt von 100 Gulden, zahlbar in vier Raten zu je 25 Gulden aus.[27]
Unterstützt wurde der Bergmeister von einer Reihe von technischen Verwaltungsbeamten. Für den besonders aufwendigen Bereich der Vermessungsarbeiten stand ihm der **Schiner** (Markscheider) zur Seite. Laut Schwazer Bergbuch sollte auch er „ain Mann aines erbern unnd guetten Wanddls" sein und unbedingt breite technische Vorkenntnisse mitbringen. So wurde dezidiert erwähnt, dass er „in allen Perckhanndlungen und son-

---

23 Egg, Schwaz, S.104.
24 Stephen Worms, Schwazer Bergbau im fünfzehnten Jahrhundert. Ein Beitrag zur Wirtschaftsgeschichte, Wien 1904, S.26.
25 Worms, Schwazer Bergbau, S.27.
26 Bingener / Bartels / Slotta, Bergbuch II. Band, S.337.
27 Fischer, gemeine Gesellschaft der Bergwerke, S.85.

derlichen des Schinen geschickht und verstendig" sein soll.[28] Er sollte also über Erfahrung im Bereich der Vermessungsarbeiten verfügen. Er war dann auch der eigentliche Beamte vor Ort, der Reviere bestieg und sie vermaß. Aufgrund seines Rates entschied der Bergmeister über die Größe und Vergabe der Gruben. Unbedingt notwendig für diese komplizierte Aufgabe waren laut Bergbuch „gute, geeignete Stühle, Waagen, Schnüre und Kompasse, Stäbe und Klafter", nur so konnte der Schiner dann „First- und Sohleisen, auch Teil- oder Abschneidend Eisen, über Tage festlegen"[29]. Dieses Abstecken der Gruben war das Schwierigste an seiner Arbeit, da die Zuteilung über das so genannte kubische Grubenmaß funktionierte. Die Gruben reichten damals, nicht wie heute, von der Oberfläche unbegrenzt weit in die Tiefen des Berges, sondern hatten eine Begrenzung nach oben und unten, die vom Schiner mit den First- und Sohleisen festgelegt werden musste. Hauptinstrument des Schiners dürfte der Kompass gewesen sein, da er in vielen zeitgenössischen Abbildungen mit diesem Arbeitsgerät abgebildet wurde. Eine weitere Aufgabe des Schiners war die Kontrolle des laufenden Betriebes der einzelnen Gruben. Hierfür musste er im Vierteljahrestakt gemeinsam mit dem Bergrichter die Gruben befahren und überprüfen, ob „gutes Scheidwerk" gemacht wurde, ob also das erzhaltige richtig vom fahlen Gestein getrennt wurde.

Ein weiterer technischer Beamter war der **Schichtmeister**. Er war für die Überwachung eines reibungslosen Abbaubetriebes bei Tag und Nacht zuständig. Seine Hauptaufgabe lag also darin, die Einhaltung der Arbeitszeiten der Schichten zu kontrollieren. Außerdem hatte er das Scheidwerck zu überwachen und ebenfalls wieder darauf zu achten, dass kein Grubenholz verschwendet oder gestohlen wurde. Zu Zeiten ständig steigender Förderungszahlen, in denen der Landesfürst nahezu keine Gruben selbst bebaute, dürfte die Bedeutung des Schichtmeisters eine eher geringere gewesen sein. Erst mit rückläufigen Produktionszahlen wurde dieses Amt immer wichtiger, als das Interesse der privaten Unternehmer nachzulassen begann und sich der Landesfürst vermehrt im Abbaugeschäft betätigen musste, um den laufenden Betrieb zu garantieren.[30] Das Entlohnungsschema der Schichtmeister ist sehr interessant. Im Jahr 1525 findet man für die Großbergbauregion Schwaz insgesamt drei Schichtmeister in den Listen des Kammerraitbuches verzeichnet. Neben einem Steffan Lederer am Falkenstein, wurde auch ein Hanns Vischer am Weißen Schrofen, sowie ein Sebastian Huepher am Neufunt erwähnt. Vischer bekam ein Salär von insgesamt 68

---

28   Bingener / Bartels/Slotta, Bergbuch II. Band, S.339.
29   Ammann / Pizzini, Gewerken-Beamte-Bergarbeiter, S.159.
30   Fischer, gemeine Gesellschaft der Bergwerke, S.92.

Gulden zuzüglich vier Gulden extra für seine Berufsbekleidung. Seine beiden Kollegen bezogen jedoch lediglich 12 Gulden für das ganze Jahr [31].

Auf Grund der enormen Differenzen in der Entlohnung der drei Schichtmeister kann man nach Peter Fischer davon ausgehen, dass das Schichtmeisteramt für Lederer und Huepher nur eine Zusatzaufgabe darstellte.[32]

Eine besonders wichtige Aufgabe hatte der landesfürstliche **Probierer**. Er musste mit Hilfe eines kleinen Probierofens den tatsächlichen Silber- und Kupfergehalt der Metallstücke feststellen, die ihm von den Bergbauunternehmern gebracht wurden. Bei „jedem Bergwerk" sollte der Landesfürst laut Bergbuch einen „geschickten und fleißigen Probierer halten und besolden, der im Probieren auf Silber, Kupfer, Gold, Eisen, Blei und andere Metalle geschickt und erfahren ist".[33] Seine Werkzeuge waren dabei Korn- und Schlichtwaagen, Scheidewasser, silberfreies Blei, Tiegel, Muffeln, Kapellen und Modeln, der vorhin erwähnte kleine Probierofen mit dazugehörendem Blasebalg und „anderes Gerät zum Scheiden und Probieren"[34]. Seine Dienste wurden über das vorgeschriebene Maß hinaus auch gerne von Unternehmern in Anspruch genommen, die den Wert eines oder mehrerer Metallstücke bestimmt wissen wollten.[35] Schwazer Probierer des Jahres 1525 war ein Franz Lichtenberger, der mit 70 Gulden jährlich entlohnt wurde.[36]

Nach dem Probieren des Metallgehaltes wurde das Silber in den Schmelzhütten gewonnen, von denen es direkt an einen weiteren Bergbeamten, den **Silberbrenner** weitergegeben werden musste. Erst hier wurde aus dem gewonnenen Silber das eigentliche Feinsilber mit dem vorgegebenen Silbergehalt hergestellt. Mit dem Einschlag der Punze machte der Silberbrenner das gewonnene Edelmetall schließlich auch handelsfähig. Danach kam es allerdings nicht mehr an die Gewerken zurück, sondern wanderte an die landesherrliche Münze zu Hall, da der Landesfürst sich ein Vorkaufsrecht für Silber eingeräumt hatte. Der Arbeit des Silberbrenners kam also größte Wichtigkeit zu. Dringlichste Anforderung an seinen Berufsstand war demnach auch „richtig zu probieren und Silber auf den Brand und auf Fein gut und richtig brennen zu können" und auch „die Zuschläge [Punzierung] richtig anzuwenden wissen".[37] Ausgerüstet sollte er dafür laut Bergbuch

31 Fischer, gemeine Gesellschaft der Bergwerke, S.93.
32 Fischer, gemeine Gesellschaft der Bergwerke, S.93.
33 Ammann / Pizzini, Gewerken-Beamte-Bergarbeiter, S.160.
34 Ammann / Pizzini, Gewerken-Beamte-Bergarbeiter, S.160.
35 Palme / Gstrein/Ingenhaeff, Glück auf, S.53.
36 Fischer, gemeine Gesellschaft der Bergwerke, S.93.
37 Ammann / Pizzini, Gewerken-Beamte-Bergarbeiter, S.160.

mit „guter und rechter Sechtasche, Härtemitteln, Kohle und Holz" sein.[38] Der Silberbrenner dürfte interessanterweise kein Fixgehalt bezogen haben, sein Salär hing vielmehr von der produzierten Menge ab. Laut Egg erhielt er pro gebrannter Mark Silber (0,28 kg) einen Kreuzer[39], was einem Sechzigstel Gulden entsprach. Bei hohen Produktionszahlen konnte sein Verdienst somit beträchtlich ausgefallen sein. Das Amtsgebäude des Silberbrenners, der so genannte „Brenngaden", befand sich in Schwaz am heutigen Pfundplatz.

Das Silber war also direkt an die Münze Hall zu einem vorher festgelegten Preis abzuliefern, der weit unter dem Handelswert lag. Diesen Vorgang bezeichnet man als Wechseln. In der Abgabe zu günstigeren Preisen lag dann schließlich auch die mehr oder weniger versteckte Abgabenlast im Silberbergbau, später auch als Wechsel bezeichnet.[40] Beim Kupfer verhielt es sich etwas anders. Dieses Material konnte von den Unternehmern direkt in den Handel gebracht werden. Seine Abgaben zog der Landesfürst hier auf konventionellerem Wege in Form der Fron ein. Hierfür war ein eigener landesfürstlicher Beamter, der so genannte **Froner** zuständig. Seine Hauptaufgabe bestand in der Kontrolle der Erzförderung sämtlicher Gewerken und der Einziehung der Fron vom geförderten Erz, was in etwa einem Zehntel der Gesamtmenge entsprach. Gemessen wurde in Kübel oder Star, einem Erzmaß von rund 50 Kilogramm.[41] Die einbehaltene Menge wurde daraufhin in die landesfürstliche Schmelzhütte nach Mühlau, etwas später dann auch nach Brixlegg gebracht, wo das Kupfer für die Messingproduktion verwendet wurde. Laut Bergbuch sollte sich ein Froner dadurch auszeichnen, dass er „überall mit guten, richtigen und amtlich geprüften Steren und Maßen ausgerüstet" ist, um „jederzeit einen ganzen, halben, dritt oder viertel Star" messen zu können.[42] In einer zeitgenössischen Darstellung im Schwazer Bergbuch, die zwei Froner bei der Einhebung der Fron zeigt, sieht man ihre Arbeitstracht, die aus Mantille, Hut, Hose und schwarzen Strümpfen besteht. In Händen halten beide Beamten jeweils eine Tafel für allfällige Aufzeichnungen. Vor den beiden steht ein Kübel, der so genannte Star, in dem von einem Bergmann mit einer kleinen Handschaufel Erz eingeschüttet wird.[43] Da in genau diesen Situationen anscheinend häufig Streit entstanden ist, bekam der Froner in der Schwazer Bergordnung von 1517

---

38   Ammann / Pizzini, Gewerken-Beamte-Bergarbeiter, S.160.
39   Egg, Schwaz, S.102.
40   Sokoll, Bergbau, S.47.
41   Palme/Gstrein/Ingenhaeff, Glück auf, S.52.
42   Ammann / Pizzini, Gewerken-Beamte-Bergarbeiter, S.161.
43   Ammann / Pizzini, Gewerken-Beamte-Bergarbeiter, S.160.

extra noch einmal die schriftliche Anweisung, die letzte Schaufel selbst ins Star zu schütten und allfällige Streitigkeiten zwischen Gewerken und deren Dienern und Gesellen zu schlichten.[44] In Zeiten nachlassender Erträge und damit auch sinkender Gewinne, kam der Landesfürst den Gewerken soweit entgegen, dass er Wechsel sowie Fron verringerte. So hatte der Froner in späteren Zeiten nur mehr jeden 19. Star Erz einzuziehen.[45]

Ein weiterer technischer Bergbeamter war der **Erzkäufer**. Er sollte „über die Arbeiten, wie die Erze gewonnen werden gut unterrichtet sein und wissen, was jedes Erz an Silber und Kupfer enthält"[46]. Seine Aufgabe bestand darin, den Silber- und Kupfergehalt des Erzes für den landesfürstlichen Einkauf zu schätzen. Hierfür zog er aus der in Frage kommenden Masse an Erz einige Proben, die er seinem Kollegen, dem Probierer zur weiteren Analyse zukommen ließ. Er bestimmte also, welches Erz zu welchem Preis von der landesfürstlichen Schmelzhütte aufgekauft wurde. In Zeiten nachlassender Konjunktur griff auch hier offensichtlich der Landesherr wieder unterstützend ein, indem zur Förderung des Bergbaues Preise über dem Marktwert bezahlt wurden, die den Abbau in Schwaz trotz steigender Kosten noch rentabel halten sollten.[47]

Einer der ganz bedeutenden „Perkamtleute" der Großbergbauregion Schwaz war der **Holzmeister**. Er hatte im Interesse des Bergbaubetriebes die Forstpolizeigewalt im Bereich des Berggerichtes auszuüben sowie den Holzexport zu überwachen und bei Waldverleihungen an die Gewerken mitzuwirken.[48] Er musste Zeit und Umfang des Holzaushiebs festlegen und immer rechtzeitig die benötigten Holz- und Holzkohlemengen bereitstellen können, ohne die ein reibungsloser Bergbaubetrieb unmöglich gewesen wäre. Wie bei heutigen Förstern, lag seine Hauptaufgabe in der optimalen Nutzung der Wälder und des lebenswichtigen Rohstoffs Holz. Da für den laufenden Betrieb der bedeutendsten Silberbergbauregion im Europa des ausgehenden 15. und beginnenden 16. Jahrhunderts enorme Mengen an Holz benötigt wurden, kam dem Holzmeister eine gewichtige Rolle im Rahmen der Schwazer Beamtenschaft zu. Nordtirol verfügte damals wie heute über große Waldflächen. Durch die hohe Anzahl an Bergbaubetrieben konnte es jedoch bei einer nicht nachhaltig betriebenen Forstwirtschaft schon einmal zu Engpässen kommen. Das gesamte Oberinntal, sowie das mittlere Inntal mit seinen waldreichen Seitentälern, kam als Holzlieferant

---

44   Fischer, gemeine Gesellschaft der Bergwerke, S.93.
45   Egg, Schwaz, S.105.
46   Ammann / Pizzini, Gewerken-Beamte-Bergarbeiter, S.161.
47   Fischer, gemeine Gesellschaft der Bergwerke, S.94.
48   Palme, Rechtliche und soziale Probleme, S.115.

für den Schwazer Bergbau beispielsweise nicht in Frage, da es bereits mit Lieferungen an die Haller Saline und das Salzbergwerk ausgelastet war.[49] So blieb für die Versorgung von Schwaz nur das Gebiet zwischen Hall und dem Zillertal, das im Vergleich zu dem Einzugsgebiet der Haller Saline verschwindend klein wirkt. Der Schwazer Holzmeister musste also sehr nachhaltig wirtschaften, wollte er keinen Kahlschlag und einen damit verbundenen Produktionsstop riskieren. Für diverse Arbeiten, wie das Fällen der Bäume und die Wiederaufforstung der gerodeten Gebiete, wurden dem Holzmeister **Holzknechte** zur Seite gestellt. Ebenso standen einige **Köhler** unter seinem Kommando, die für die Holzkohlegewinnung zuständig waren. In einer Darstellung im Schwazer Bergbuch, die den Holzmeister mit einem Holzknecht zeigt, kann man sehr schön den so genannten „Wetterfleck" erkennen, einen durchgehend geschlossenen Mantel gegen Regen, in dem sich nur eine Öffnung für den Kopf befindet. Beide, Holzmeister, sowie Holzknecht, werden in relativ ähnlicher Kleidung mit einer in etwa mannshohen, schmalen Axt dargestellt. Der vorausgehende Vorgesetzte trägt allerdings zusätzlich als Statussymbol einen Degen.[50] Aufgrund der besonderen Bedeutung des Holzes für den Bergbaubetrieb und der im Endeffekt recht kleinen Waldfläche, die für den Schwazer Bergbau bereitgestellt wurde, war das Amt des Holzmeisters mit Sicherheit sehr anspruchsvoll. So darf es nicht wundern, dass seine Bezahlung mitunter zu den besten der Schwazer Beamtenschaft gehörte. Pro Arbeitstag nennt das Schwazer Bergbuch eine Entlohnung von 18 Kreuzern[51], was in etwa einem Drittel Gulden entsprach. Seine Mitarbeiter mussten sich mit etwas weniger begnügen. Für Holzknechte veranschlagt Erich Egg einen Betrag von vier bis fünf Kreuzern pro Tag, Köhler verdienten mit fünf bis sieben Kreuzer etwas mehr.[52]

III. b) Die Bergleute der Schwazer Bergwerke

Die Arbeiterschaft der Bergwerke machte die mit Abstand größte Gruppe der im Bergbau Beschäftigten aus. Relativ detaillierte Angaben aus dem Jahre 1526, die allerdings nicht alle Arbeiter erfassten, sprechen von 4.576 Bergleuten am Falkenstein und 1.957 am weniger ertragreichen Ringenwechsel. Ergänzend dazu nennen Zählungen des Jahres 1545 im dritten Schwazer Revier, der Alten Zeche, insgesamt 2.100 Arbeiter. Summiert

---

49   Palme, Rechtliche und soziale Probleme, S.115.
50   Ammann / Pizzini, Gewerken-Beamte-Bergarbeiter, S.161.
51   Kirnbauer, Schwazer Bergbuch, S.78.
52   Egg, Schwaz, S.102.

man diese Zahlen, kommt man auf 8.633 Beschäftigte. Diese Zahl darf man sicher noch weiter nach oben korrigieren, da nicht alle Bergleute erfasst wurden.[53]

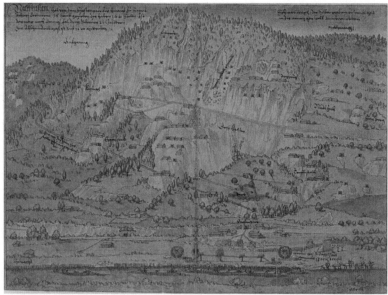

Abb.2: Falkenstein, Tiroler Landesmuseum Ferdinandeum, Innsbruck, Dip / 856

So groß diese Gruppe auch war, so unterschiedlich war sie in ihrer sozialen Zusammensetzung. Innerhalb dieses Personenkreises gab es enorme Unterschiede bei den Beschäftigungsverhältnissen, den Tätigkeitsbereichen sowie den Verdienstmöglichkeiten. So findet man neben den fest besoldeten Bergarbeitern mit den so genannten „Lehenhäuern" bereits eine ganz interessante Form des Kleinunternehmertums in der selbstständige Häuer (Knappen) von den Gewerken eine Grube für jeweils ein Jahr pachteten. Hier konnten sie Förderung und Sortierung des Erzes in Eigenregie durchführen. Als Abnehmer trat dann allerdings wieder der Gewerke auf, da an ihn die gesamte Produktion weiterverkauft werden musste. Man kann also davon sprechen, dass die Gewerken ihr ureigenstes Geschäft, den eigentli-

---

53   Mathis, wirtschaftliche Entwicklung, S.96.

chen Bergbau, teilweise bereits ausgelagert hatten und sich nur auf die Weiterverarbeitung und den Verkauf konzentrierten.

Die Schwazer Bergarbeiterschaft hatte sich schon relativ früh europaweite Bekanntschaft und einen äußerst guten Ruf erworben. So kam bereits im Jahre 1489 eine russische Abordnung zu Maximilian I., um „des Perckwerchs verstendige Personen" in den Dienst des Zaren zu nehmen.[54] In der darauf folgenden Zeit wurden Bergleute aus Schwaz immer wieder in andere Bergbauregionen des Reiches „verliehen". 1529 wurden Arbeiter von den Fuggern sogar für deren Besitzungen in Venezuela angeworben.[55] Schwazer Bergleute waren also sehr begehrt. Gerade in der Hochphase des Silberbergbaues, am Beginn des 16. Jahrhunderts waren gute Bergleute besonders rar. Die einzelnen Gewerken hatten es zu dieser Zeit schwer, gute Bergleute zu finden, weshalb sie sich bei der Höhe der Löhne häufig überboten. Um diesen konstanten künstlichen Anstieg und ebenso auch Missbrauch durch die Arbeitnehmer zu vermeiden, wurde bereits kurz nach Beginn des Schwazer Silberbooms eine maximale Lohngrenze durch den Landesfürsten festgelegt. Wie so viele künstliche Beschränkungen vorher und nachher erwies sich dieses Vorgehen jedoch als nutzlos. Da die Gewerken dringend erfahrene Arbeiter benötigten und durch die ständigen Neufunde nicht gerade ein Überschuss an Bergleuten vorhanden war, gingen die Unternehmer einfach dazu über, Zusatzlöhne unter der Hand auszubezahlen.[56] In weiterer Folge, als die Lohnbeschränkungen immer mehr in Vergessenheit geraten waren, gingen die Gewerken dazu über, die Löhne durch ihre Hutleute festlegen zu lassen. Diese sollten im Sinne der gesamten Gewerkschaft handeln. Trotzdem war das Einkommensniveau in Schwaz im Durchschnitt erstaunlicherweise kaum höher als in anderen gewerblichen Bereichen Tirols. Bergleute hatten also keineswegs so überdurchschnittlich gut verdient, wie dies besonders in der älteren Literatur häufig beschrieben wird. So lag der Lohn des finanziell recht gut gestellten Herrenhauers, wie ein Lohnvergleich zeigt, etwas unter dem eines Zimmer- oder Maurermeisters.[57] Einfachere Knechte wie Haspler oder Truhenläufer bekamen allerdings etwas mehr bezahlt als Personen in vergleichbaren Positionen im Tal. Das rapide, relativ kurzfristige Wachstum des ehemaligen

---

54   Robert R. von Srbik, Überblick des Bergbaues von Tirol und Vorarlberg in Vergangenheit und Gegenwart. Sonderabdruck aus den Berichten des Naturwissenschaftlich-medizinischen Vereines Innsbruck, Innsbruck 1929, S.146.
55   von Srbik, Überblick des Bergbaues, S.146.
56   Worms, Schwazer Bergbau, S.46.
57   siehe Kapitel II. in dieser Arbeit: Löhne und Preise

200-Seelen-Dorfes Schwaz[58] führte schließlich zu immer größeren Versorgungsschwierigkeiten. Nahrung beisplielsweise wurde in der „Großstadt" immer teurer. Besonders nach einer großen Teuerungswelle, die in den dreißiger Jahren des 16. Jahrhunderts eingesetzt hatte dürfte die Situation in den Haushalten der Bergleute sehr angespannt gewesen sein.[59] Die Löhne dürften im teuren Schwaz genauer gesagt gerade genügt haben, um ihren Empfängern ein bescheidenes Leben knapp über dem Existenzminimum zu ermöglichen.[60] Ende des 16. Jahrhunderts musste beispielsweise ein Herrenhauer viermal so lange für die gleiche Getreidemenge arbeiten, wie noch zu Beginn des Jahrhunderts.[61] Um die Lage der Bergleute etwas zu verbessern wurden ihnen eigene günstige Unterkünfte in Grubennähe, so genannte Söllhäuser zugewiesen. Hierbei handelte es sich zumeist um kleinere Hütten, die oftmals auch einen hölzernen ersten Stock besaßen. Daran angeschlossen fand sich sehr häufig ein kleinerer landwirtschaftlich nutzbarer Streifen, auf dem ein bis zwei Kühe oder einige Ziegen gehalten werden konnten.[62] Knappensiedlungen waren vornehmlich in den heutigen Ortsteilen Ried, Pirchanger, am Schlinglberg, Zintberg, Schwazer Berg und an den sich gegen Gallzein hinziehenden Terrassen angesiedelt. Die Trennung von den restlichen Einwohnern von Schwaz zeigte sich auch in der Pfarrkirche, wo ein eigenes Knappenschiff eingerichtet wurde, das vom Hauptschiff des Gotteshauses durch eine Holzwand abgetrennt war.[63] Hier konnten die Bergleute sogar ihren eigenen Gottesdienst feiern.

Offiziellen Urlaub im heutigen Sinn gab es für die Bergleute in der frühen Neuzeit noch nicht. Durch die hohe Anzahl an kirchlichen Feiertagen hatten die Arbeiter allerdings so etwas Ähnliches. Mit geschätzten 50 Feiertagen konnten sich die Schwazer Bergleute über einen der höchsten Feiertagsstände im Süddeutschen Raum freuen.[64] Besonders positiv wirkte sich dabei für die Bergleute der Umstand aus, dass an den Nachmittagen vor den Feiertagen nicht gearbeitet werden durfte. Interessant war auch, dass einzelne Feiertage zu keiner Lohnminderung führten. Erst wenn zwei Fei-

58   Sokoll, Bergbau, S.35.
59   Fischer, gemeine Gesellschaft der Bergwerke, S.194.
60   Mathis, wirtschaftliche Entwicklung, S.97.
61   Andreas Glas, Beiträge zur Geschichte der Preise und Löhne in Tirol, phil. Dis., Innsbruck 2007, S.55.
62   Palme / Gstrein / Ingenhaeff, Glück auf, S.58.
63   Palme / Gstrein / Ingenhaeff, Glück auf, S.58.
64   Fischer, gemeine Gesellschaft der Bergwerke, S.178.

ertage in eine Woche fielen, wurde einer aufgehoben, der andere war ganz regulär zu bezahlen.[65]

Bei einer Beschreibung der Bergleute und ihrer Tätigkeiten ist eine Aufteilung in drei Einheiten sinnvoll. Zum ersten begegnet einem die Gruppe der „Aufseher" deren Aufgabe im administrativen Bereich sowie in der Kontrolle der Bergarbeiter lag. Dazu zählen neben allen Formen der Hutleute auch Grubenschreiber und Grubenhüter. Als nächstes lässt sich die Gruppe der „Hilfsarbeiter" ausmachen, deren Aufgabe hauptsächlich darin bestand, einen reibungslosen Bergbaubetrieb zu garantieren. Neben den Gesteinstransporteuren wie Hasplern, Truhenläufern und Säuberbuben findet man hier auch Wasserheber, Focherbuben, Grubenzimmerer, sowie Haldenkutter. Als Letztes seien noch die eigentlichen „Häuer" erwähnt, die die Gruben vorantrieben und das erzhaltige Gestein herausschlugen. Hierzu zählten neben den fest angestellten Herrenhäuern auch Gedingehäuer, die gegen einen vorher festgelegten Lohn ein bestimmtes Stollenstück vortrieben, sowie die Sonderform der Lehenhäuer, die als Halbselbstständige gepachtete Gruben bebauten.

Abb.3: Das Innere einer Grube, Tiroler Landesmuseum Ferdinandeum, Innsbruck, Dip / 856

---

65   Fischer, gemeine Gesellschaft der Bergwerke, S.179.

Die Gruppe der „Aufseher" wurde von den bereits erwähnten **Hutleuten oder Hutmännern** angeführt. Zu ihren Aufgaben zählte die Überwachung der Arbeitszeiten der Bergarbeiter sowie die Kontrolle des Vortriebs der Stollen. Die Gewerken sollten auch darauf achten, dass sie mit diesem Posten nur „ainen ansehnlichen Man oder tapffere Person" betrauten, da sie ihm immerhin ihre „Grueben und Gepew (Gebäude)" überlassen mussten.[66] Der Hutmann war auch für die Vermerkung der Arbeitszeiten und des Arbeitspensums der Bergleute zuständig, die dann bei der Auszahlung der Löhne als Grundlage verwendet wurde. Bei ihm findet sich ebenfalls wieder der Hinweis auf die Kontrolle des Scheidwerkes, der Trennung des erzhaltigen vom fahlen Gestein. Hier war nämlich laut Bergbuch „Hinterlist und Betrug" an der Tagesordnung.[67] Besonders bei größeren Gruben konnte es vorkommen, dass ein einziger Hutmann nicht ausreichte, um den Großbetrieb zu überwachen. Deshalb konnten von den Gewerken auch mehrere Hutleute angestellt werden. Nachdem das Prinzip der „starren Lohngrenze" aufgegeben wurde, bekamen die Hutleute, wie bereits erwähnt, eine weitere Aufgabe. Sie sollten nun unter Mitwirkung und Aufsicht der Geschworen die Löhne je nach Leistung des Einzelnen entsprechend festsetzen.[68] Ihr eigener Lohn zählte mit mindestens einem Gulden pro Woche zu den Besten unter den Bergleuten.[69] Nach oben wurde keine Grenze festgesetzt. Ein guter Hutmann konnte auf diese Weise das Lohnniveau des landesfürstlichen Bergrichters erreichen. Dem entspricht auch eine Abbildung im Bergbuch, die den Hutmann in wohlhabender Kleidung, mit Mantille, Halskrause und Schwarzem Hut darstellt.[70] Nach einer Zählung der Arbeiterschaft des Falkensteins im Jahre 1554 standen in diesem größten Schwazer Abbaugebiet insgesamt 70 Hutleute bei den Gewerken unter Vertrag (einschließlich der im folgenden erwähnten Knecht- und Buben-Hutleuten).[71]
War eine Grube so ertragreich, dass sie neben der Tagesschicht auch in einer Nachtschicht bebaut werden konnte, benötigten die Gewerken auch einen **Nacht-Hutmann**. Er sollte „ain taugenliche Person" sein, die „bey nechtlicher Weil bey der Grueben sein unnd fleissig aufsehen" haben sollte, „damit die Arbaiter und Lehenheyer zur rechter Nachtschichtzeit anfaren, die Schichten trewlichen arbaiten unnd zu rechter Zeit mit sein, des Huet-

---

66   Bingener / Bartels / Slotta, Bergbuch II. Band, S.462.
67   Ammann/Pizzini, Gewerken-Beamte-Bergarbeiter, S.161.
68   Worms, Schwazer Bergbau, S.48.
69   Kirnbauer, Schwazer Bergbuch, S.106.
70   Kirnbauer, Schwazer Bergbuch 1556-1956, Wien 1956, S.107.
71   Sokoll, Bergbau, S.44.

mans Erlaubnus, wiederumben darvon geen".[72] Seine einzigen Aufgaben waren die Kontrolle der Arbeiter und die Überwachung des Vortriebs der Stollen. Das Schwazer Bergbuch weist dem Nacht-Hutmann ein wöchentliches Gehalt von einem Gulden aus. Hier findet sich allerdings keine Anmerkung über eine mögliche darüberhinausgehende Bezahlung, wie beim (Tag-)Hutmann. Die bereits erwähnten Zählungen am Falkenstein nennen 54 Nachthutleute und Schreiber.[73] Damit wäre bereits die nächste Berufsgruppe angesprochen, die der **Grubenschreiber**. Bei größeren Gruben, mit mehreren Arbeitern gingen sie den Hutmännern hilfreich zur Hand, indem sie Schichtzeiten und Arbeitsansprüche der Bergleute schriftlich vermerkten. Sie mussten gleich den Hutleuten auch täglich auf der Grube anwesend sein. Da die Gewerken meistens mehrere verschiedene Bergwerksanteile besaßen, mussten die Grubenschreiber schließlich auch den Knappen vor jeder Raittung, dem Zahltag der Bergleute, der alle vierzehn Tage statt fand, mitteilen, von welchem Gewerken er seinen Lohn erhalten wird. Im Schwazer Bergbuch findet sich unter anderem auch hier wieder der Hinweis auf die Kontrolle des Scheidwerkes. Grubenschreiber hatten, ähnlich den Hutmännern ein recht hohes Einkommensniveau. Sie verdienten in der Woche 56 Kreuzer und bekamen somit nur vier Kreuzer weniger als ihre Vorgesetzten.[74] Im Vergleich zu ihren vom Landesfürsten bezahlten Kollegen, den Berggerichtsschreibern, war dies eine recht beachtliche Summe.

Der **Knecht-Hutmann** kam ebenfalls nur in größeren Gruben zum Einsatz, in denen der Hutmann überfordert war. Seine Aufgabe bestand vornehmlich darin, die Truhenläufer zu überwachen und somit sicherzustellen, dass jeder „die Truhen mit Perg und Artzt (taubes Gestein und Erz) an den Tag bringe". Da dies mitunter für die Truhenläufer recht anstrengend werden konnte und diese leicht der Verlockung erliegen konnten, weniger pro Fuhre mitzunehmen, sollte er außerdem darauf achten, „dass auch ain yeder die Truhen gar anfülle unnd zu rechter Weil unnd Zeit von unnd zu der Arbait gee".[75] Wurde ein Knechthutmann benötigt, bestimmte der Hutmann einfach einen fähigen Arbeiter aus der Reihe der Truhenläufer. Für diese Aufgabe wurde er dann auch nicht so schlecht entlohnt, er verdiente jedenfalls mit 42 Kreuzern pro Woche rund ein Drittel mehr als zuvor.[76] Ähnlich verhielt es sich beim **Buben-Hutmann**. Er wurde aus der Riege der Säuberbuben bestimmt. Hierbei handelte es sich um Jungen zwischen 12 und 18

---

72 Bingener / Bartels / Slotta, Bergbuch II. Band, S.463.
73 Sokoll, Bergbau, S.44.
74 Fischer, gemeine Gesellschaft der Bergwerke, S.189.
75 Bingener/Bartels/Slotta, Bergbuch II. Band, S.463.
76 Fischer, gemeine Gesellschaft der Bergwerke, S.189.

Jahren, die die vorsortierten Gesteinsmengen zu den Stellen transportierten, wo sie von den Truhenläufern abgeholt werden konnten. Der Buben-Hutmann sollte laut Bergbuch der größte und tauglichste und den anderen Jungen überlegen sein. Seine Aufgabe bestand darin, darauf zu achten, „dass dieselben, seine Mitgewonten, trewlich arbaiten, Berg und Ärzt an die rechten Orte brinngen, zu rechter Zeit von unnd zu der Arbeit geen" und „der Schicht recht wartn".[77] Da es sich bei den Buben-Hutleuten ebenfalls um Kinder oder Jugendliche handelte, war ihr Lohn der Niedrigste unter den Hutleuten. Der Wochenverdienst lag bei 32 Kreuzern pro Woche, und war somit immerhin um 8 Kreuzer besser als der der gewöhnlichen Säuberbuben.[78]

Ein echter Alleskönner war der **Grubenhüter**. Er wurde von den Gewerken primär beauftragt, Tag und Nacht auf die Gruben und alle dazugehörenden Güter und Materialien zu achten.[79] Dafür musste er dort auch ständig anwesend sein und sogar die Nacht am Berg verbringen. Beim Tagesbetrieb sollte er auch auf die Bergleute achtgeben, „damit die nicht von den Grueben weg unnd dannen tragen"[80]. Es war aber auch seine Aufgabe, die für den Bergbau notwendigen Geräte bei sich aufzubewahren und an die Arbeiter auszugeben. Wenn Not am Mann war, musste er außerdem noch im laufenden Betrieb aushelfen. So sollte er laut Bergbuch auch „Stölln zimern, Truhenlauffen unnd annders arbaiten"[81], je nachdem, was im Moment gerade anfiel. Für diese Arbeiten wurde er mit 42 Kreuzer pro Woche entlohnt, was insgesamt nicht besonders viel gewesen sein dürfte, bedenkt man seine ständige Anwesenheit auf der Grube.

Nach der Gruppe der „Aufseher" folgt nun ein Überblick über die „Hilfsarbeiter"-Berufe am Berg. Diese stellten einen großen Teil der Bergleute. Der ofterwähnte Falkensteiner Arbeiterauszug gibt beispielsweise Aufschluss darüber, dass 1554 knapp die Hälfte der Belegschaft am Falkenstein zu den „Hilfsarbeiter"-Berufen zählte.[82] Eine Bergbeschau im selben Revier aus dem Jahre 1526 kommt in etwa auf dasselbe Ergebnis.[83] Hierbei waren die Erztransporteure von besonderer Wichtigkeit, zu denen auch die **Haspler** zählten. Sie waren für die Bedienung einer handgetriebenen Seilwinde zu-

---

77 Bingener / Bartels / Slotta, Bergbuch II. Band, S. 464.
78 Fischer, gemeine Gesellschaft der Bergwerke, S.189.
79 Bingener / Bartels/Slotta, Bergbuch II. Band, S.464.
80 Bingener / Bartels/Slotta, Bergbuch II. Band, S.464.
81 Bingener / Bartels/Slotta, Bergbuch II. Band, S.464.
82 Sokoll, Bergbau, S.44.
83 Fischer, gemeine Gesellschaft der Bergwerke, S.209.

ständig, mit der die abgebauten Gesteinsmengen aus den Schächten hochgezogen wurden. Diese Seilwinde, Haspel genannt, ähnelte dabei den Mechanismen, die man auch heute noch teilweise bei Brunnenschächten zu Gesicht bekommt. Mit Hilfe der Haspel konnte ein Eimer von einer Ebene in die nächste bewegt werden und so auch der Erztransport aus verschiedenen Ebenen bewältigt werden. Da diese Eimer in beladenem Zustand relativ schwer waren, arbeiteten immer zwei Haspler an einer Seilwinde. Wie die anderen „Hilfsarbeiter" auch, hatte der Haspler täglich eine Schicht von acht Stunden zu arbeiten und dies fünfeinhalb mal die Woche, da am Samstag immer nur einen halben Tag gearbeitet wurde.[84] Da diese Arbeit besonders schwer war, gab es mit 42 Kreuzern pro Woche auch die höchste Entlohnung unter den Schwazer „Hilfsarbeitern"[85].

Abb.4: Haspler, Tiroler Landesmuseum Ferdinandeum, Innsbruck, Dip 856

Ein weiterer Transporteur war der **Truhenläufer**. Diese Berufsgruppe musste in jeder Grube vorkommen, da ihre Aufgabe darin bestand, das gewonnene Gestein mit Hilfe von Truhen, oder auch Hunten, aus dem Berg zu den dafür vorgesehenen Stapelplätzen zu schieben. Zur Erleichterung des anstrengenden, teilweise kilometerweiten Schiebevorgangs waren die Gruben oftmals so angelegt, dass sie zum Ausgang hin ein Gefälle aufwie-

---

84 Sokoll, Bergbau, S.45.
85 Fischer, gemeine Gesellschaft der Bergwerke, S.189.

sen. So wurde das Schieben der leeren Truhe zwar erschwert, der volle Hunt war dadurch aber viel leichter zu bewegen. Um lange Pausen zu vermeiden, musste jeder Truhenläufer innerhalb seiner Schicht eine vorher bestimmte Anzahl vollgefüllter Truhen aus der Grube befördern. Dieses Arbeitspensum wurde vom vorhin erwähnten Knecht-Hutmann überwacht. Darstellungen im Bergbuch geben eine Vorstellung von Größe und Aussehen der Truhen, die sich auf vier Rädern befanden, in etwa hüfthoch waren und die Länge eines Arbeiters hatten.[86] An der Front der Truhe dürfte sich oftmals eine Talglampe befunden haben, die dem Truhenläufer den Weg erhellen sollte. Um mit den schweren Truhen leichter vorwärts zu kommen wurden Bretter in den Stollen als Schienen verlegt. Auf diesen Brettern befand sich eine doppelte Führungsschiene in die ein Nagel reichte, der an der Truhe angebracht war. Für diese Arbeit wurden im frühneuzeitlichen Schwaz 32 Kreuzer pro Woche gezahlt. Neben den erzabbauenden Hauern stellten die Truhenläufer bei der Zählung am Falkenstein im Jahre 1554 mit 750 Personen die drittgrößte Berufsgruppe dar.

Da man mit den relativ sperrigen Truhen oftmals nicht direkt bis zu den Häuern vordringen konnte, beschäftigten die Gewerken häufig auch mehrere Jungen im Alter zwischen 12 und 18 Jahren, die so genannten **Säuberbuben**.[87] Viele der Bergleute begannen mit dieser Tätigkeit ihre Bergmannskarriere. Der Vorteil der Jugendlichen war, dass sie meistens noch nicht ausgewachsen waren und sich somit leichter in den schmalen, niedrigen, frisch geschlagenen Stollen bewegen konnten. Sie mussten das am Boden liegende Gestein aufsammeln und zu den Stellen bringen, an denen Truhenläufer bereits mit ihren Hunten warteten. Ihr Name kommt von ihrer zweiten Aufgabe, dem „Säubern" der Stollen von Gestein, das beim Transport aus den Truhen gefallen war.[88] Hatten die Truhenläufer dann schließlich das Material ans Tageslicht befördert, kamen die Säuberbuben ein drittes mal zum Einsatz, indem sie das taube Gestein auf Schutthalden ausschieden. Da Arbeit von Kindern und Jugendlichen jederzeit und an vielen Orten der Welt sehr günstig war und zumeist immer noch ist, befanden sich auch die Säuberbuben auf der untersten Sprosse der Schwazer Gehaltsleiter. Sie hatten einen Wochenverdienst von 24 Kreuzern. Die relativ günstigen Säuberbuben bildeten dann auch mit 835 Personen bei der Zählung des Jahres 1554 eine sehr große Gruppe am Falkenstein.[89] Ebenfalls an der unteren Einkommensgrenze befanden sich die **Forcherbuben**. Mit ihnen

---

86 Kirnbauer, Schwazer Bergbuch, S.115.
87 Ammann / Pizzini, Gewerken-Beamte-Bergarbeiter, S.162.
88 Palme / Gstrein/Ingenhaeff, Glück auf, S.56.
89 Sokoll, Bergbau, S.44.

wurde das Problem der Frischluftzufuhr in den Stollen gelöst. Die Beschreibung ihrer Tätigkeit im Bergbuch klingt recht interessant: „Wann an ainem Ort im Gebirg peß Wetter ist, daß den Herrnarbaitern unnd Lehenheyern ire Liechter nimmer prinnen und an demselben Ort nit pleiben mugen, so lassen die Gewerkhen ain grossen Pläspalgalg in das Pirg bringen. Den nennen sy ain Vocher, oder lassen ain hulzern Radlvocher hinein richten. Damit treiben sy durch Lutten oder Rör [Lutten oder Rohre] auf das unfrisch Ort ainen gueten Luft oder Wetter".[90] In die Stollen reichte also ein Netz von Röhren hinein über das mittels eines großen Blasebalgs frische Luft von draußen zu den Häuern transportiert werden konnte, wenn dort der Sauerstoffgehalt sank. Dies merkten die Bergleute daran, dass ihre mitgeführten Kerzen nicht mehr brannten. Für diese Arbeit sollten „gewapne [frische] Knaben" herangezogen werden, denen in der Woche 28 Kreuzer zu bezahlen waren.[91] Neben der Frischluftversorgung ergab sich für die Bergbaubetreiber ein weiteres Problem. In den Gruben, die mit fortschreitendem Abbaubetrieb ständig weiter und vor allem tiefer in den Berg reichten, sammelte sich immer mehr Grundwasser. Tat man nichts dagegen, drohte es die Schächte zu überschwemmen. Die Schwazer Gewerken leisteten sich daher eine Armee von **Wasserhebern**. Im Jahre 1535 waren dies insgesamt 600 Mann, die die nicht unbeträchtliche Summe von 14.000 Gulden verschlangen. Im selben Jahr wandten sich daher sogar die wohlhabenden Fugger mit der Bitte um Unterstützung direkt an den Kaiser.[92] Die Tätigkeit der Wasserheber war aber auch keine einfache. Sie mussten Mann neben Mann stehen und sich Ledereimer voller Wasser weiterreichen, bis entweder der Ausgang des Stollens oder die bis zum Ausgang geneigte Stollensohle erreicht war, an der das Wasser abrinnen konnte. Da diese Tätigkeit rund um die Uhr erledigt werden musste, ging man dazu über, die Wasserheber in 6 Schichten pro Tag zu vier Stunden einzuteilen.[93] Die Wasserheber mussten also wie ihre restlichen Kollegen auch pro Tag acht Stunden arbeiten, aufgrund der enorm eintönigen und harten Arbeit hatte man daher wahrscheinlich beschlossen, die Achtstundenschichten auf zwei Vierstundenschichten zu verteilen. Zusätzlich dazu hatten die Wasserheber keine Feiertage. Die Arbeit musste beispielsweise auch an den Sonntagen erledigt werden, an denen die meisten ihrer Kollegen nicht am Berg waren. In der neueren Literatur werden die Wasserheber öfters als bestverdienende

---

90   Bingener / Bartels / Slotta, Bergbuch II. Band, S.465.
91   Kirnbauer, Schwazer Bergbuch, S.117.
92   Mutschlechner, Bergbau am Falkenstein, S.117.
93   Fischer, gemeine Gesellschaft der Bergwerke, S.179.

Gruppe unter den Schwazer Bergleuten dargestellt.[94] In diesem Zusammenhang fällt oft der Hinweis auf ihre kurze Vierstundenschicht. Es gab allerdings nur 600 Wasserheber, von denen 200 ständig im Einsatz waren, da die Abschöpfung rund um die Uhr gewährleistet werden musste.[95] Bei sechs Schichten zu vier Stunden[96] kam jeder Arbeiter also zweimal pro Tag zum Einsatz, womit er, wie seine restlichen Kollegen auch, acht Stunden pro Tag arbeiten musste. Bedenkt man noch, dass die Wasserheber Sonn- und Feiertags auch arbeiten mussten, erscheint ihr Verdienst von 45 Kreuzern wöchentlich sehr gering. Trotzdem belasteten die Kosten von 600 zusätzlichen Arbeitern das Budget der Gewerken stark. Ab dem beginnenden 16. Jahrhundert wurden daher immer wieder Versuche unternommen, das „Wasserheben" zu automatisieren. Im Jahre 1537 erbaute ein gewisser Maximus Dobrauer ein auf eigene Kosten erbautes „Wasserkunstwerk", das die Hebekosten um die Hälfte senken sollte, aber anscheinend nicht den Ansprüchen genügte. 1539 wurden acht hölzerne Handpumpen in Betrieb genommen, die das Wasser über Tröge in den einzelnen Ebenen ans Tageslicht beförderten und das Personal auf 240 Mann reduzierte.[97] Durch den nachlassenden Silbersegen erklärte sich der Landesfürst im Jahre 1540 bereit, die Kosten für die Wasserhebung zu übernehmen.[98] Das Jahr 1554 brachte dann das Ende des Berufsstandes der Wasserheber in Schwaz. Zu dieser Zeit wurde von einem Wasserwerkmeister Lasser aus Salzburg eine 10.000 Pfund teure Wasserhebemaschine, der so genannte „Wassergappl" fertiggestellt. Da sich die Fugger und andere Gewerken geweigert hatten, sich an den Kosten zu beteiligen, musste der Landesfürst alleine dafür aufkommen.[99] Die neue Maschine verbesserte die Kostensituation der Wasserhebung dramatisch. Statt der verbleibenden 240 Wasserheber wurden nur mehr einige wenige **Stangenknechte** zur Bedienung benötigt, deren Aufgabe nach einer zeitgenössischen Schilderung darin bestand, „ein oberschlächtiges Wasserrad, bald auf diese, bald auf jene Seite durch das Wasser" mit Hilfe von Stangen „zu treiben" [100]. Auf diese Weise konnten von zwei Personen in einer achtstündigen Schicht etwa 100 Kubikmeter Wasser

---

94   siehe: Fischer, gemeine Gesellschaft der Bergwerke, S.189.
95   Mutschlechner, Bergbau am Falkenstein, S.117.
96   Fischer, gemeine Gesellschaft der Bergwerke, S.178.
97   Kirnbauer, Schwazer Bergbuch, S.40.
98   Mutschlechner, Bergbau am Falkenstein, S.118.
99   Kirnbauer, Schwazer Bergbuch, S.40.
100   Kirnbauer, Schwazer Bergbuch, S.40.

gehoben werden[101]. Das stellte ein Vielfaches dessen dar, was 200 Personen einige Jahre zuvor im selben Zeitraum bewältigt hatten.

Abb.5: Wasserhebemaschine, Tiroler Landesmuseum Ferdinandeum, Innsbruck, Dip / 856

Einen weiteren sehr personalintensiven Berufsstand bildeten die **Grubenzimmerer und die Gestängeholer**. Im Jahre 1554 waren nicht weniger als 800 Personen mit diesen Tätigkeiten betraut. Ihre Aufgabe war die Auskleidung der Stollen mit stützenden Holzbalken. Bei der Länge der Stollen wurden enorme Mengen an Holz im Berg verbaut. Alleine für das Revier Falkenstein geht Christoph Bartels von etwa 77 Kilometer Stollen und anderen Strecken aus, die mit Holz ausgebaut, unterhalten und ungefähr alle sechs bis acht Jahre erneuert werden mussten. Zusätzlich dazu wurde der Rohstoff Holz auch noch für die Auszimmerung von Abbauhohlräumen sowie die Herstellung verschiedenster Gerätschaften für den Abbaubetrieb benötigt.[102]

---

101 Sokoll, Bergbau, S.42.
102 Christoph Bartels, Grubenholz – Holz und seine Verwendung im Bergwerksbetrieb des Spätmittelalters und der frühen Neuzeit, in: Wolfgang Ingenhaeff (Hg.), Bergbau und Holz. Schwazer Silber, 4. Internationaler Montanhistorischer Kon-

Die Gestängeholer waren für die Überstellung des Materials von den Holz-knechten in den Berg zuständig. Dort wurde das Holz dann anschließend von den Zimmerleuten in den Stollen verwertet. Für ihre anspruchsvolle Arbeit wurden die Grubenzimmerleute auch recht gut bezahlt. Sie bezogen mit einem Gulden pro Woche dasselbe Gehalt wie die Nachthutleute und befanden sich damit im oberen Bereich der Schwazer Einkommenspyrami-de.[103] Neben den Zimmerleuten wurden mit den **Hammerschmieden** wei-tere Handwerksspezialisten am Berg beschäftigt. Sie waren in eigenen Schmieden beschäftigt, die die Gewerken gemeinsam errichtet hatten, um den enorm großen Bedarf der Bergwerke an Werkzeug decken zu können. Das Bergbuch gibt eine detaillierte Aufzählung der dort hergestellten Mate-rialien. Neben Pochern, Fäusteln, Stufeisen, Ritzeisen, Reibeisen, Scheidei-sen, Schlägeln, Stücken, Keilen, Kratzen, Keilhauen, Judenhämmern und Truhen wird dort auch „anderer Bedarf gemacht und geschmiedet".[104] Ne-ben den Hammerschmieden in den Schwazer Bergschmieden, die von den Gewerken gemeinsam entlohnt wurden, hatten die Grubenbetreiber auch eigene Schmiede bei ihren Gruben, die „das täglich verschlagene Eisen-zeug täglich wieder ausbessern, anspitzen und zurichten" sollten, „damit es so lange wie möglich gebraucht werden kann"[105]. Diese Grubenschmiede dürften dann auch den größten Teil der im Bergbau beschäftigten Schmiede ausgemacht haben. Insgesamt nennt der Falkensteiner Arbeiterauszug von 1554 184 „Perckschmytt und underschydlichs Volch".[106] Die Bergbeschau im selben Revier im Jahre 1526 kennt 66 Bergschmiedemeister.[107]

Besonders in der Hochblüte des Silberabbaus wurden nur die reichsten Er-ze verschmolzen, weniger silberhaltiges Gestein verblieb meistens in den Gruben oder auf den Schutthalden vor den Stollen, wohin es aussortiert worden war. Von dieser ehemaligen „Verschwendungswut" lebte ein eige-ner Berufsstand sogar bis ins 19. Jahrhundert. Die so genannten **Kutter** streiften durch verlassene Gruben und durchforsteten die Halden der Revie-re auf der Suche nach erzhaltigem Gesteinsmaterial. Ihre Zahl war dabei sogar so hoch, dass sie bei Zählungen wie der des Jahres 1554 sogar als ei-gener Berufsstand angeführt wurden.[108] Zu guter Letzt waren besonders bei größeren Gruben auch noch **Wäscher oder Scheider** beschäftigt. Ihre Auf-

gress Schwaz 2005, Innsbruck 2006, S. 9-30, S. 10.
103 Sokoll, Bergbau, S.45.
104 Ammann / Pizzini, Gewerken-Beamte-Bergarbeiter, S.165.
105 Ammann / Pizzini, Gewerken-Beamte-Bergarbeiter, S.165.
106 Sokoll, Bergbau, S.44.
107 Fischer, gemeine Gesellschaft der Bergwerke, S.209.
108 Mutschlechner, Bergbau am Falkenstein, S.119.

gabe war das feinere Aussortieren des erzhaltigen Gesteines, nachdem es von den Säuberbuben abgegeben wurde, was auch als Scheiden bezeichnet wurde.[109] Hierfür wurde das Gestein zuerst im Trockenverfahren mit Hämmern stark verkleinert, um dann im Nassverfahren in Waschtrögen oder Waschwerken ausgeschwemmt zu werden. Dabei floss der leichtere erzfreie Sand mit dem Wasser davon, zurück blieb schließlich das schwerere erzhaltige Material. Ab dem Jahre 1512 wurde das mühselige manuelle Zerkleinern des Gesteins dann von einem mit Wasserkraft betriebenen Stampfwerk erleichtert, das von einem gewissen Erasmus Stauber konstruiert worden war.[110] Von diesen beiden Arbeitstechniken sind im Schwazer Bergbuch zwei interessante Abbildungen erhalten.[111] Die Zählung der Arbeiter am Falkenstein nennt insgesamt 620 Personen, die als Kutter und Scheider im Jahre 1554 in diesem Revier tätig waren.[112]

Nach der Gruppe der „Hilfsarbeiter" folgt nun die der Häuern. Dabei handelte es sich um jene Personen, die für den Abbau des Gesteins zuständig waren und die Stollen in den Berg vorantrieben. Ihnen ist es letztendlich zu verdanken, dass dem Falkenstein im Laufe des Bergbaubetriebs insgesamt 1.632 Tonnen Silber und 124.000 Tonnen Kupfer abgerungen werden konnten.[113] Sie stellten gut die Hälfte der Schwazer Bergarbeiterschaft. Auf einen „produktiven" Hauer kam also in etwa ein „Hilfsarbeiter".[114] Bedenkt man, dass damals noch sehr wenig mechanische Hilfsmittel zur Verfügung standen und fast alle Arbeiten von Menschenhand getätigt werden mussten, sprechen diese Zahlen für eine stark optimierte Beschäftigungsstruktur. Gerade in der „produktiven" Gruppe gab es interessanterweise die größten Unterschiede bei den Beschäftigungsverhältnissen. Prinzipiell unterschied man drei Arten von Hauern: den Herrenhauer, den Gedingehauer und den Lehenhauer. Alle drei hatten jedoch die gleiche Aufgabe. Sie mussten sich mit ihrem „Gezähe", ihrem Werkzeug, in den Berg vorarbeiten. Vornehmlich schremmten sie sich mit Schlegel und Eisen durch den Fels.

---

109 Egg, Schwaz, S.107.
110 Max Isser, Knappen – Unruhen und der Einfluss der Reformation 1500-1550, in: der Sammler, Jhg.III (1909), Heft 11, S.243.
111 Egg, Schwaz, S.114.
112 Sokoll, S.44.
113 Mutschlechner, Bergbau am Falkenstein, S.124.
114 Fischer, gemeine Gesellschaft der Bergwerke, S.210.

Abb.6: Häuer, Tiroler Landesmuseum Ferdinandeum, Innsbruck, Dip / 856

Besonders in der Frühphase des Erzabbaus und da auch lediglich bei besonders zähem Gestein kam mit dem „Feuersetzen" eine andere Methode zum Einsatz.[115] Hierbei wurde an der Vortriebsstelle ein Holzstoß verbrannt. Anschließend wurde das erhitzte Gestein mit kaltem Wasser überschüttet und auf diese Weise brüchig gemacht. Aufgrund des großen Holzbedarfs und der gefährlichen Rauchgasbildung im Stollen war das „Feuersetzen" nur zu bestimmten Zeiten erlaubt. Als die Materialien der Bergleute mit dem Beginn des 16. Jahrhunderts immer besser wurden, gab man es schließlich gänzlich auf.[116]

Problematisch war auch die Beleuchtung der Gruben. Als einzige Lichtquelle während der acht Stunden dauernden Schicht dienten den Häuern kleine Öl- oder Talglichter. Sie spendeten zwar nicht sehr viel Licht, hatten allerdings den Vorteil, dass sie bei abnehmendem Sauerstoffgehalt in der Luft zuerst schwächer wurden und dann ganz ausgingen, womit sie den Häuern auch als „Sauerstoffmessstation" dienten. Die Lampen bestanden vorerst noch aus Keramik, später dann bereits aus Metall. Sie waren an einer eisernen Kette befestigt, an der sie der Häuer während der Arbeit am Gestein aufhängen konnte.[117] Die Arbeitstracht der Knappen bestand aus

115   von Srbik, Überblick des Bergbaues, S.114.
116   Mutschlechner, Bergbau am Falkenstein, S.114.
117   Eberhard Czaya, Der Silberbergbau. Aus Geschichte und Brauchtum der Bergleute, Leipzig 1990, S.24.

einem weißen Leinenkittel. Maximilian I. erkannte diese Bekleidung dann auch als offizielle Berufs- und Festtracht an. Zum Schutz des Kopfes trug der Häuer ab dem 14. Jahrhundert meistens eine weiche Kopfbedeckung, um sich vor Stoß und Schlag besser schützen zu können. Unter dem Kittel trug er zumeist enganliegende Hosen, Winckelgamaschen und flache Schuhe.[118]

Die **Herrenhauer** stellten bei der Zählung am Falkenstein im Jahre 1554 mit rund 18% den geringsten Anteil an der Gesamtzahl der dortigen Häuer.[119] Sie arbeiteten quasi als Angestellte der Gewerken und wurden mit einem wöchentlichen Fixlohn von einem Gulden bezahlt. Dafür mussten sie unter der Aufsicht des Hutmannes 8-9 Stunden pro Tag in den Gruben arbeiten. Wie bei den anderen Bergarbeitern auch, hatte ihre Arbeitswoche 5 ½ Tage. Am Samstag und vor Feiertagen durfte nur der halbe Tag gearbeitet werden. Nach Karl-Heinz Ludwig dürfte der Lohn der Herrenhäuer niedriger gewesen sein als der ihrer Häuerkollegen.[120] Dafür spricht unter anderem auch, dass Lehenschaften beispielsweise im gesamten Ostalpenraum äußerst begehrt gewesen waren.[121] Haupttätigkeit der Hauer war der Erzabbau in den erzführenden Hauptgängen.[122]

Die zweitgrößte „Knappengruppe" wurde von den **Gedingehauern** gebildet. Sie arbeiteten nicht mehr in Festanstellung mit einem fixen Wochengehalt, das sich nur an der Arbeitszeit orientierte, sondern wurden für bestimmte, vorher festgelegte Arbeitsleistungen, den so genannten Gedingen bezahlt. Häufig wurden sie mit leichter mess- und kontrollierbaren Aufgaben, wie dem Vortrieb der Stollen im tauben Gestein betraut.[123] In der Regel wurden diese Gedinge im Beisein des Bergrichters oder der Geschworenen vergeben und auch abgerechnet. Dabei wurden Marken ins Gestein geschlagen, die das Arbeitspensum markieren sollten.[124] Diese Vorgangsweise war zwar etwas teurer, da bei jedem hoheitlichen Eingreifen nicht gerade unerhebliche Gebühren entrichtet werden mussten, sie hatte aber auch den großen Vorteil, dass jeder Partei einigermaßen Rechtssicherheit geboten wurde. Die Entlohnung für die vergebenen Gedinge wurde allerdings

118 Czaya, Silberbergbau, S.24.
119 Sokoll, Bergbau, S.44.
120 Karl-Heinz Ludwig, Sozialstruktur, Lehenschaftsorganisation und Einkommensverhältnisse im Bergbau des 15. und 16. Jahrhunderts, in: Anschnitt. Zeitschrift für Kunst und Kultur im Bergbau Nr. 30 (1984), S. 118-124; S.123.
121 Ludwig, Sozialstruktur, S. 118-124.
122 Fischer, Gemeine Gesellschaft der Bergwerke, S.175.
123 Fischer, Gemeine Gesellschaft der Bergwerke, S.175
124 Fischer, Gemeine Gesellschaft der Bergwerke, S.200.

dann nur zwischen Gewerken und Häuern ausgehandelt. Hier dürfte es wiederum große Unterschiede gegeben haben, weshalb man auch keinen Durchschnittsverdienst nennen wird können. Je nach Verhandlungsgeschick werden die Löhne einmal höher und ein anderes mal wieder etwas niedriger gewesen sein. Die Gewerken zahlten ihren Gedingehäuern jedoch in der Regel eine wöchentliche Abschlagszahlung, die in etwa dem Lohn der Herrenhäuer entsprach. Nach Fertigstellung des Gedinges erfolgte schließlich die Endabrechnung, bei der dann die restliche Summe nachgezahlt wurde. Es kam jedoch auch häufig vor, dass die Gedingehäuer auch nicht mehr mit einer Nachzahlung rechnen konnten.[125] Die Bergleute waren anscheinend immer mehr dazu übergegangen, verliehene Gedinge an andere Kollegen, so genannte **Fürgedinger** weiterzugeben. Dies war jedoch verständlicherweise weder von den Gewerken noch vom Landesfürsten erwünscht, weswegen das Verbot dieser Arbeitsweitergabe bald auch Einzug in die Bergordnungen fand. So sollte ein Gedingehauer nur ein Gedinge nur dann annehmen dürfen, wenn er es selbst bearbeiten konnte.[126]

Die Hauptgruppe der Knappen, die zur Zeit des Falkensteiner Arbeiterauszuges von 1554 rund 56% der Häuer ausmachte, wurde von den **Lehenhäuern** gebildet.[127] Sie standen in keinem Angestelltenverhältnis zu den Gewerken, sondern arbeiteten als „Halbunternehmer" auf eigene Rechnung. Der Begriff „Halbunternehmer" ist hier sehr treffend, da der Lehenhäuer lediglich für einen Auftraggeber arbeitete. Von diesem pachtete er für ein halbes oder ganzes Jahr eine Grube und diesem musste er schließlich auch das abgebaute Erz wieder verkaufen. Im so genannten Spanzettel, dem Pachtvertrag zwischen Grubenbesitzer und Lehenhäuer wurden die Bedingungen genau festgelegt. Meistens wurden die Lehenschaften bei der letzten Jahresraitung im Dezember vergeben. Zu dieser Zeit wurden dann auch die Spanzettel verfasst. Wie auch noch heute, bekamen diese Verträge erst Gültigkeit, wenn sie offiziell vergebührt wurden. Dafür war vom Lehenhäuer das Aufnahmeentgelt zu entrichten, welches im Jahre 1512 beispielsweise sieben Kreuzer betrug.[128] Der Vertrag selbst beschrieb die Leistungen der Gewerken. Dabei wurde einerseits der genaue Ort der Lehenschaft beschrieben, andererseits kamen aber auch die Modalitäten der Bezahlung zur Auflistung. Erwähnt wurden aber auch die Pflichten des Häuers. So findet man Angaben darüber, wie das Erz zu sortieren war ebenso,

---

125   Fischer, gemeine Gesellschaft der Bergwerke, S.201.
126   Fischer, gemeine Gesellschaft der Bergwerke, S.201.
127   Sokoll, Bergbau, S.44.
128   Fischer, gemeine Gesellschaft der Bergwerke, S.202.

wie die Einräumung eines Vorkaufsrechtes für das abgebaute Material.[129]
Für die Abnahme des gewonnenen Erzes gab es prinzipiell zwei Möglichkeiten. Der Gewerke konnte dem Lehenhäuer einerseits das Material bereits nach dem Sortieren abkaufen, oder er ließ sich Zeit, bis sein Pächter das Erz verschmelzen hatte lassen, um es ihm dann über sein Vorkaufsrecht zu einem Fixpreis von 5 Gulden und 50 Kreuzern pro Mark Silber (etwa 0,28 Kilogramm) abzukaufen.[130] Die Gewerken entfernten sich so immer mehr vom eigentlichen Bergbaugeschäft und traten oftmals nur mehr als Zwischenhändler auf. Dadurch blieben neben der ursprünglichen Arbeit im Berg auch die gesamten Nebenkosten der Produktion an den Lehenhäuern hängen womit diese neben den Ausgaben für Eisen und Unschlitt auch für sämtliche Gebühren, wie Aufnehm- und Beschaugelder, aufkommen mussten.[131] Wieviel ihnen dann tatsächlich übrig geblieben ist, wird man unmöglich sagen können. Hier spielten zweifelsohne wieder Verhandlungstalent, Angebot und Nachfrage, sowie die Ergiebigkeit der Grube eine große Rolle. Aus diesem Grunde kann es bei den Lehenhäuern unmöglich einen Einheitsverdienst gegeben haben. Karl-Heinz Ludwig versuchte einen Durchschnittsverdienst der Lehenhäuer des Zillertals des Jahres 1554 zu ermitteln und kam hierbei nach Abzug aller heute bekannten Kosten auf einen Wochenlohn von eineinhalb Gulden.[132] Bedenkt man das größere Risiko und die erhöhten Aufwände des selbstständigen Abbaus, wäre es verständlich, wenn der Lehenhauer im Schnitt mehr verdiente, als der fix beschäftigte Herrenhauer, dessen Verdienst bei einem Gulden lag. Ebenso wie bei den Gedingehauern wollten die Gewerken und auch der Landesherr keine Person zwischen sich und der Lehenschaft dulden, die an der Arbeit eines Anderen durch Weiterverpachtung mitverdiente und so entweder den Verdienst des einzelnen Häuers oder aber der Gewerken verringerte. Deshalb wurde auch für diesen Bereich in den einzelnen Bergordnungen festgeschrieben, dass nur derjenige eine Lehenschaft bekommen sollte, der auch selbst dort arbeitete.[133] Weiteres Personal hingegen konnte und musste vielfach auch von den Lehenhäuern beschäftigt werden, es ging nur darum, dass der Pächter auch in der Grube arbeitete und sie nicht an Dritte weitervergab.

129 Fischer, gemeine Gesellschaft der Bergwerke, S.202.
130 Fischer, gemeine Gesellschaft der Bergwerke, S.203.
131 Fischer, gemeine Gesellschaft der Bergwerke, S.204.
132 Karl-Heinz Ludwig, Einkommen und Löhne von Knappen und Arbeitern in der europäischen Montankonjunktur des 15./16. Jahrhunderts, in: ZHF 14, 1987, S.385-406; S.402.
133 Fischer, gemeine Gesellschaft der Bergwerke, S.204.

Wie bereits erwähnt hingen die Konditionen, die die Häuer bekamen, von verschiedenen Faktoren ab. Verhandlungstalent und Ergiebigkeit der Stollen waren für den endgültigen Gewinn von großer Bedeutung. Peter Fischer unterscheidet nach einer Analyse der Daten einer Bergbeschau des Jahres 1526 drei Formen der Lehenschaft.[134] Nahezu zwei Drittel der Lehenhäuer hatten demnach an ihre Gewerken einen Zins zu entrichten. Etwas weniger als ein Drittel arbeitete abgabenfrei. Bei einigen wenigen nicht sonderlich ertragreichen Gruben kam es sogar vor, dass die Besitzer den Häuern ein Hilfsgeld zahlten. Wenn ein Zins zu entrichten war, was immerhin die überwiegende Mehrheit der Pächter betraf, schwankte der zwischen vier und vierundzwanzig Kreuzer pro Star Erz (circa 50 Kilogramm). Am häufigsten waren Abgaben zwischen 20 und 24 Kreuzer pro Star.[135] Für geschickte Pächter gab es also einen großen Spielraum. Von Zinszahlungen bis hin zu Unterstützungen an die Gewerken war recht viel möglich. Die Beschau zeigt außerdem, dass die meisten der 816 Lehenschaften des Falkensteins sehr klein waren. Meistens arbeiteten dort nur ein, etwas seltener auch zwei Hauer. Größere Lehenschaften mit mehr als drei Hauern waren schon sehr selten zu finden.

III. c) Die Gewerken – Aufstieg und Pleiten im Bergbau

Bei den so genannten Gewerken handelte es sich um die besitzende Schicht am Berg. Sobald jemand Grubenanteile besaß, stieg er in die Riege der Gewerken auf. Hier gab es wohl die größten sozialen Unterschiede. Während die Kleingewerken über sehr wenig Kapital verfügten und zumeist in ihren Gruben selbst noch mitarbeiteten, vollzog sich ab den Mittelgewerken bereits eine Trennung von Arbeit und Kapital, da sie nicht mehr persönlich in ihren Stollen anzutreffen waren. Ab einer gewissen Anteilsgröße konnte man es sich leisten, den Grubenbesitz als Anlage zu betrachten. In den meisten Fällen wurden die Gruben an Lehenhäuer vergeben, die den Abbau, wie bereits geschildert, in Eigenregie übernahmen und Risiko sowie Kosten für den Gewerken dabei minimierten. Der größte Unterschied zeigte sich schließlich bei den Großgewerken. Größe und Umfang ihres Betriebes machten die Beschäftigung eigener Verwalter, der so genannten Faktoren notwendig. Diese konnten beispielsweise ehemalige Gewerken gewesen sein die ihren eigenen Betrieb abgegeben hatten und nun als Angestellte den Abbaubetrieb eines Großgewerken leiteten. Teilweise verfüg-

---

134 Fischer, gemeine Gesellschaft der Bergwerke, S.208.
135 Fischer, gemeine Gesellschaft der Bergwerke, S.208.

ten die Großgewerken über das Kapital, um eigene Schmelzhütten zu errichten, in denen das gewonnene Erz weiterverarbeitet werden konnte.[136] Sie waren somit zugleich auch Schmelzherren, da sie fertiges Silber herstellen konnten. Zeitgleich traten sie auch immer wieder als Kreditgeber für den Landesherren in Erscheinung, was ihre Beziehung zu ihm sicherlich positiv beeinflusst haben dürfte.

Ebenso vielfältig wie ihre Sozialstruktur war auch die berufliche Herkunft der Gewerken. Die enormen Verdienstmöglichkeiten während des Silberbooms verleiteten neben Kaufleuten, Adligen und landesfürstlichen Beamten auch Handwerker zur Investition in den Schwazer Bergbau. Mit einem gewissen Lamprecht Erlacher stieg sogar ein Messner aus dem nahegelegenen Stans in das ganz und gar nicht geistliche Geschäft ein.[137] Diese Personen beschafften sich einzelne oder mehrere Anteile an den zahlreichen Gruben der Schwazer Reviere. Erworben wurden Neuntel-Anteile der Gruben, die wiederum in Viertel gesplittet werden konnten.[138] Die Preise waren je nach Ergiebigkeit unterschiedlich hoch. Für ¼ der Grube zu Allerheiligen musste man beispielsweise vier Gulden bezahlen, 1/16 der erzreicheren Grube zu St. Otilien und St. Gilgen kostete hingegen schon 600 Gulden.[139] Die Stollen befanden sich also in einer Art Streubesitz. Selten gehörte eine Grube einem einzelnen Gewerken. Wie überall, wo mehrere Eigentümer vorhanden sind, kann man davon ausgehen, dass wahrscheinlich ein Gewerke die Organisation für die Anderen mitübernommen und so auch die Ausgaben und die Gewinne auf alle Eigentümer anteilsmäßig verteilt haben dürfte. Viele Anteilseigner dürften dadurch fast gar nicht mehr mit dem Bergbau in Berührung gekommen sein. Dies könnte im Besonderen für die Mittelgewerken zutreffen, da sie gerade so viele Anteile besaßen, dass sie nicht mehr in ihrer Grube selbst Hand anlegen mussten, deren Gewinne aber wiederum auch nicht so hoch waren, dass sich eine intensive Beschäftigung mit dem Gewerbe gelohnt hätte.

Ein Auszug aller Falkensteiner Grubenbauer und Bauherren aus dem Jahre 1513 gibt Auskunft über die Anzahl der Gruben und deren Besitzer.[140] Demnach verfügte das gewinnträchtigste Schwazer Gebiet, der Falkenstein, zu dieser Zeit über exakt 100 Gruben, namentlich werden 33 Personen oder Gesellschaften als Besitzer genannt. Nach Peter Fischer kann man aber davon ausgehen, dass dieser Auszug nur die Namen der Großgewerken an-

---

136 Fischer, gemeine Gesellschaft der Bergwerke, S.113.
137 Palme / Gstrein/Ingenhaeff, Glück auf, S.47.
138 Fischer, gemeine Gesellschaft der Bergwerke, S.126.
139 Fischer, gemeine Gesellschaft der Bergwerke, S.132.
140 Fischer, gemeine Gesellschaft der Bergwerke, S.125.

führt und die Mehrzahl der Klein- und Mittelgewerken unterschlägt, da jeder Grube nur ein Bauherr zugewiesen worden war, was zu dieser Zeit längst nicht mehr üblich war.[141] Ab der Wende vom 15. zum 16. Jahrhundert sank die Ergiebigkeit der oberflächlichen, leicht abbaubaren Gruben immer mehr. Neue Stollen mussten weiter in den Berg getrieben werden, womit auch die Kosten der Erzgewinnung stark zunahmen. Nun traten die Großgewerken immer mehr in den Vordergrund, da nur sie über das Kapital verfügten um kostenintensiven Baue zu betreiben. Immer mehr wurden Familien wie die Tänzl oder die Stöckl tonangebend im Bergbaugeschäft. Beide kamen ursprünglich aus ganz anderen Bereichen. So waren die Tänzl eigentlich Kaufleute in Innsbruck[142], bei den Stöckl handelte es sich um Pfleger des Landesgerichts Hörtenberg im Tiroler Oberland[143]. Beide Familien stiegen im Laufe des 15. Jahrhunderts in das Bergbaugeschäft ein und konnten es innerhalb zweier Generationen zu enormem Wohlstand bringen. Christian Tänzl beispielsweise, Gewerke in der zweiten Generation, hatte aus den väterlichen Beteiligungen ein Wirtschaftsimperium geschaffen, das ihn in den letzten Jahren des 15. Jahrhunderts zum „ersten und mächtigsten tirolerischen Gewerken, Schmelzherren und Silberhändler" werden ließ.[144] Neben großen Grubenanteilen in Schwaz verfügte er auch über eine eigene Schmelzhütte und hatte nebenbei auch Anteile in den Gossensaßer Bleigruben, deren Ertrag er zum Treiben des Silbers in seiner Schwazer Hütte benötigte. Diese produzierte im Jahre 1470 noch rund 1000 Mark (280 Kilogramm) Brandsilber, 20 Jahre später verließ bereits sieben mal soviel Silber die Tänzlesche Schmelzhütte.[145] Bereits 1503 gelang den ehemaligen Kaufleuten aus Innsbruck in der dritten Generation die Erhebung in den Adelsstand. Die Familie lebte auch nicht mehr in Innsbruck, sondern bereits in Schwaz, wo Christian Tänzl das Palais der Grafen Enzenberg neben der Pfarrkirche und den Roten Turm am Birkanger erworben hatte. Außerdem verfügte die Gewerkenfamilie zu dieser Zeit über das Schloß Berneck

---

141 Fischer, gemeine Gesellschaft der Bergwerke, S.125.
142 Erich Egg, Aufstieg, Glanz und Ende des Gewerkengeschlechts der Tänzl, in: Hermann Gerhardinger / Franz Huter, Tiroler Wirtschaft in Vergangenheit und Gegenwart. Festgabe zur 100-Jahrfeier der Tiroler Handelskammer, Bd.I. Beiträge Zur Wirtschafts- und Sozialgeschichte Tirols (Schlern-Schriften 77), Innsbruck 1951, S. 31-52, S. 33.
143 Erich Egg, Die Stöckl in Schwaz, in: Gerhard Heilfurth, Leopold Schmidt (Hg), Bergbauüberlieferungen und Bergbauprobleme in Österreich und seinem Umkreis. Festschrift für Franz Kirnbauer, Wien 1975, S.51-64; S.52.
144 Egg, Tänzl, S.35.
145 Egg, Tänzl, S.35.

im Oberinntal, den Ansitz Moos bei Sterzing sowie ein Anwesen in Hall.[146] Etwas später wurde dann Schloss Tratzberg bei Schwaz erworben und mit großem Geldaufwand neu ausgestaltet.

Bei der Familie der Stöckl verlief es ählich. Hans Stöckl I. heiratete im Jahre 1470 eine der fünf erbberechtigten Töchter des wohlhabenden Schwazer Gewerken Jörg Perl und kam so mit dem Bergbau in Berührung. Bereits seine Söhne Hans und Jörg konnten aus den noch eher bescheidenen väterlichen Anteilen einen Bergbaubetrieb erster Güte erwirtschaften. Im Jahre 1517 erreichten sie mit 12.837 Mark (3.592,68 Kilogramm) Brandsilber sogar die Spitze aller schmelzenden Gewerken am Falkenstein [147]. Ebenso wie die Tänzl hatten auch die Stöckl Anteile an Gruben in anderen Regionen, beispielsweise am Pfunderer Berg bei Klausen. Außerdem besaßen sie bis zum Jahr 1536 neben ihrer Schwazer Schmelzhütte auch eine weitere in Sterzing.

Um die Jahrhundertwende traten mit den Familien der Baumgartner und Stunz auch erstmals oberdeutsche Kaufleute als Gewerken in Erscheinung. Mit ihnen kam ein neues Zeitalter. Finanzstarke Geldherren schlossen sich nun zu großen Kapitalgesellschaften zusammen, die dem an chronischer Geldnot leidenden Kaiser Kredite von bislang unvorstellbaren Höhe gewähren konnten. Diese Kreditvergabe ließen sie sich dann auch wiederum fürstlich entlohnen, mit Silber aus Schwaz. In den Jahren 1488 bis 1495 traten beispielsweise die Fugger, reiche Augsburger Tuchhändler auf spektakuläre Weise in Erscheinung als sie dem Kaiser die fast unvorstellbare Summe von 625.000 Gulden liehen. Als Sicherheit und gleichzeitig auch als Rückzahlung dienten 200.000 Mark (56 Tonnen) Schwazer Silber, das die Augsburger Unternehmer zum fürstlichen Vorzugspreis von 5 Gulden pro Mark kaufen konnten. Da der reguläre Handelswert für Silber bei 10-12 Gulden pro Mark lag, ergaben sich dabei beachtliche Gewinne, die sich zwischen 70 und 100% bewegten.[148] Als Lieblingsgeldquelle Kaiser Maximilians I. verliehen die Fugger alleine im Zeitraum von 1487 bis zu seinem Tod im Jahre 1519 1.527.600 Gulden an das Haus Habsburg.[149] Interessant dabei ist, dass sich diese Familie nur in einem sehr begrenzten Umfang im eigentlichen Abbaugeschäft engagierte. Als Hauptgläubiger des in-

---

146 Egg, Tänzl, S.38
147 Egg, Stöckl in Schwaz, S.53.
148 Egg, Tänzl, S.40.
149 Rudolf Palme, Historiographische und rezeptionsgeschichtliche Aspekte der Tätigkeit der Fugger in Tirol, in: Johannes Burkhardt (Hg.), Colloquia Augustana. Augsburger Handelshäuser im Wandel des historischen Urteils, Wien 1996, S. 297-307, 300ff.

solventen Kufsteiner Gewerken Martin Paumgartner übernahmen sie eher „unfreiwillg", wie dies Rudolf Palme beschreibt, im Jahre 1522 dessen Anteile.[150]

Abb.7: Das Palais der Fugger, Aufnahme des Autors

Insgesamt konzentrierten sie sich vielmehr auf den Handel mit Silber und Kupfer, der für sie, aufgrund ihrer durch die Kreditvergabe erworbenen Vorrechte, viel lukrativer war. So betrieben sie neben einer großen Faktorei in Hall, die bereits im Jahre 1516 gegründet worden war ab dem Jahr 1522 auch eine eigene Faktorei für Silber und Kupfer in Schwaz. Das Geschäft mit den Metallen wurde im Jahre 1548 sogar aus der Hauptfirma herausgelöst und unter dem Titel „Antoni Fugger und Brudersöhne im tirolischen Handel" zusammengefasst. Durch die Fugger wurde Schwaz um eine weitere bauliche Attraktion reicher, da sich Ulrich Fugger als erster aus dieser Familie in der Bergbaumetropole niederließ und sich mit dem Fuggerhaus ein kleines Palais in der Stadt schuf. Es war auch diese Familie, die der Schwazer Stadtkirche im Jahre 1582 eine große Marktuhr stiftete.

---

150 Palme, Tätigkeit der Fugger, S.298.

Als die Fugger ins Gewerkengeschäft einsteigen, war der Anteil der oberdeutschen Schmelzer an der Silberproduktion bereits höher als der der Tiroler. Den fast 16.000 Mark (4.480 Kilogramm) Brandsilber der einheimischen Hersteller standen im Jahre 1522 bereits nahezu 23.000 Mark (6.440 Kilogramm) gegenüber, die von Augsburger Firmen produziert wurden. Gleichzeitig hatten die Gewerken mit der abnehmenden Ergiebigkeit der Gruben zu kämpfen, was auch immer mehr Kapital verschlang. Der Abbau wurde also immer teurer. Im Jahre 1515 wurde schließlich mit dem Bau des Erherzog-Siegmund-Erbstollens begonnen, der insgesamt 200 Meter unter das Niveau des Inntals hineinreichte und neben enormen Bau- auch sehr hohe Betriebskosten verschlang.[151] Unter anderem waren hier auch die bereits erwähnten 600 Wasserträger beschäftigt, die die Gewerken alleine im Jahre 1535 14.000 Gulden kosteten.[152] Daneben gab es aber auch einen Technologieschub im Hüttenwesen. Durch den Tiroler Abdarrprozeß, beziehungsweise das neue Seigerhüttenverfahren, aber auch die bereits erwähnte Einführung des Naßpochwerks wurden Produktionsablauf und Rentabilität der Schmelzhütten stark verbessert. Mit diesen Neuerungen gelang es sogar, die Silberausbeute um bis zu 75% zu steigern.[153] Dies machte aber auch wieder große Investitionen notwendig, die viele der eingesessenen Schmelzherren nicht mehr aufbringen konnten. So verwundert es nicht, dass nicht nur die Zahl der Gewerken mit der Zeit stark abnahm, sondern auch die der Schmelzer. Reussieren konnte nur mehr, wer genügend Geld für Investitionen zur Verfügung hatte. 1472 gab es am Falkenstein beispielsweise noch 42 Großgewerken[154], 1513 waren es bereits nur mehr 33.[155] Im Jahre 1522 betrieben dann noch neun Gewerken Bergbau, während es im Jahre 1555 nur mehr vier waren.[156] Wie bereits zuvor erwähnt, dürften diese Angaben allerdings wiederum nur Großgewerken betreffen. Parallel dazu wird es sicherlich noch etliche Klein- und Mittelgewerken gegeben haben, deren Zahl allerdings noch stärker gesunken sein dürfte als die der Großgewerken, da viele nicht mehr die Mittel für einen intensiveren Bau aufbringen konnten. Bei den Schmelzern verlief die Entwicklung ähnlich. Innerhalb von nur 10 Jahren, von 1475 auf 1485, verringerte sich deren Zahl von 36 auf 15.[157]

---

151 Palme, Tätigkeit der Fugger, S.299.
152 Palme/Gstrein/Ingenhaeff, Glück auf, S.63.
153 Mutschlechner, Bergbau am Falkenstein, S.117.
154 Egg, Tänzl, S.41.
155 Fischer, gemeine Gesellschaft der Bergwerke, S. 125.
156 Egg, Tänzl, S.41.
157 Fischer, gemeine Gesellschaft der Bergwerke, S.146.

Nur den hohen Investitionen war es in der Folge auch zu verdanken, dass die Ausbeute trotz der geringer werdenden Ergiebigkeit noch einige Jahrzehnte auf hohem Niveau gehalten werden konnte. Ab den 20er Jahren des 16. Jahrhunderts gingen die Produktionszahlen allerdings stark zurück. Im Jahre 1525 konnten noch insgesamt 47.875 Mark Silber (13.405 Kilogramm) produziert werden, im Jahre 1540 lag der Ertrag bereits nur mehr bei 30.597 Mark (8.567 Kilogramm) und das Jahr 1555 bescherte den Gewerken sogar nur mehr 20.055 Mark Silber (5.615 Kilogramm).[158] Um die Mitte des 16. Jahrhunderts war der Bergbau selbst für die größeren Kapitalgesellschaften nicht mehr gewinnbringend. Hier trat schließlich der Landesfürst regulierend in Erscheinung. Zuerst wurden die Fron- und Wechselabgaben der Gewerken verringert. Erstmals geschah dies am Weißen Schrofen im weniger ergiebigen Revier Ringenwechsel, wo schon im Jahre 1516 der so genannte kleine Wechsel bewilligt wurde.[159] Als auch das schließlich zu wenig war, gewährte er Hilfs- und Gnadgelder, mit denen die Produktionskosten teilweise subventioniert wurden. Ferdinand I. griff schließlich im Jahre 1557 erneut ein, indem er die Gesellschaft des Paul Hörwart um 63.000 Gulden erstand und somit erstmals selbst als Gewerke tätig wurde.[160] Nun wurden immer mehr Gruben, aus denen kein bis wenig Gewinn zu schlagen war, vom Landesfürsten als „Österreichischer Berg- und Schmelzhandel" betrieben. Ziel war zum einen die Weiterbeschäftigung der Arbeiter. Dabei sollten Unzufriedenheit und auch einen möglichen konfessionellen Wechsel der unzufriedenen und brotlosen Knappen vorgebeugt werden. Zum anderen sollte damit aber auch die Weiterführung des Silberabbaues garantiert werden, der ja immer noch Erträge für die Haller Münze lieferte.[161] Die restlichen privaten schmelzenden Gewerken, die Fugger, die Katzbeck und die Haug-Langenauer schlossen sich, um weiter bestehen zu können, im Jahre 1565 zur Jenbacher Gesellschaft zusammen, die bis zum Jahre 1574 noch 22.000 kg Silber schmelzen konnte.[162] Nach 1577 löste sie sich dann schließlich auf. Nun bestanden neben der landesfürstlichen Unternehmung, dem „österreichischen Handel", nur mehr die Fugger, die ihre Produktion noch bis 1657 weiterführten.[163]

Ein weiteres interessantes Phänomen war das Auftreten der Kirche „Unserer lieben Frau" als Bergbauunternehmer. Da die Seelsorge des aufblühen-

---

158 Palme/Gstrein/Ingenhaeff, Glück auf, S.71.
159 Egg, Stöckl in Schwaz, S.54.
160 Palme / Gstrein/Ingenhaeff, Glück auf, S.70.
161 Palme / Gstrein/Ingenhaeff, Glück auf, S.70.
162 Egg / Pfaundler/Pizzini, Werkleuten und Gewerben, S.10.
163 Egg / Pfaundler/Pizzini, Werkleuten und Gewerben, S.10.

den Schwaz gegen Ende des 15. Jahrhunderts immer noch der Pfarrei Vomp unterlag, ergriffen Bergbauunternehmer sowie die gemeine Gesellschaft des Bergwerks die Initiative und erbauten in den Jahren 1460 bis 1502 die „Unser lieben Frau" gewidmete Ortskirche in Schwaz. Kurz darauf folgte mit der Unterstützung Maximilians I. das nahe gelegene Franziskanerkloster.[164] Der Hauptteil der nicht gerade unbeträchtlichen Baukosten dieser Großprojekte wurde nicht in Geld, sondern in so genanntem Almosenerz gespendet. Dadurch wurde die Kirche unwillentlich in das Geschäft mit dem Erz verstrickt. Die Ausgangslage war jedoch sehr gut, da dies mit Billigung des Landesherren geschah und dieser der Kirche sogar Abgabenfreiheit einräumte.[165] Da Einnahmen und Ausgabenrechnungen der Gewerken und Schmelzherren heute nicht mehr erhalten sind, bieten die Unterlagen der „Liebfrauenkirche" äußerst wertvolle Hinweise zu Erträgen und Ausgaben des Bergbau- und vor allem des Schmelzbetriebs. Bis zum Beginn des 15. Jahrhunderts vergab die Kirche ihr Almosenerz zum Schmelzen an die großen lokalen Schmelzherren, was allerdings nicht immer zu ihrem Vorteil gewesen sein dürfte. Ab dem Jahr 1504 stieg sie mit dem Erwerb einer Schmelzhütte auch selbst ins Schmelzgeschäft ein. Mit nachlassendem Bergsegen gingen auch die Spenden immer mehr zurück, so dass der Betrieb im Jahre 1540 wieder geschlossen werden musste.

Rechnungen aus dem ersten Arbeitsjahr geben einen interessanten Einblick in das Alltagsgeschehen des Schmelzbetriebs. Im Jahre 1468 leitete der Gewerke Hans Fieger als „Baumeister" den Schmelzbetrieb der Kirche. Verschmolzen wurde in seinen Hütten am Lahn- sowie Vomperbach. In diesem Jahr konnte er für die Kirche 2.386 Gulden Einnahmen erzielen.[166] An Kosten verrechnete er der Kirche 107 Kübel Bleigroberz und 17 Kübel Bleischlick zum Preis von 362 Gulden, den Fuhrlohn vom Abbaugebiet in Gossensaß mit 51 Gulden und 13 Kreuzern, 110 Fuder Kohle aus Galzein bei Schwaz zum Preis von 94 Gulden und 24 Kreuzern, den Fuhrlohn dafür in der Höhe von 31 Gulden und 48 Kreuzern sowie Treibholz im Wert von 6 Gulden und 12 Kreuzern.[167] Insgesamt konnte die Kirche so einen Gewinn von 1.840 Gulden und 23 Kreuzern erwirtschaften. Natürlich war der Ertrag in diesem Fall besonders hoch, da die Kirche keine Ausgaben bei Erzbeschaffung und beim Schmelzvorgang hatte. Der sehr hohe Gewinn lässt aber erahnen, dass den regulären schmelzenden Gewerken sicherlich

---

164 Erich Egg, Die Kirche Unser lieben Frau in Schwaz als Bergbauunternehmer, in: Der Anschnitt, Jahrgang 25 (1973), Heft 6, S. 3-13; S. 3.
165 Egg, Kirche Unser lieben Frau in Schwaz, S. 3.
166 Egg, Kirche Unser lieben Frau in Schwaz, S. 4.
167 Egg, Kirche Unser lieben Frau in Schwaz, S. 4.

auch noch ein nicht unbeträchtlicher Ertrag geblieben sein dürfte. Noch genauer werden die Informationen, wenn man die Rechnungen nach 1504 betrachtet in denen die Kirche bereits über eine eigene Schmelzhütte verfügte. Im Jahre 1509 beliefen sich die Ausgaben des Hüttwerks auf 509 Gulden, Kohle kostete die Kirche in diesem Jahr 1.129 Gulden, noch höher waren die Kosten für Frischwerk (Blei, Treibholz)[168]. Sie beliefen sich in den Jahren 1509 bis 1511 auf 2.220 Gulden. Der Lohn des Silberbrenners wirkte dagegen sehr bescheiden. Er bekam für das Brennen von 1.360 Mark Silber lediglich 22 Gulden und 48 Kreuzer. Die Einnahmen des Jahres 1512 machen jedoch erneut die hohen Gewinne in diesem Bereich erkennbar. In diesem Jahr lukrierte die Kirche alleine aus Silber und Erzverkäufen 18.478 Gulden.[169]

Ein großes Problem mit dem sich auch die Gewerken auseinandersetzen mussten, war die enorme Teuerung im Schwaz des 16. Jahrhunderts. Durch die Konzentration an Menschen und die begrenzten agrarischen Produktionsmöglichkeiten des Tiroler Umfeldes lagen die Preise für Lebensmittel weit über dem österreichischen Durchschnitt. Die schlechte Versorgungslage und die sehr hohen Preise führten dann auch des öfteren zu Unruhen und Streiks beim Bergvolk. Es wurde daher die Idee entwickelt, firmenübergreifend Waren einzukaufen. Um besonders große Mengen günstig einkaufen zu können, schlossen sich die einzelnen Gewerken zu einer Pfennwertgesellschaft zusammen. Als Pfennwerte wurden damals Lebensmittel bezeichnet. Bei den vertriebenen Produkten handelte es sich jedoch, wie von Peter Fischer aufgezeigt wurde, hauptsächlich um Eisenwaren und Unschlitt, jene Dinge also, die der Hauer für seine tägliche Arbeit im Berg benötigte.[170] Die Versorgung mit Nahrungsmitteln wurde nach wie vor zum Großteil durch Selbstversorgung oder vom lokalen Handel durchgeführt, wie man an den Beschwerden der Bergleute erkennen kann, die sich weniger gegen die großen Gesellschaften, als vielmehr gegen die Preisgestaltung der lokalen Bäcker, Metzger und Wirte richteten.[171] Diese an und für sich sehr praktische Einrichtung des Pfennwerthandels wurde jedoch bald schon von den Gewerken ausgenützt, da sie oftmals dazu übergegangen waren, ihre Arbeiter durch Pfennwerte anstatt durch Barmittel zu entlohnen. In den Jahren 1510 und 1512 wurde die Entlohnung in Pfennwerten

---

168   Egg, Kirche Unser lieben Frau in Schwaz, S. 7.
169   Egg, Kirche Unser lieben Frau in Schwaz, S. 7.
170   Fischer, gemeine Gesellschaft der Bergwerke, S.150ff.
171   Fischer, gemeine Gesellschaft der Bergwerke, S.158.

zwar in den Bergordnungen verboten[172], spätere Erwähnungen zeigen aber, dass diese Form der Entlohnung nie ganz beseitigt werden konnte.

---

172   Fischer, gemeine Gesellschaft der Bergwerke, S.164f.

IV. Das Gewerbe des Hüttenwesens

Dieses zweite etwas kleinere Kapitel behandelt die Beschäftigten in der metallerzeugenden Industrie der frühen Neuzeit in und um Schwaz. Diesem Arbeitsbereich wurde bewusst ein eigenes Kapitel gewidmet, da im vorhergehenden Teil nur Bergarbeiter und Beamten dargestellt wurden. Da die Eigentümer der Schmelzhütten durchwegs auch Gewerken und Großunternehmer waren, die die Schmelzhütten immer mehr zu Vorläufern moderner Großbetriebe machten, sollte dieses Kapitel allerdings auch nicht mit dem über Handwerk und Gewerbe verbunden werden.

Die Verhüttung geschah vor allem in der Anfangszeit noch in kleinen, einfachen Anlagen, die sich in unmittelbarer Nähe zur Grube befanden.[1] Bald darauf wurden Schmelzöfen an Bächen errichtet, wo bereits die Kraft des Wassers genutzt wurde.[2] Mit nachlassender Ergiebigkeit und fortschreitendem Stand der Technik wurden allerdings immer größere, modernere und kapitalintensivere Schmelzhütten errichtet, da nun immer mehr Silber oder Kupfer aus dem Gestein gewonnen werden musste. Ab den 80er Jahren des 15. Jahrhunderts wurde begonnen, mit Hilfe der Seigerhüttentechnik eine größere Rohstoffausbeute zu erreichen. Dies setzte schließlich eine Entwicklung in Gang, die den Schmelzprozess immer stärker optimierte, aber, zugleich auch verteuerte. Einen vorläufigen Höhepunkt erreichte diese ständige Optimierung in der Schaffung des Tiroler Abdarrprozesses in der ersten Hälfte des 16. Jahrhunderts[3], durch den eine ungleich höhere Ausbeute erreicht werden konnte, als noch wenige Jahrzehnte zuvor.

In der früheren Zeit des Schwazer Bergbaus befanden sich viele dieser Hütten am Schwazer Lahnbach. Da dieser aber wegen seiner Murbrüche gefürchtet war, verlegten die meisten Schmelzherren ihre immer kostspieligeren und komplizierteren Hütten ab dem beginnenden 16. Jahrhundert an die Bäche bei Vomp, Stans, Jenbach, Pill und Weer[4].

Eine Vorstellung von der Größe höher entwickelter Schmelzhütten gibt der 1494 geborene Georg Agricola in seinen 12 Büchern vom Berg- und Hüttenwesen (de re metallica) aus dem Jahre 1556. Er schildert dabei eine Hüt-

---

1   Czaya, Silberbergbau, S.39.
2   Georg Mutschlechner, Aus der Frühzeit des Hüttenwesens in Brixlegg, in: Veröffentlichungen des Tiroler Landesmuseum Ferdinandeum, Band 67 (1987), S. 57-91; S.63.
3   Lothar Suhling, Schmelztechnische Entwicklungen im ostalpinen Metallhüttenwesen des 15. und 16. Jahunderts, in: Anschnitt. Zeitschrift für Kunst und Kultur im Bergbau Nr. 30 (1984), S.125-130; S.125.
4   Erich Egg, Kunst in Schwaz, Schwaz 2001, S.46f..

te mit rund 1100 m². Sie sollte 75 m lang und 19,5 m breit sein und mit der vorderen Längsfront unbedingt an einem Wasserlauf liegen. Insgesamt besteht sie aus neun Räumen, die jeweils eine Raumhöhe von 2,83 m hatten. Nur die Längsfront, an der die Öfen standen, sollte 4,25 m hoch sein.[5] Das Fundament der Öfen sollte aufgrund der starken Hitze aus Sand bestehen.[6]

Abb.8: Schmelzhütte, Tiroler Landesmuseum Ferdinandeum, Innsbruck, Dip / 856

Die zweite Hauptquelle zur Schmelztechnik dieser Zeit ist das im Tiroler Landesmuseum Ferdinandeum erhaltene Schmelzbuch des Hans Stöckl, das von Erich Egg im Jahre 1963 ausgewertet wurde.[7] Unter anderem wird dort auch jeder aufgezählt, der bei einer Hütte „täglich Arbeit verrichten soll"[8]. In dieser Aufzählung findet man zum ersten Verwaltungspersonal mit dem Hüttenverweser, dem Schichtenschreiber, dem Probierer und dem Hutmann. Daneben werden die eigentlichen Schmelzer genannt, der Treibmeis-

---

5   Lothar Suhling, Der Seigerhüttenprozeß. Die Technologie des Kupferseigerns nach dem frühen metallurgischen Schrifttum, Stuttgart 1976, S.112.
6   Erich Egg, Das Schmelzbuch des Hans Stöckl. Die Schmelztechnik in den Tiroler Hüttenwerken um 1550, in: Der Anschnitt. Zeitschrift für Kunst und Kultur im Bergbau, Sonderheft 2 (1963), S. 3-34; S.33.
7   siehe: Egg, Schmelzbuch, S. 3-34.
8   Egg, Schmelzbuch, S.27.

ter und seine Knechte, sowie der Seigerer. Schließlich findet man dort auch noch unterstützende Berufe, wie den Wächter, den Zimmermeister, den Stallmeister, den Köhler, den Röstmeister, den Fürweger (Vorwieger) und den Gestübneuer. Im Folgenden wird eine kurze Darstellung der wichtigsten Berufe des Hüttenwesens und somit auch ein Einblick in den täglichen Arbeitsablauf der Beschäftigten gegeben.

Dem **Schmelzmeister** (Treibmeister) kam zweifelsohne die Hauptaufgabe zu. Von seinem Können hing es ab, wie viel Silber oder Kupfer aus dem Erz gewonnen wurde. Es verwundert daher nicht, dass gute Schmelzmeister heiß begehrt waren und auch dementsprechend gut entlohnt wurden. Der Schmelzmeister der herzöglich-bayrischen Hütte in Brixlegg verdiente im Jahre 1464 72 Kreuzer pro Woche. Dazu bekam er Bettgewand und Verpflegung von seinem Schmelzherren kostenlos zur Verfügung gestellt. Insgesamt kam er auf einen Jahresverdienst von 62,4 Gulden.[9] Im Jahre 1464, als die Lebensmittelpreise noch auf einem geringeren Niveau waren, war diese Summe sicherlich nicht unbeträchtlich. Die Arbeit des Schmelzmeisters begann täglich um vier Uhr früh mit dem Anheizen der Öfen. War das Feuer entfacht und die Türe des Ofens geschlossen, war es ihm bei Strafe von sechs Pfund verboten seinen Arbeitsplatz zu verlassen. Interessanterweise standen noch empfindlichere Strafen in der doppelten Höhe auf Fluchen oder Schwören. Gewohnheitsmäßige Flucher hatten sogar mit Entlassung zu rechnen [10]. Gleich hohe Strafen standen auch auf den allzu großzügigen Umgang mit schon bearbeiteter Schlacke. In der Mitte des 16. Jahrhunderts, als Hans Stöckl sein Schmelzbuch verfasste, war der Schmelzvorgang bereits stark optimiert. Es war zu dieser Zeit längst nicht mehr üblich, potentielle Rohstoffquellen wie die noch silberhaltige Schlacke einfach wegzuschütten. Fragwürdig ist nur, ob diese sehr hohen Strafen wirklich umgesetzt werden konnten. Die stolze Summe von 12 Pfund, die immerhin 2,4 Gulden entsprach, wird wohl mit Sicherheit nicht immer bereitwillig gezahlt worden sein.

Im Schmelzbuch des Hans Stöckl finden sich auch Angaben zur Arbeit der **Knechte** des Schmelzmeisters. Sie mussten unter anderem die Kohle in der Kohlhütte säubern, „damit keine gute Kohle verloren geht"[11]. Ebenso sollten sie auch beim Einlagern der Kohlefuhren aushelfen, wenn die Kohlführer mit ihren Lieferungen kamen. Im Falle einer Erzlieferung mussten sie auch einspringen und beim Abladen mithelfen. Sollte dabei ein Pferd auf das Erzgestein steigen, drohte ihnen laut Schmelzbuch eine Strafe von 6

---

9   Mutschlechner, Hüttenwesen in Brixlegg, S.69.
10   Egg, Schmelzbuch, S.27.
11   Egg, Schmelzbuch, S.28.

Pfund.[12] Nachdem der Schmelzvorgang beendet wurde, mussten die Knechte das Radwerk der mit Wasserkraft angetriebenen Blasbälge abstellen um die Abnutzung und damit verbundene Gefahr der Beschädigung so gering wie möglich zu halten.[13] In der Hütte in Brixlegg waren im Jahre 1463 insgesamt vier Hüttenknechte beschäftigt.[14] In den größeren und moderneren Hütten späterer Zeit waren es mit Sicherheit mehr. Zu ihrer relativ niedrigen regulären Entlohnung, die im Jahre 1494 in der Hütte in Brixlegg bei 30 Kreuzern pro Woche[15] lag, gab es allerdings zusätzliche Vergünstigungen. So wurden die Knechte beispielsweise mit Strohsäcken zum Schlafen, sowie Brot und Wein versorgt.[16] Einige Jahrzehnte später war dann auch der Lohn etwas gestiegen. In Hans Stöckls Schmelzbuch finden sich Angaben, die den Lohn der Knechte mit 45 Kreuzern beschreiben.[17] Manche Knechte wurden auch als **Wächter** eingesetzt. In diesem Fall mussten sie bei Strafe der Entlassung Tag und Nacht bei der Hütte verbleiben und aufpassen, „dass kein Brand entsteht und niemand die Hütte betritt"[18].

Mit der Einführung des Seigerverfahrens in den 1470er Jahren, kam dann schließlich eine der großen Neuerungen bei der Verhüttung auf, die den Schmelzprozess optimierten, aber auch enorm verteuerten. Nun wurde das silberhaltige Kupfer zunächst verbleit, so dass während des Schmelzens im Schachtofen eine Kupfer-Blei-Silber Legierung entstand. Diese Stücke wurden vom **Seigerer** auf einen Seigerherd gestellt und stark erhitzt.[19] Das leichter schmelzbare Silber konnte so aus dem Kupfer entweichen und abrinnen. Die abgeronnene Mischung kam dann auf einen Treibherd, wo das Blei durch Zuführung von Luft in Bleiglätte oxidierte, wieder flüssig wurde und am Rande des Treibherdes abfloss. Das Silber hingegen, welches nicht oxidierte, konnte schließlich nach dem Abfließen der letzten Haut als Bleiglätte entnommen werden[20]. Ebenso wie bei den Schmelzmeistern wird auch die Höhe des Einkommens des Seigerers unterschiedlich hoch gewesen sein und sich nach der Erfahrung und dem Können des jeweiligen Arbeiters gerichtet haben.

---

12   Egg, Schmelzbuch, S.28.
13   Egg, Schmelzbuch, S.28.
14   Mutschlechner, Hüttenwesen in Brixlegg, S.66.
15   Mutschlechner, Hüttenwesen in Brixlegg, S.82.
16   Mutschlechner, Hüttenwesen in Brixlegg, S.69.
17   Fischer, gemeine Gesellschaft der Bergwerke, S.191.
18   Egg, Schmelzbuch, S.28.
19   Czaya, Silberbergbau, S.38.
20   Czaya, Silberbergbau, S.38.

Neben dem Landesfürsten verfügten auch die meisten Schmelzherren über einen eigenen **Probierer**. Wie bei seinem landesfürstlich bediensteten Pendant war die Hauptaufgabe die Feststellung des Kupfer- beziehungsweise Silberanteils der Erzstufen. Darstellungen zeigen ihn meistens mit seinen Hauptwerkzeugen, der Korn- und Schlichtwaage oder dem Probierofen. Daneben zählte laut Schwazer Bergbuch noch Scheidewasser, silberfreies Blei, gute Tiegel, Muffeln, Kapellen und Modeln, sowie „anderes Gerät zum Scheiden und Probieren" zu seinen Arbeitsmaterialien.[21] Im Jahre 1525 war der landsfürstliche Probierer auf ein Gehalt von 70 Gulden gekommen. In dieser Höhe dürfte sich in der Regel auch der Verdienst der privatwirtschaftlich Beschäftigten bewegt haben. Wobei man hier ebenfalls dazu sagen muss, dass es sicher große Verdienstunterschiede je nach Können gegeben hat. Der eigentliche Leiter des Betriebes war der **Hüttenverweser**. Nachdem große Kapitalgesellschaften im Hüttenwesen Einzug gehalten hatten und sich auch in diesem Bereich eine Trennung von Arbeit und Kapital vollzogen hatte, wurde diese Berufsgruppe immer wichtiger. Der Hüttenverweser hatte sich um die Leitung des Betriebes für den Schmelzherren zu kümmern. Diese Arbeit konnte sehr lukrativ werden. Hans Ulrich von Nürnberg, Verweser der herzöglich-bayrischen Hütte im nahen Brixlegg, erhielt beispielsweise bereits im Jahre 1463 250 Gulden, dazu eine Wohnung im Berggerichtshaus und Holz, sowie Holzkohle zum Heizen nach Bedarf.[22] Wie dieses Beispiel zeigt, war die Entlohnung des Verwesers mit Sicherheit eine der höchsten, er hatte ja schließlich auch Verantwortung über den gesamten Schmelzbetrieb. Zur Unterstützung bei bürokratischen Angelegenheiten hatte er einen oder mehrere **Schreiber** zur Seite gestellt bekommen. Ebenso wie ihre Kollegen bei den Bergwerken waren sie unter anderem auch für die Erfassung der Schichten der Arbeiter zuständig. Ihr Lohn dürfte sich in etwa im selben Rahmen bewegt haben wie der der Grubenschreiber, der mit 56 Kreuzer pro Woche angegeben wird.[23]

Für die Versorgung der Hütte mit unabdingbarem Brennmaterial, der Kohle war der **Köhler** zuständig. Nach Hans Stöckls Schmelzbuch bestanden seine wichtigsten Aufgaben darin, seine Knechte, die **Klieber,** beim Schlichten des Holzes zu beaufsichtigen. Außerdem sollte er wissen, wie das Holz gehackt, geliefert, verkohlt und verdingt werden musste.[24] Nach dem Köhlern des Holzes sollte er die fertige Kohle außerdem noch drei Tage liegen

---

21   Ammann / Pizzini, Gewerken-Beamte-Bergarbeiter, S.160.
22   Mutschlechner, Hüttenwesen in Brixlegg, S.63.
23   Fischer, gemeine Gesellschaft der Bergwerke, S.189.
24   Egg, Schmelzbuch, S.28.

lassen, „damit sie nicht warm gelagert wird"[25]. Hier wollten die Hütten-
betreiber sicher gehen, dass keine glühenden Kohlen Brände im Hüttenare-
al auslösen konnten.

Wenn das Erz zu den Hütten angeliefert wurde, kam es nach Überprüfung
und Abmessung durch den Schmelzmeister zunächst in die Hände des
Röstmeisters, der für das sogenannte Rösten zuständig war. Hierbei wurde
das erzhaltige Gestein im Freien auf einer Unterlage aus Brennholz ausge-
breitet, die dann entzündet wurde. Bei diesem Vorgang wurde es schließlich
in seiner Struktur verändert, aufgelockert und für den Sauerstoff der Luft
zugänglich gemacht. Durch den ausweichenden Schwefel der Erze wurde
die Temperatur weiter angeheizt, was eine weitere Zersetzung der Ge-
steinsmassen begünstigte.[26] In dieser schwefelhaltigen, ungesunden Umgebung musste der Röstmeister die meiste Zeit seines Arbeitstages verbringen. Er konnte sich auch nicht zu weit entfernen, da er die glühenden Ge-
steinsmassen ständig umwälzen musste.

---

25   Egg, Schmelzbuch, S.28.
26   Mutschlechner, Hüttenwesen in Brixlegg, S.88.

V. Handwerk und Gewerbe

Ein Ballungsraum wie der des frühneuzeitlichen Schwaz bot einen für die Zeit beachtlich großen Absatzmarkt, der Handwerker, Händler und zahlreiche Geschäftemacher anlockte. Wie in anderen Bergbauregionen, folgte auf die „primäre" Migration der zugewanderten Bergleute auch eine „Sekundäre"[1], in der eine Reihe von weiteren Zuwanderern versuchten, die Nachfrage der Bergleute zu decken. Eine große Gruppe bildete der Bereich des Handwerkes und Gewerbes, von dem das nächste Kapitel handelt. Im Unterschied zu der stark auf Export angelegten Edelmetallindustrie war diese Berufssparte in Schwaz wie im Rest Tirols ausschließlich auf den Binnenmarkt konzentriert.[2] Die Anwesenheit einer wohlhabenden Käuferschicht, der Gewerken und ihrer Verwalter, wirkte sich neben den großen Menschenmassen in dieser Region sehr positiv auf die Ausbildung von Handwerk und Gewerbe aus. Da Schwaz aber aus einem kleinen Dorf hervorgegangen war und keine bürgerliche Tradition hatte, fehlte ein gediegenes Handwerk. Durch die mangelnde Tradition und den großen Bevölkerungszuwachs in der Region siedelten sich die meisten Handwerker im „Knappenort" eher wegen der immer größer werdenden Nachfrage, als aufgrund von zünftisch bestimmten Wirkungsbereichen an.[3]

Zum Schutz ihrer Betriebe gegen übermäßige Konkurrenz schlossen sich die meisten Handwerker trotzdem bereits früh zu Zünften zusammen, die wiederum nach dem jeweiligen Gewerbe des Meisters organisiert waren. Die Zünfte traten dabei als Interessensvertretung ihrer Mitglieder auf. Einerseits versuchten sie allzu große Konkurrenz unter den Handwerkern zu vermeiden, indem sie die Anzahl der Konzessionen und die maximale Größe der Betriebe beschränkten. Andererseits achteten sie auf gleichbleibende Qualität durch die Festlegung von Ausbildungszeiten und Qualitätskontrollen. Die Zünfte erfüllten außerdem zahlreiche soziale Zusatzfunktionen, die den Mitgliedern den Verbleib in ihrer sozialen Klasse garantieren sollten. Erkrankte Mitglieder bekamen beispielsweise Unterstützung. Im Falle des Ablebens eines Meisters wurde für dessen Witwe ein neuer Mann gesucht, der den Betrieb weiterführen und so ihr Auskommen garantieren konnte. Beschränkungen gab es allerdings nicht nur durch die Zünfte. Jeder Handwerker beispielsweise, der im Gericht Freundsberg „einkommen" wollte, um dort „Hantierung zu treiben", musste sich zuerst einmal beim

---

1   Stöger, Migration, S.171.
2   Mathis, wirtschaftliche Entwicklung, S.98.
3   Erich Egg, Meister der Eisenkunst in Schwaz (Tiroler Heimat 1954), Innsbruck 1954, S.77-90; S.77.

Pfleger des Gerichtes melden, dort seinen Sipsal- und Abschiedsbrief vorweisen, die Landeshuldigung schwören oder sonst „Gelübte und Pflicht tun" und dem Pfleger eine „Ehrung nach Gelegenheit, wie von alters herkommen", geben.[4]

Während in den meisten, vor allem kleineren Städten Tirols bei den handwerklichen Betrieben zumeist nur Einmannbetriebe, so genannte Meisterbetriebe dominierten, konnte es sich für einige Schwazer Handwerker bereits auszahlen, weitere Mitarbeiter zu beschäftigen. Bestimmte Betriebe, besonders im Bereich der Lebensmittelversorgung konnten sich sogar zu regelrechten Großbetrieben entwickeln wie die Schaffung der ersten Großbäckerei Tirols in Stans bei Schwaz in der zweiten Hälfte des 16 Jahrhunderts zeigte. Besonders an den Zahlen der Handwerksbetriebe kann man erkennen, dass Schwaz trotz seiner beachtlichen Bevölkerungsdichte nach wie vor hauptsächlich agrarisch dominiert war. So gab es zwar bereits einige Handwerksbetriebe, die an Zahl und Größe mit denen anderer Tiroler Städte wie Innsbruck oder Hall sicherlich mithalten konnten. Für einen Siedlungsraum dieser Größe mit vorwiegend urbaner Bevölkerung wären jedoch viel mehr Betriebe notwendig gewesen. So hätten nach Berechnungen Peter Fischers, denen Handwerkerzahlen anderer Städte zugrunde lagen, bei einer ausschließlich städtischen Bevölkerung von 20.000 Personen über 400 Bäcker in der Stadt ansässig sein müssen.[5] Tatsächlich gab es im „silbernen Schwaz" lediglich etwa 20 Bäckermeister,[6] die hauptsächlich die viel geringere rein urbane Bevölkerung sowie Teile der Knappenschaft versorgten. Die restliche, agrarisch organisierte Bevölkerung, zu denen auch viele Bergleute zählten, lebte großteils noch von eigener Produktion und trat somit eher seltener als Kunden der Handwerker auf.

---

4   Nikolaus Grass / Hermann Holzmann, Geschichte des Tiroler Metzgerhandwerkes und der Fleischversorgung des Landes Tirols, Innsbruck 1982, S.72.
5   Mathis, Franz, Versorgungswesen in Bergbaugebieten am Beispiel Schwaz. Forschungsstand und Forschunglücken, in: Oeggl, Klaus / Prast Mario (Hg.), Die Geschichte des Bergbaus in Tirol und seinen angrenzenden Gebieten. Proceedings zum 3. Milestone-Meeting des SFB HiMAT vom 23.-26.10.2008 in Silbertal, S. 25-35, S.28.
6   Bartels (Hg.) / Bingener / Slotta, „1556 Perkwerch etc." - Das Schwazer Bergbuch. Bd.III, S.664.

V. a) Lebensmittelversorgung

Die Lage des Knappenortes im relativ schmalen Inntal machte den Import von Lebensmitteln im großen Stil notwendig. Dadurch stiegen die Preise für Nahrung kontinuierlich an. Die hohen Kosten führten immer häufiger zu Beschwerden gegen die Lebensmittelproduzenten der Region wie Bäcker oder Fleischer, denen Fürkauf und Spekulation vorgeworfen wurden. Der Landesfürst, der die Wurzel des Problems an der selben Stelle vermutete, begann schließlich, die Preisgestaltung dieser Handwerke zu übernehmen, so dass es hier so starke Reglementierungen wie in keinem anderen Gewerbe gab. Insgesamt hatte jedoch kaum ein Handwerk so sehr vom Silberbergbau profitiert wie das der Lebensmittelversorgung. Trotz des erwähnten Umstandes der ländlichen Siedlungsweise, die häufig eine zumindest teilweise Selbstversorgung beinhaltete, war besonders die große Schicht der Bergarbeiter mit ihren Familien sowie die urban lebende Bevölkerung der städtischen Teile von Schwaz auf eine regelmäßige Versorgung mit Lebensmitteln angewiesen. Allein diese beiden Bevölkerungsgruppen dürften nach den Berechnungen dieser Arbeit bereits rund 19.000 Personen umfasst[7] und somit einen riesigen Absatzmarkt dargestellt haben. An dieser Stelle ist zu erwähnen, dass sicherlich nicht alle Bergleute ihre Erledigungen auf den Schwazer Märkten getätigt haben dürften. Vielfach werden sie ihren Bedarf auch auf eigenen kleinen Feldern sowie benachbarten Landwirtschaften gedeckt haben. Durch die hohe Zahl an Knappen dürften sich die Schwazer Lebensmittelversorger aber sicherlich nicht über zu wenig Nachfrage beklagt haben.

Die Fleischversorgung des frühneuzeitlichen Schwaz wurde von den ortsansässigen **Metzgern** übernommen, die sich in einer Bruderschaft organisiert hatten.[8] Der Verkauf ihrer Produkte wurde zu dieser Zeit nicht im hauseigenen, der Fleischerei angeschlossenen Geschäft abgewickelt, sondern über Fleischbänke, die eingerichtet wurden um die Produktionsstätten von den Verkaufsstätten zu trennen. Gleichzeitig gab es auch verschiedene Hygienevorschriften beim Fleischverkauf. Dem Metzger war es beispielsweise verboten, das Aussehen des Fleisches zu verändern um es so appetitlicher zu machen. Ebenso musste jeder Fleischer dem Käufer auf Verlangen das Alter der Ware angeben können, „damit niemand betrogen oder in sei-

---

7   siehe: Kapitel II. in dieser Arbeit: Stadt- und Bevölkerungsentwicklung – Vom Dorf zur „Großstadt".

8   Grass / Holzmann, Metzgerhandwerk, S.67.

ner Gesundheit geschädigt werde"[9]. Im Jahre 1509 bekam der kaiserliche Gesandte Heinrich Wüst zu Aichham beispielsweise den Auftrag, die Fleischbänke in Schwaz zu besichtigen. Er berichtete dabei von einer Fleischbank am Lahnbach, die durch die häufigen Schuttablagerungen der Lahn schwer zu betreten sei, da der Weg immer wieder zerstört wurde.[10] Ansonsten gab es anscheinend keine Kritik. Ab dieser Zeit stieg die Bevölkerung rapide und erhöhte damit naturgemäß auch den Bedarf an Fleisch. Nikolaus Grass vermutet sogar, dass die Schwazer Metzger ab dieser Zeit den hohen Anforderungen der stark gestiegenen Bevölkerung nicht mehr gewachsen gewesen sein dürften.[11] Die einigermaßen kontinuierliche Versorgung mit Fleisch durch die ganze Zeit der Schwazer Hochblüte spricht allerdings ebenso dagegen, wie der relativ gleichbleibende Viehpreis im gesamten 16. Jahrhundert.[12] Versorgungsprobleme dürfte es in Zeiten von Missernten hauptsächlich mit Getreide gegeben haben.

Fleisch stellte einen nicht unbeträchtlichen Teil des Speiseplans dar. Als Vierzehntagesfleischration eines Knappen veranschlagte der im Ostalpenraum tätige Augsburger Großgewerke Melchior Putz zwei Pfund Schmalz und zwei Pfund Schweinefleisch[13]. Bedenkt man nun die hohe Zahl an Knappen, die sich bei einer Zählung im Jahre 1526 beispielsweise alleine in den Revieren Falkenstein und Ringenwechsel auf über 6.532 Personen belaufen hatte, ergibt sich nur für diese beiden Reviere ein jährlicher Bedarf von mindestens 313.536 Pfund Schweine- oder Rindfleisch und noch einmal derselben Menge an Schmalz. Rechnet man die Angehörigen der Bergleute mit ein, wird man diese Zahl noch weiter nach oben korrigieren müssen. Die hohe Bedeutung von Fleisch als „allerste Leibesnahrung", „dessen Fehlen die Arbeitsleistung herabsetzen könne", wurde auf einem Ausschuss der Gemeinen Bergwerksgesellschaft zu Schwaz im Jahre 1526 sogar schriftlich festgehalten.[14] Den hohen Fleischbedarf der Schwazer Bevölkerung kann man auch einem Schreiben der Landesregierung entnehmen, in dem ein wöchentlicher Verbrauch von 90 Ochsen zuzüglich etlichem Kleinvieh beschrieben wird[15]. Aus dieser und anderen Quellen errechnete Ekkehard Westermann für die Mitte des 16. Jahrhunderts einen

---

9   Egg / Pfaundler / Pizzini, Werkleuten und Gewerben, S.184.
10 Grass / Holzmann, Metzgerhandwerk, S.68.
11 Grass / Holzmann, Metzgerhandwerk, S.69.
12 siehe: Schmelzer, Preise und Löhne, S.197.
13 Ludwig, Unternehmenserfolge, S.53.
14 Bartels / Bingener (Hg.), „1556 Perkwerch etc.". Das Schwazer Bergbuch. III. Band, S.754.
15 Egg / Pfaundler / Pizzini, Werkleuten und Gewerben, S.185.

jährlichen Gesamtbedarf von über 4.000 Ochsen[16]. Die Schwazer Metzger verkauften das Fleisch zumeist am Stück[17]. Daneben lieferten sie auch Dörr-, Pöckel- und Räucherfleisch, sowie Wurstwaren. Ebenso konnten Häute und Fette der Tiere gewinnbringend weiterverkauft werden. Neben der Nahrungsmittelproduktion trugen die Metzger also auch zur Unschlittversorgung der Region bei.

Im Jahre 1528 gestattete der Landesfürst einem Jobst Engsteiner die Anlage einer neuen Fleischbank auf der Hofstatt zwischen Keichen und der Brücke. Einzige Auflage war, sie jederzeit mit „gutem Fleisch zu versehen" und dies dann auch zu einem „ziemlichen Preis auszuhacken und feilzubieten".[18] Zur Erleichterung der Erstellung dieser Anlage wurde ihm eine Beihilfe von 50 Gulden sowie kostenloses Bauholz gewährt.[19]

Die Metzger konnten sich also im frühneuzeitlichen Schwaz sicherlich nicht über zu wenig Nachfrage beklagen. Ganz im Gegenteil, sie hatten oftmals sogar eher Probleme, an genügend Schlachtvieh zu gelangen. Neben den Fleischbänken der einheimischen Fleischer wurde deshalb eine Freibank gestattet, an der ortsfremde Metzger sowie Landwirte aus der Umgebung ihre Erzeugnisse gegen Gebühr anbieten konnten. Im Jahre 1540 nahm der landesfürstliche Pfleger auf Schloss Freundsberg durch diese Einrichtung beispielsweise 35 Pfund Berner ein.[20] Im Jahre 1553 dürften sich in Schwaz mindestens 13 Metzger befunden haben, die in einem Vertrag aus dieser Zeit auch namentlich aufgeführt werden. Neben einem Hans Scheffman wird auch ein Christoff Schön, ein Wolfgang Widmayr, ein Hans Oppenrider, genannt Vomper, ein Leonhart Mörl, ein Hans Hatner, ein Georg Fuchsl, ein Joseph Mayr, ein Paul Calmayr, ein Georg Vetterl sowie ein Claus Newhawser genannt.[21] Interessanterweise befanden sich mit Franz Pergers und Casper Georgels Witwen auch zwei Frauen unter den selbstständigen Schwazer Fleischhauern.[22] Im durchschnittlichen Metzgerbetrieb dürften dem Meister rund zwei Gesellen zur Hand gegangen sein. Indize dafür findet man in einem Vergleich mit anderen Tiroler Städten dieser Größenordnung. In Innsbruck beispielsweise kamen auf ei-

---

16   Bartels / Bingener (Hg.), „1556 Perkwerch etc.". Das Schwazer Bergbuch. III. Band, S.755.
17   Bingener, Gesundheitliche Aspekte, S.62.
18   Grass / Holzmann, Metzgerhandwerk, S.69.
19   Grass / Holzmann, Metzgerhandwerk, S.69.
20   Bingener, Gesundheitliche Aspekte, S.64.
21   TLA Innsbruck, HS 13, fol.92r-95r.
22   TLA Innsbruck, HS 13, fol.92r-95r.

nen Fleischhauerbetrieb im Jahre 1647 durchschnittlich 1,6 Gehilfen.[23] Geht man, nach Schätzungen Andreas Bingeners, davon aus, dass ein Betrieb in der Woche durchschnittlich knapp acht Ochsen zu schlachten gehabt hatte[24], erscheint eine Belegschaft von drei Personen für diese Tätigkeit auch realistisch.

Im Jahre 1575 verlieh Landesfürst Ferdinand II. den Metzgern die Metzgerbrandalm beim Walchen im Wattental, auf der sie ihr Schlachtvieh weiden lassen konnten.[25] Im selben Jahr war die Anzahl der Fleischbänke, in denen auch mehrere Fleischhauer ihre Waren anbieten konnten, auf 12 angestiegen. Die meisten davon befanden sich auf der „Ynpruggen".[26] Insgesamt zahlten die Schwazer Metzger in diesem Jahr zusammen einen Bank- und Almzins von 48 Gulden und 24 Kreuzern[27].

Die Schwazer Fleischhauer zählten sicherlich zu den großen Profiteuren des Silbersegens, da gerade die in dieser Arbeit geschätzten 16.000, direkt vom Bergbau abhängigen Personen[28], einen riesigen Absatzmarkt für Fleischprodukte darstellten. Ihre Wichtigkeit wird außerdem mit dem Rückgang des Silberabbaues und der damit verbundenen Abwanderung der Bergleute erkennbar. Bereits im Jahre 1586 zinsten die Schwazer Metzger nur mehr 16 Gulden und 24 Kreuzer an das Pfannhausamt zu Hall, sowie fünf Gulden an das Schloss Rettenberg.[29] In den darauffolgenden Jahrzehnten verschlimmerte sich die Lage der Schwazer Metzger weiter. Im Jahre 1618 gab es im Ort nur mehr 5 Betriebe, die dem Pfannhaus Hall bereits 615 Gulden und 36 Kreuzer an ausständigen Bank- und Almzinsen schuldeten.[30] Zwei Jahre darauf wurde den Metzgern auf Ansuchen ihr Zins herabgesetzt und die kaum mehr benutzte Metzgerbrandalm wieder entzogen.

Die größten Probleme wurden den Metzgern jedoch durch Beschränkungen der fleischexportierenden Länder bereitet. So gab es sehr strikte Bestimmungen für Import sowie Export. Die Einfuhr von Schlachtvieh nach Tirol erforderte zu dieser Zeit eine umständliche, groß angelegte Organisation, bedeutendes Betriebskapital und weitreichende Beziehungen zu den maß-

---

23   Franz Mathis, Zur Bevölkerungsstruktur österreichischer Städte im 17. Jahrhundert, Wien 1977, S. 77.
24   Bingener, Gesundheitliche Aspekte, S.55.
25   Grass / Holzmann, Metzgerhandwerk, S.71.
26   Grass / Holzmann, Metzgerhandwerk, S.71.
27   Grass / Holzmann, Metzgerhandwerk, S.71.
28   siehe: Kapitel VIII. in dieser Arbeit: Stadt- und Bevölkerungsentwicklung – Vom Dorf zur „Großstadt".
29   Grass / Holzmann, Metzgerhandwerk, S.71.
30   Grass / Holzmann, Metzgerhandwerk, S.71.

geblichen, amtlichen Stellen der Exportländer.[31] War es den Metzgern dann schließlich gelungen, genügend Fleisch zu importieren, sahen sie sich mit der landesfürstlichen Preisgestaltung schon dem nächsten Problem gegenübergestellt. Die Endpreise für ihre Produkte wurden nämlich von einem Gremium festgelegt, das aus Bergrichter, Geschworenen und Pfleger sowie dem Richter des Gerichtes Freundsberg bestand. So konnte sich die recht paradoxe Situation ergeben, dass den Metzgern im Jahre 1548 ein Hilfsgeld von den Gewerken gewährt werden musste, da sie in Ungarn Schafe um sieben Vierer das Pfund (ein Kreuzer = fünf Vierer) eingekauft hatten, welche sie auf Befehl der Regierung nur zum selben Preis weiterverkaufen durften.[32] Im Laufe der Zeit dürfte sich die angespannte Situation wieder gebessert haben. Im Steuerkataster des Jahres 1657, der wohlgemerkt große Lücken aufweist, scheinen schließlich wieder sechs Metzger auf. Einer davon, ein Anton Hirsch hatte seinen Betrieb in einem Haus in der heutigen Franz-Joseph-Straße 6, ein weiterer, Christian Geisler, befand sich in einem Haus in der heutigen Burggasse 3[33]. In dem Haus der Archengasse 2 betrieb ein Metzgermeister Joseph Gartner seine Geschäfte[34]. In der Wintersteller-gasse 1 betrieb der so genannte „Lahnbachmetzger" als Schweinemetzger sein Geschäft[35]. Etwas weiter arbeitete ein Georg Magerl in der Wopfner-gasse Nummer 5[36]. In der heutigen Innsbruckerstraße 9 lebte und arbeitete zu dieser Zeit ein gewisser Adam Gstetter als Schweinemetzger[37]. Da der Kataster, wie erwähnt, nicht vollständig ist, dürfte es aber auch recht wahrscheinlich sein, dass neben den genannten noch weitere Personen im Metzgerhandwerk tätig waren.

Mit ähnlichen Problemen waren auch die **Bäcker** der Stadt konfrontiert. Sie wurden ebenfalls als Verursacher der Teuerung angesehen. Der Verkauf ihrer Produkte war, ähnlich den Metzgern, nur an eigenen Brotbänken gestattet. Dadurch sollte Verkauf und Produktion getrennt und die Bäcker an

---

31 Grass / Holzmann, Metzgerhandwerk, S.182.
32 Grass / Holzmann, Metzgerhandwerk, S.181.
33 Herbert Bittner, Hausgeschichte des Marktviertel Schwaz, Band I+II+II, (Manuskript TLM-Innsbruck) 1989.
34 Herbert Bittner, Hausgeschichte des Marktviertel Schwaz, Band I+II+II, (Manuskript TLM-Innsbruck) 1989.
35 Herbert Bittner, Hausgeschichte des Marktviertel Schwaz, Band I+II+II, (Manuskript TLM-Innsbruck) 1989.
36 Herbert Bittner, Hausgeschichte des Marktviertel Schwaz, Band I+II+II, (Manuskript TLM-Innsbruck) 1989.
37 Herbert Bittner, Hausgeschichte des Marktviertel Schwaz, Band I+II+II, (Manuskript TLM-Innsbruck) 1989.

einem Ort konzentriert werden[38]. Diese Ballung der Verkaufsstätten der Bäcker hatte auch den Sinn, den Preis des Brotes immer auf demselben Niveau zu halten und einer zu starken Konkurrenz unter den Bäckern Einhalt zu gebieten. Der Kunde der Brotbank wusste nämlich nicht, von welchem Bäcker das Brot kam, das er gekauft hatte[39]. Der Brotbank stand ein Brothüter vor. Er hatte für die Ordnung an der Bank und für einen geordneten Geschäftsbetrieb zu sorgen. Misslungenes Brot musste von den Bäckermeistern an ihn abgegeben werden, er verkaufte es dann zu ermäßigten Preisen ohne Angabe des Herstellers[40]. Bei der Vergabe des Brotes waren die Bergleute und ihre Familien bevorzugt, da der Vormittag für ihre Einkäufe in der Brotbank reserviert war. Die übrige Bevölkerung durfte erst am Nachmittag bedient werden, wenn die Bedürfnisse der Bergleute gedeckt waren[41]. Außerdem war es üblich, wie eine Innsbrucker Bäckerordnung aus dem Jahre 1488 zeigt, dass frisches Brot nur zweimal in der Woche gebacken wurde, und zwar am Dienstag und am Samstag[42].

Gewicht, Sorte und Preis des Brotes wurde den Bäckern vorgegeben und von einem Beschauer kontrolliert[43]. Stimmten Dimensionen oder Gewichte nicht mit den Vorgaben überein, wurde das Brot zerschnitten, womit es nur mehr zum ermäßigten Tarif weiterverkauft werden durfte. Gleichzeitig musste der Bäcker dem Beschauer eine Pönale bezahlen. Geschah dies nicht, wurde das Vergehen dem Richter gemeldet, der den Bäcker in besonders schlimmen Fällen dann „schupfen" lassen konnte[44]. Da dieser Vorgang nicht sehr angenehm war, dürften die meisten Bäcker wahrscheinlich bereitwillig die Möglichkeit der Strafzahlung gewählt haben. Die Produktion der Bäcker hing vom Getreide ab, einem Rohprodukt, das in Tirol nur unzureichend angebaut werden konnte. Durch diesen Umstand kam es besonders in Notzeiten wie schlechten Erntejahren, immer wieder zu Verknappungen. Besonders dieser Umstand führte dazu, dass der Getreidepreis in der Region im laufe des 16. Jahrhunderts stark zunahm. Kostete ein Star Mehl im nahe gelegenen Rattenberg im Jahre 1510 noch 30 Kreuzer, so lag der Preis im Jahre 1596 bereits doppelt so hoch[45].

---

38   Egg / Pfaundler / Pizzini, Werkleuten und Gewerben, S.174.
39   Kohlegger, Bäckergewerbe, S.13.
40   Egg/Pfaundler/Pizzini, Werkleuten und Gewerben, S.174.
41   Erich Egg / Pfaundler / Pizzini, Werkleuten und Gewerben, S.176.
42   Kohlegger, Bäckergewerbe, S.16.
43   Egg / Pfaundler / Pizzini, Werkleuten und Gewerben, S.175.
44   Egg / Pfaundler / Pizzini, Werkleuten und Gewerben, S.175.
45   Schmelzer, Preise und Löhne, S.197.

Um der Versorgungsnot und der damit verbundenen Preissteigerung im Großraum Schwaz einigermaßen Herr werden zu können, lockerte der Landesfürst die strengen Gebietsbeschränkungen und erlaubte auch den Bäckern der umliegenden Gegenden, ihre Produkte in der „Silberstadt" anzubieten. Zusätzlichen Druck bekamen die, rund 20 Bäcker der Stadt[46], außerdem durch die Pfennwertgesellschaften der Gewerken, die besonders ab 1530 immer stärker in den Lebensmittelbereich drängten[47]. Die Fugger brachten schließlich auch in diesem Bereich eine erste Trennung von Kapital und Arbeit, als sie in der zweiten Hälfte des 16. Jahrhunderts im benachbarten Stans die erste Großbäckerei Tirols in einer ihrer stillgelegten Schmelzhütten einrichteten, deren Produktion der Versorgung ihrer Knappen dienen sollte.[48] Folgt man den Zahlen der in etwa gleich großen Stadt Innsbruck, dürften in einer durchschnittlichen Bäckerei, sieht man von „fuggerschen Großprojekten" ab, im Schnitt zwei Personen inklusive Meister gearbeitet haben.[49]

Obwohl die Siedlungsstruktur im Großraum Schwaz stark ländlich geprägt war und Brot am Land traditionell selbst gebacken wurde, zählten die Schwazer Bäcker sicherlich auch zu den großen Profiteuren des Silbersegens. Dass die Bergleute trotz ihrer agrarischen Lebensweise und teilweisen Selbstversorgung die wichtigsten Kunden der Bäcker gewesen sein müssen, beweist der bereits erwähnte Umstand, dass der Brotmarkt am Vormittag nur für Bergleute reserviert war und alle anderen Kunden ihre Einkäufe erst am Nachmittag erledigen durften.[50] Die Bedeutung der Knappen als Abnehmer wird außerdem durch die öfters zitierte Schätzung des Augsburger Gewerken Melchior Putz sehr schön veranschaulicht, in der er den wöchentlichen Bedarf einer Bergbaufamilie mit fünf Laib Brot beschreibt.[51] Alleine die in dieser Arbeit geschätzten 2.400 verheirateten Bergleute[52] dürften, geht man nach den Augsburger Angaben, auf einen jährlichen Verbrauch von 624.000 Laib Brot gekommen sein.

Dementsprechend stürzte die Abwanderung großer Teile ihrer Hauptklientel die Bäcker ebenfalls in eine schwere Krise. Gleichzeitig gefährdeten die

---

46 Mathis, Versorgungswesen.
47 Egg / Pfaundler / Pizzini, Werkleuten und Gewerben, S.176.
48 Egg / Pfaundler / Pizzini, Werkleuten und Gewerben, S.176.
49 Franz Mathis, Zur Bevölkerungsstruktur österreichischer Städte im 17. Jahrhundert, Wien 1977, S.77.
50 Egg / Pfaundler / Pizzini, Werkleuten und Gewerben, S.176.
51 Ludwig, Unternehmenserfolge, S.53.
52 siehe: Kapitel VIII. in dieser Arbeit: Stadt- und Bevölkerungsentwicklung – Vom Dorf zur „Großstadt".

häufigen Engpässe in der Getreideversorgung zusätzlich immer wieder einen geregelten Backbetrieb.[53]

Das Gewerbe der **Müller** stand verständlicherweise mit dem der Bäcker in sehr enger Verbindung. Beide waren in der frühen Neuzeit hauptsächlich auf städtische Räume konzentriert, in denen die Arbeitsteilung bereits weiter fortgeschritten war. Das Mahlen und Backen am Land hingegen wurde von der bäuerlichen Bevölkerung großteils selbst erledigt.[54] Die Technik des Mahlens blieb vom Mittelalter bis weit ins 19. Jahrhundert hinein ziemlich unverändert. Im wasserreichen Tirol setzte sich ausschließlich die Methode des Antriebs mit Wasserkraft durch. Der Zeitgenosse Weigel beschreibt den Mahlvorgang wie folgt: „Insgesamt bestehen sie [die Mühlen] fast alle aus zweyen Steinen, deren der untere unbeweglich ruht, der obere aber vermittelst des Triebes der Räder stetig umlauffet und das ausgeschüttete Getrayd zermalmet"[55].

Bis zum Jahr 1706 waren Bäcker sowie Müller aufgrund ihrer großen Gemeinsamkeiten in einer gemeinsamen Zunft untergebracht. Im Gegensatz zu den Bäckern endete die Ausbildung ohne Meisterstück.

In Zeiten steigender Brotpreise wurde der Müller gleich dem Bäcker zum Angriffsziel der Bevölkerung, da man beide für die teilweise dramatischen Verteuerungen verantwortlich machte. Wie ihre Bäckerkollegen hatten sie mit dem Problem der unsicheren Getreideversorgung zu kämpfen.

Ihre Produkte waren schließlich besonders bei den ärmeren städtischen Schichten von existentieller Bedeutung. Hier verschlang der Brotpreis nicht gerade selten bis zur Hälfte des Haushaltsbudgets.[56] Aufgrund des Antriebs mittels Wasserkraft konnten sich die Schwazer Mühlen nur an Bächen oder Flüssen befunden haben. Die Gegend in der sich die meisten Schwazer Mühlen befanden lag am Austritt des Lahnbaches inmitten einer typischen Knappensiedlung.

Hinweise auf frühere Standorte von Mühlen finden sich außerdem im Schwazer Hausnamenverzeichnis aus dem Jahr 1797 und 1799. So trägt ein Haus in der Rennhammergasse 16 den Namen Hußlmühle, ein paar Häuser weiter ist bei einem Haus der Name Stroblmühl erhalten geblieben[57]. Am Kraken 17 wurde ein Haus Madtmühle benannt, in derselben Straße trägt

---

53   Egg / Pfaundler / Pizzini, Werkleuten und Gewerben, S.176.
54   Egg / Pfaundler / Pizzini, Werkleuten und Gewerben, S.180.
55   Christoph Weigel, Christoph Weigels Ständebuch von 1698, Leipzig 1936, S.148.
56   Paul Münch, Lebensformen in der frühen Neuzeit, Frankfurt 1992, S.316.
57   Herbert Bittner, Hausnamenverzeichnis von Schwaz, Tiroler Heimatblätter, Heft 2/1985, S.50-57; S.51ff.

das Haus mit der Nummer 3a den Namen Stegmühle und das mit der Nummer 13 den Namen Veitenmühle[58]. Als Teil der Schwazer Lebensmittelversorgung hatte das Müllergewerbe durch die rasche Bevölkerungsvermehrung sicherlich ebenfalls einen starken Auftrieb erlebt der mit einer vorwiegend agrarisch dominierten Bevölkerung allein niemals hätte erreicht werden können.

V. b) Bauhandwerk

Das Bauhandwerk profitierte wohl am stärksten vom Silberboom. Die zahlreichen Silberfunde des 15. Jahrhunderts spülten eine Flut von Glücksrittern aber auch kapitalkräftigen Investoren in das ehemals kleine Dorf. Innerhalb weniger Jahrzehnte explodierte die Bevölkerungszahl. Etliche tausend Menschen wollten nicht nur versorgt werden, sie benötigten auch ein Dach über dem Kopf. Wohnraum musste geschaffen und dazu unzählige neue Häuser errichtet werden. Schwaz veränderte sich grundlegend. Dazu kamen herrliche Pracht- sowie bedeutende Kirchenbauten, und das alles innerhalb relativ kurzer Zeit. Somit bekam die Bergbauregion Schwaz mit den Handwerkern der Bauberufe eine weitere nicht unbeträchtliche Bevölkerungsgruppe dazu. Alleine in den Urbaren der Grundherrschaft Freundsberg scheinen fünf Personen auf deren Namen auf eine Arbeitstätigkeit in der Baubranche hinweisen[59]. Wieder einmal wuchs nicht nur die Bevölkerung sondern zugleich auch Angebot und Nachfrage.

Eines der wichtigsten Handwerke der Baubranche war das der **Steinmetze und Maurer**. Die Anfänge der Organisation dieser beiden Berufe gehen auf das Jahr 1460 zurück als die drei bekanntesten Meister des Unterlandes, Hans Sewer aus Hall, Hans Reicharttinger aus Innsbruck und Hans Mitterhofer aus Schwaz die Bruderschaft der Steinmetzen des Inntales gründeten[60]. Zur besseren Verwaltung wurde die Bruderschaft gleich von Beginn an in Hütten oder Büchsen aufgeteilt, die Oberhütten und diese wiederum Haupthütten unterstellt waren. Jede Hütte hatte als Einzugsgebiet eine größere Stadt mit ihrem Umland auf das sich die größeren städtischen Bauvorhaben auch meistens auswirkten. Wurde in einer Stadt beispielsweise eine größere Kirche errichtet, hatte dies öfters auch einen Bauboom in den umliegenden Gemeinden zur Folge.

---

58 Bittner, Hausnamenverzeichnis, S.51ff.
59 siehe: Kathrein, Berufsnamen und -übernamen.
60 Erich Egg, Aus der Geschichte des Bauhandwerks in Tirol, Innsbruck 1957, S.33.

Insgesamt war das Inntal in sechs Hütten unterteilt. Die Hütte des Meisters Mitterhoffer in Schwaz war mit Sicherheit eine der Bedeutendsten. Der immer stärker aufkommende Bergsegen des ausgehenden 15. Jahrhunderts sorgte schließlich auch für gefüllte Auftragsbücher. Der Bau der Schwazer Stadtkirche beispielsweise, der sich 1490 bis 1515 hinzog, verschlang alleine im Abrechnungszeitraum 1502/1503 die stolze Summe von über 7.300 Gulden[61]. Im Jahre 1480 wurde die Ordnung der Bruderschaft vom Landesfürsten bestätigt. Seit diesem Jahr war sie für ganz Tirol zuständig und wurde dementsprechend in Bruderschaft der Steinmetzen in Tirol umbenannt.[62] Ab dem Jahr 1462, kurz nach Gründung der Bruderschaft, fand eine Unterteilung der Mitglieder in Steinmetzen und Maurer statt. Die heute so wichtigen Maurer fungierten dabei lange Zeit lediglich als eine Art Hilfsarbeiter des Steinmetzen, der für den Hauptteil der Arbeit inklusive der gesamten Planung und Architektur zuständig war[63].

Die Arbeit des Meisters beginnt mit dem Abschluss des Spanzettels, des Vertrages, mit dem er sich bereit erklärte, dem Bauherren einen Plan vorzulegen. Wurde der Plan angenommen, gab es zwei Arbeitsformen, die denen im Bergbau sehr ähnelten. Der Meister konnte einerseits im Tagwerk entlohnt werden, einem vorher festgesetzten Wochenlohn. Vor allem bei größeren Dombauten wurde diese Form der Entlohnung häufig angewandt. Es gab aber auch die Möglichkeit ihn im Geding zu entschädigen, wonach er eine vorher festgesetzte Arbeit zu einem vereinbarten Tarif erledigen sollte. Bei größeren Vorhaben wurde zur Entlastung des Meisters öfters auch ein Vorschuss, das so genannte Fürgeding, vorgestreckt.

War die Planungsphase abgeschlossen, machte sich der Meister mit einem Vertreter des Bauherren daran, den richtigen Stein auszusuchen, der schließlich von Fuhrleuten vom Steinbruch zur Baustelle gebracht werden musste.[64] Hier wurden schließlich zwei Hütten aufgebaut, eine für die Maurer und die andere für die Steinmetzen. Die eigentliche Arbeit war in Sommer- und Winterarbeit aufgeteilt. Da erst ab Anfang März mit der Bautätigkeit begonnen werden konnte, waren die Maurer im Winter regelmäßig arbeitslos. Die Steinmetzen konnten in dieser Zeit die gebrochenen Steine bearbeiten. Der Verdienst war im Winter allerdings niedriger, da die Arbeit in geschlossenen Räumen weniger anstrengend war und die geringeren Sonnenphasen außerdem auch nur kürzere Arbeitszeiten zuließen.

---

61   Egg, Bauhandwerk, S.58.
62   Egg, Bauhandwerk, S.36.
63   Egg, Bauhandwerk, S.43.
64   Egg, Bauhandwerk, S.55.

Wer im Baubereich beginnen wollte, musste zunächst als Diener in den Dienst eines Meisters eintreten. Bereits hier begann man zwischen Steinmetzen und Maurern zu unterscheiden. Die Steinmetze hatten fünf bis sechs, die Maurer lediglich drei Jahre zu lernen. Neben dem jährlichen „Lehrlingsgehalt" von 28 Gulden musste der Meister auch für die Verpflegung seiner Auszubildenden aufkommen.[65] Mit der Ausbildung konnte jeder beginnen, der ehelich geboren worden war.

Nach Beendigung der Lehrzeit folgte die Wanderschaft, bei der der Geselle seine Fähigkeiten und sein Wissen erweitern sollte. Da manche Meister oftmals mehrere Baustellen gleichzeitig zu führen hatten, ernannten sie bei den jeweiligen Bauten einen Parlier (heute Polier). Dazu bestimmte er einen seiner Gesellen, der bereits die Wanderschaft hinter sich hatte. Die Stellung des Parliers war häufig auch Voraussetzung für die Erlangung der Meisterwürde. Sie zu erlangen war Höhe- und Endpunkt der Ausbildung. Aufgrund strenger Bruderschaftsbestimmungen, die von Anfang an eine zu hohe Konkurrenz unterbinden sollten, kamen jedoch nicht zu viele Gesellen in den Genuss dieser Würde. Wurde doch einmal jemand dazu auserwählt, musste er eine Meisterprüfung absolvieren, um sein fachliches Können unter Beweis zu stellen. In der Regensburger Ordnung der Bruderschaft aus dem Jahr 1514 wurde beispielsweise ein „kleines Kreuzgewölbe", oder „eine kleine Tür von gehauten Stücken" vorgeschrieben.[66] Hatte es der Kandidat dann schließlich geschafft, musste er noch einen Gulden in die Bruderschaftskasse zahlen, Wein im Wert von 30 Kreuzern spenden, sowie sich dazu bereit erklären, 12 Kreuzer jährlich als Mitgliedsbeitrag aufzubringen.

Das Einkommen aller am Bau Beteiligten war, ähnlich dem der Bergarbeiter, genau geregelt. Feste Löhne sollten einerseits den Arbeiter vor Preisdrückerei schützen, andererseits aber auch dem Bauherrn eine bessere Kostenkontrolle ermöglichen. Im Tagwerk erhielt ein Meister für Maurerarbeit nahezu durchwegs 72 Kreuzer als Wochenlohn. Ungefähr dasselbe bekam er noch einmal für Steinmetzarbeiten.[67] Er kam demnach in der Woche auf fast 2 1/2 Gulden, von denen er allerdings noch die Kosten für seine Diener bestreiten musste. Den effektiven Nettoverdienst Tiroler Meister schätzt Erich Egg nach Abzug aller Kosten schließlich auf 70 bis 100 Gulden pro Jahr.[68] Für die übrigen Arbeiter galt eine Auszahlung nach den bereits erwähnten Sommer- und Wintertarifen. Parlierer kamen im Winter auf fünf

---

65   Egg, Bauhandwerk, S.51.
66   Egg, Bauhandwerk, S.50.
67   Egg, Bauhandwerk, S.60.
68   Egg, Bauhandwerk, S.60.

Kreuzer, im Sommer auf sieben Kreuzer pro Arbeitstag. Gesellen lagen jeweils einen Kreuzer darunter. Für sie war außerdem, im Gegensatz zum Meister, die Verpflegung frei, da ihnen der Bauherr eine Gemeinschaftsküche oder Kostgeld zur Verfügung stellen musste.[69] Neben diesen eigentlichen Bauhandwerkern gab es noch eine Fülle von Hilfsarbeitern, die bei größeren Bauten zusätzlich beschäftigt wurden. Einer der Wichtigsten war der Steinmetzknecht, der für allfällige Hilfsaufgaben bei der Arbeit und in den Bauhütten zuständig war und für seine Arbeit mit sechs Kreuzern pro Tag entlohnt wurde[70]. Daneben gab es den Mörtelrührer, der die Maurer ständig mit frisch angerührtem Mörtel versorgen musste. Sein Verdienst bewegte sich zwischen vier und sechs Kreuzern pro Tag. Am schlechtesten verdienten die Mörtelträger, die vier bis fünf Kreuzer pro Tag erhielten. Diese Arbeit wurde häufig an Frauen vergeben. Abschließend findet man noch eine Reihe weiterer Hilfsarbeiter, die so genannten Tagwerker, die auch mit circa fünf Kreuzern pro Tag entlohnt wurden[71]. Bei besonders großen Bauten wurde zusätzlich ein Bauschreiber beschäftigt um die Schichten der Arbeiter zu vermerken. Seine Dienste wurden beim Bau der Pfarrkirche in Schwaz mit 30 Gulden pro Jahr entlohnt[72].

Wichtigstes Werkzeug der Steinmetzen zum Behauen der angelieferten Steinquader war die Keilhaue, ein kleiner Pickel mit einem flachen und einem spitzen Ende. Wenn eine Oberfläche aufgerauht werden sollte, bediente man sich des Kröndlhammers, mit dessen Rippen man dem Stein eine punktierte Oberfläche geben konnte[73]. Um Löcher in den harten Stein zu bohren und größere Stücke zu zerteilen, verwendete der Steinmetz einen händisch betriebenen Steinbohrer. Nach Weigel „bestehet ihr eigentlicher Werckzeug" noch „in Seil und Flaschen zur Erhebung der Steine, item Setz-Eisen, Hebstangen, Maßstab, Circul, Winckelmaß, Dreyangel, Bleywaage, Richtscheid und Schnüren".[74]

Der Bauboom in Schwaz musste sich über kurz oder lang auch auf die Preise der Baumaterialien auswirken. So kosteten 100 Stück Mauerziegel aus der Ziegelei des nahegelegenen Ortes Mehrn im Jahre 1506 noch 12 Gulden, 66 Jahre später lag der Preis bereits bei 25,74 Gulden.[75]

---

69   Egg, Bauhandwerk, S.60.
70   Egg, Bauhandwerk, S.60.
71   Egg, Bauhandwerk, S.61.
72   Egg, Bauhandwerk, S.61.
73   Alois Kieslinger, die Steine von St.Stefan, Wien 1949, S.150ff.
74   Weigel, Ständebuch, S.126.
75   Schmelzer, Preise und Löhne, S.268.

In enger Verbindung mit den Steinmetzen und Maurern stehen die **Zimmerleute**. Sie begannen sich etwa zur selben Zeit in Bruderschaften zusammenzuschließen, die man in jeder größeren Stadt finden konnte. Eine gemeinsame Zunft gab es vorerst jedoch noch nicht.

Trotzdem verlief die Ausbildung ähnlich der der Steinmetze. Wer dieses Handwerk ergreifen wollte, musste zuerst eine vorgeschriebene Lehrzeit als Diener bei einem Meister verbringen, bevor er zum Gesellen aufsteigen durfte. Nach einiger Zeit auf Wanderschaft konnte der Auszubildende schließlich sein Meisterstück anfertigen, aber wiederum nur, wenn er einen Betrieb in Aussicht hatte.

Ein Bauherr hatte auch hier wiederum die Möglichkeit, Arbeit entweder im Gedinge oder im Taglohn zu vergeben, bei dem der Zimmermeister an die 72 Kreuzer in der Woche verdienen konnte[76]. Ein Geselle bekam etwas weniger. Im nahe gelegenen Rattenberg lag deren Verdienst im Jahre 1508 pro Tag bei 10 Kreuzern im Sommer und 9 Kreuzern im Winter.[77] Die Bezahlung fiel somit nicht so schlecht aus und war durchwegs über dem Niveau der besten Arbeiter in den Bergwerken. Im Schnitt verdienten Meister sogar ein Viertel mehr als Grubenzimmerleute, ihre Kollegen am Berg, deren wöchentliches Salär mit einem Gulden angegeben wird.[78]

Arbeit gab es im blühenden Schwaz auch für diesen Berufsstand genug. Neben riesigen Kirchenbauten, wie dem der Schwazer Pfarrkirche, deren Dachstuhl in den Jahren 1503-1508 vom Schwazer Zimmermeister Thomas Schweinbacher fertiggestellt wurde, forderten auch andere Großprojekte wie das Fuggerhaus das Können der Schwazer Zimmerleute. Gleichzeitig mussten aber auch unzählige Stadthäuser für die neuen Schwazer Bürger sowie Söllhäuser für die tausenden Knappen errichtet werden. Hier fiel beispielsweise nicht nur der Dachstuhl an, sondern auch noch ein hölzerner erster Stock.

So verschlang nicht nur der Bergbau in der Region enorme Mengen an Holz, die Baubranche tat auch noch ihr Übriges um Holz rar werden zu lassen. Da die Waldbestände der umliegenden Gegenden bereits für den Bergbau reserviert waren, mussten die Schwazer Zimmerleute ihre Rohstoffe aus anderen Gegenden wie dem Tiroler Oberland beziehen.[79] Trotzdem blieb der Preis für Bauholz im gesamten 16. Jahrhundert relativ konstant. Für einen Stamm Fichtenholz musste man im nahe gelegenen Rattenberg im Jahre 1515 15 Kreuzer bezahlen, 1520 waren es sogar nur mehr 12

---

76   Egg, Bauhandwerk, S.106.
77   Schmelzer, Preise und Löhne, S.401.
78   Sokoll, Bergbau, S.45.
79   Egg, Bauhandwerk, S.104.

Kreuzer, 1568 13 Kreuzer und im Jahre 1578 stieg der Preis wieder auf 15 Kreuzer.[80]

Für die Aufbewahrung der Werkzeuge stand den Zimmerleuten eine eigene Hütte bei der Baustelle zur Verfügung, bei der sie das angelieferte Holz vor der Montage bearbeiten konnten.[81] Hierzu benutzten sie verschiedene Werkzeuge, wie eine Breithacke oder eine Haide, zum Behauen der rohen Stämme. Daneben verwendeten die Zimmerleute auch Beil, Schlägel, Säge und Richtschnur, zum Ziehen gerader Linien. Zur Befestigung der Bretter und Balken benutzten sie eiserne Klammern und Nägel, für die es in Bayern sogar eine eigene Kleineisenindustrie gab. Zwei Häusernamen aus dem Schwazer Hausnamenverzeichnis von 1797 und 1799 geben Auskunft über mögliche Standorte von Zimmerleuten. Neben dem Haus Zimmermeister in der Archengasse 24 findet sich dort auch ein Haus Zimmermann am Zintberg 3[82]. Der überwiegende Teil der Schwazer Zimmerleute war jedoch bei den Bergwerken beschäftigt. Alleine im Revier Falkenstein wurden bei der Bergbeschau im Jahre 1526 158 Zimmerleute gezählt, die auf 150 Gruben verteilt arbeiteten.[83]

Aus dem Beruf des Zimmermanns spaltete sich ab dem 16. Jahrhundert mit den **Tischlern und Schreinern** allmählich ein eigenes Gewerbe ab. Der Unterschied zwischen den beiden Gruppen lag in ihren Zuständigkeiten. Der Bereich der Innenarchitektur und der Feinarbeit, kurz der geleimten Holzarbeit war ab dieser Zeit den Tischlern vorbehalten.[84] Im Gegensatz zu den Zimmerleuten war auch die Ausbildungszeit etwas länger. Die im Jahre 1550 eingerichtete Innsbrucker Zunft verlangte, ähnlich den Steinmetzen, fünf Jahre Lehrzeit.[85]

Die Schwazer Meister dieses neuen Gewerbes konnten sich im Schwaz des 16. Jahrhunderts wahrlich nicht über leere Auftragsbücher beklagen. Schließlich sollten die profanen und sakralen Prachtbauten ja auch in ihrem Inneren durch Prunk und Pracht bestechen. So brachte Schwaz einige der großen Tiroler Tischler hervor. Unter anderen zählten dazu Hans Reiter, der für die Tänzels das Getäfel im Schloss Tratzberg und die Wappenempore der Schwazer Pfarrkirche schuf, sowie Siegmund Wirt, der für die Gestal-

---

80   Schmelzer, Preise und Löhne, S.302.
81   Weigel, Ständebuch, S.132.
82   Bittner, Hausnamenverzeichnis, S.57.
83   Fischer, gemeine Gesellschaft der Bergwerke, S.209.
84   Egg / Pfaundler / Pizzini, Werkleuten und Gewerben, S.238.
85   Egg / Pfaundler / Pizzini, Werkleuten und Gewerben, S.238.

tung der heute noch erhaltenen Türen der Pfarrkirche verantwortlich war.[86] Beide lebten und arbeiteten zu Beginn des 16. Jahrhunderts. Ein Schwazer Tischler schuf um 1530 auch die ersten schweren Kasettendecken Tirols im Stile der Renaissance in der Tänzlstube des Schlosses Tratzberg. Circa 100 Jahre später gestaltete Michael Pirtaler, ein weiterer großer Schwazer Tischler und Bildschnitzer, das Chorgestühl der Schwazer Franziskanerkirche. Ein weiterer lokaler Tischler wird im Urbar der Pfarrkirche Schwaz von 1606 erwähnt. Ein Meister Christoph Lener bewohnte demnach eine „Behausung und Garten im Graben", wofür er fünf Pfund Berner und einen Kreuzer pro Jahr an die Pfarre zu zinsen hatte.[87]   Die Löhne der Schreinermeister und Gesellen dürften sich im Allgemeinen im selben Rahmen bewegt haben, wie die der Zimmerleute, von denen sie sich ja erst im Laufe des 16. Jahrhunderts abgespalten hatten, da Ausbildung und Arbeitstätigkeit relativ ähnlich waren.   Ein Vergleich mit Innsbrucker Tischlerbetrieben zeigt, dass dieses Gewerbe auch zu den „personalintensiveren" gehört hatte. Im Jahre 1647 waren in der Landeshauptstadt auf jeden selbstständigen Tischlermeister durchschnittlich 1,3 unselbstständige Mitarbeiter gekommen.[88]

V. c) Versorgung mit Gebrauchsgegenständen

Der Großraum Schwaz mit seiner hohen Bevölkerungsdichte bot nicht nur den Berufen des Bauhandwerks enorme Entfaltungsmöglichkeiten. Die Bevölkerungszunahme und der neue Wohlstand, den die Silberfunde der Region bescherten, ließ naturgemäß auch die Nachfrage nach Gebrauchsgegenständen ansteigen, was unweigerlich zu einer Förderung des Handwerks dieser Branchen führen musste.

Ein sehr wichtiges Handwerk war das der **Drechsler**. Sie arbeiteten in Tirol hauptsächlich „in Holz und Bein". Mit den Worten des Zeitgenossen Weigel bearbeitet der Drechsler „in Bein" „sowohl gemeines Ochsen, als auch köstliches Elfenbein" und fertigt daraus „sehr artige Becher, Schiffe, Büchsen, Bretspielsteine und tausenderley andere Kunst- und Nutzsachen".[89] Der Drechsler in Holz war wohl viel häufiger zu finden. Er war, wie der Name bereits sagt, für die Bearbeitung von Holz zuständig. Seine Haupter-

86   Egg / Pfaundler / Pizzini, Werkleuten und Gewerben, S.238.
87   Urbar der Pfarrkirche Schwaz von 1606, TLA Innsbruck, Mikrofilmnummer Nr. 1797/3.
88   Mathis, Bevölkerungsstruktur, S.77.
89   Weigel, Ständebuch, S.136.

zeugnisse waren Haushaltsgegenstände, wie Teller, Schüsseln und Becher. Abnehmer seiner Produkte waren die weniger gut verdienenden Schichten, das Landvolk, die einfachere Bergbevölkerung und das niedere Bürgertum. Der Drechsler übernahm aber auch Auftragsarbeiten für die Baubranche. So stellte er für Zimmerleute und Schreiner „allerley Kugeln , Knöpfe und Stollen" her, die von ihnen für die Herstellung von Möbeln verwendet wurden.[90]

Wichtigstes Arbeitsgerät der Drechsler war eine Drechselbank, die über ein Fußpedal angetrieben werden konnte. Das Handwerk war in Zünften organisiert. Wie bei den meisten anderen Berufen auch musste eine Meisterprüfung absolviert werden, um den Meistertitel zu erlangen. Die Wiener Drechslerordnung von 1469 forderte als Meisterstück einen Angster (Becher) als Viertelmaß, einen Behälter mit 32 Holztellern, sowie ein Schachspiel.[91] Interessant ist auch, dass zur Hochblüte des Schwazer Bergbaus, im 15. und 16. Jahrhundert, das Drechseln oft das Hobby hoher Herren war. So hat sich sogar Maximilian I. eine künstlerisch gestaltete Drechselbank für den Eigenbedarf an seinen Hof liefern lassen.[92] Durch den Bauboom des 16. Jahrhunderts sowie den Zuzug reicher Gewerken und Faktoren erlebte das Drechslerhandwerk sicherlich einen ungeahnten Aufschwung, der in einer rein ländlichen Gegend niemals möglich gewesen wäre. Für die Ausstattung ihrer „Stadtpaläste" engagierten die wohlhabenden Auftraggeber zwar sehr häufig Innsbrucker und Haller Meister, die auf eine längere Tradition und mehr Erfahrung in der Bearbeitung kunstvoller Gegenstände für den Innsbrucker Hof verweisen konnten. Besonders aber die Herstellung von Alltagsgegenständen für die nicht gerade unbeträchtliche Bevölkerung der Region dürfte einiges an Geld in die Kassen der Meister gespült haben.

Schmiede und Schlosser waren in der Bergwerksregion Schwaz sehr gefragt. Die großen Mengen an Arbeitsgeräten, die sich bei der täglichen Arbeit am Berg abnutzten, mussten schließlich auch wieder hergerichtet oder instand gehalten werden. Dies führte dazu, dass sich die Schwazer Schmiede im Gegensatz zu ihren Kollegen in den anderen großen Tiroler Städten weniger auf kunstreiche, als vielmehr auf bedarfsorientierte Alltagsarbeiten konzentrierten. Wollte einer der wohlhabenden Schwazer Bürger beispielsweise ein kunstvolles Türschloss für sein repräsentatives Haus, wandte er sich eher an einen Innsbrucker oder Haller Schlosser.[93] Die reine Be-

---

90   Weigel, Ständebuch, S.138.
91   Egg / Pfaundler / Pizzini, Werkleuten und Gewerben, S.242.
92   Egg / Pfaundler / Pizzini, Werkleuten und Gewerben, S.242.
93   Egg, Eisenkunst, S.77.

darfswirtschaft, die in Schwaz herrschte, ließ ein organisiertes Handwerk erst sehr spät entstehen. Um 1510, als Schwaz bereits auf eine beträchtliche Größe angewachsen war, wurde erstmals eine Schwazer Bruderschaft der Schmiede gegründet. Die Schlosser, die sich zu dieser Zeit vielerorts bereits abgespalten hatten, sollten in der Bergbauregion noch lange Zeit mit den Schmieden in einer Bruderschaft verbleiben. Das Schmiedehandwerk war grundsätzlich in zwei Bereiche geteilt, den der Grobschmiede und den der Feinschmiedearbeiten. Der erste Bereich widmete sich der Bearbeitung von Gegenständen, die keiner verfeinerten Nachbearbeitung bedurften, der zweite verfeinerte die Erzeugnisse weiter[94]. Die reine Bedarfswirtschaft, die das Handwerk in der Bergbauregion beherrschte verursachte eine Konzentration der Schwazer Schmiede auf den Bereich der Grobschmiedearbeiten, also auf praktischere Arbeiten, wie die Werkzeugproduktion und -bearbeitung, sowie den Hufbeschlag und die Wagenherstellung.

Eine Aufzählung der einzelnen Häusernamen, wie sie im Grundbuch und Stadtplan von 1797 und 1799 beschrieben sind, gibt interessanten Aufschluss über Standort und eventuelle Spezialisierung der einzelnen Schwazer Schmiede. In den meisten Fällen bezeichneten die Häusernamen die Tätigkeit früherer Besitzer. Ein Haus in der Hußlstrasse 10 trug demnach den Namen Dorfschmied, das Haus in der Fuggergasse 4 trägt den Namen Diskus Schlosser.[95] Im Kraken 11 befand sich der Krakenschmied, in der Innsbrucker Straße war der Lendschmied angesiedelt.[96] Eine besondere Schmiede dürfte in der Burggasse 23 angesiedelt gewesen sein, da das Haus dort den Namen Nagelschmied trug.[97] Hier dürften demnach auch heimische Nägel in Konkurrenz zur bedeutenden oberbayrischen Kleineisenproduktion produziert worden sein. Zum Schluss findet sich am Knappenanger 36 mit dem Haus Schmid noch ein weiterer Hinweis auf einen möglichen Schmiedestandort[98].

Bis 1500 wird nur von sehr wenigen ortsansässigen Schmieden und Schlossern berichtet. Beim Bau der großen Kirchen in Schwaz findet man auch immer wieder auswärtige Handwerker auf den Gehaltslisten der Geldgeber.

---

94 Günter Ahrer, Schmiede- und Schlosserhandwerk in Südtirol, Innsbruck 1968, S.11.

95 Herbert Bittner, Hausnamenverzeichnis von Schwaz, Tiroler Heimatblätter, Heft 3/1984, S.81-85; S.83.

96 Herbert Bittner, Hausnamenverzeichnis von Schwaz, Tiroler Heimatblätter, Heft 2/1985, S.50-57; S.51f.

97 Herbert Bittner, Hausnamenverzeichnis von Schwaz, Tiroler Heimatblätter, Heft 2/1985, S.50-57; S.53.

98 Herbert Bittner, Hausnamenverzeichnis von Schwaz, Tiroler Heimatblätter, Heft 2/1985, S.50-57; S.55.

Einerseits spricht dies dafür, dass vor Ort einfach zu wenige Fachleute vorhanden waren, andererseits vermutet Erich Egg hier zu recht, dass die auswärtigen Schlosser und Schmiede wahrscheinlich eher für die schwierigeren, kunstvolleren Aufgaben herangezogen wurden.[99] In dem Jahrzehnt nach 1520 sind mit Martin Wiedl, Lienhard Perger, Andre Wörndl in Schwaz auch nur drei Meister tätig. Bereits etliche Jahrzehnte vorher hatten sich in der kleineren Stadt Hall sechs Meister und sieben Gesellen zur Sebastiansbruderschaft zusammengeschlossen[100], auch ein Indiz dafür, dass dieses Gewerbe in Schwaz längst nicht so weit entwickelt war, wie es aufgrund der Einwohnerzahl hätte sein können. Wie der Vergleich mit der Landeshauptstadt zeigt, dürfte dieses Gewerbe nicht so personalintensiv gewesen sein. Die acht Innsbrucker Schlosser kamen in der Mitte des 17. Jahrhunderts im Schnitt gerade auf 0,4 unselbstständig Beschäftigte pro Betrieb.[101] In der Regel arbeitete der Meister also alleine in seiner Werkstatt.

Auf der anderen Seite verfügte der Großraum Schwaz aber auch über eine Vielzahl von Grubenschmieden. Ihre Aufgabe war es, bei den Gruben alle täglich anfallenden Reparatur- und Ausbesserungsarbeiten zu übernehmen. In dem selben Jahrzehnt, als in Schwaz lediglich die drei oben genannten Schmiedemeister tätig waren, arbeiteten bei den 150 Gruben des Reviers Falkenstein bereits 66 Grubenschmiede.[102] An diesem Vergleich kann man die Bedeutung des Bergbaus für die Region besonders schön feststellen, da alleine in einem der drei Reviere bereits 22 mal mehr Schmiede beschäftigt waren, als in der gesamten Siedlung. Der Falkensteiner Arbeiterauszug von 1554 nennt sogar 184 „Perckschmytt und underschydlichs Volch"[103], das für diese Aufgabe bereit gestanden sein soll. Im Gegensatz zu ihren Kollegen in Dorf und Markt dürften die Bergschmiede also auch über eine weit höhere Anzahl an Gehilfen verfügt haben.

Die Ausbildung verlief nach dem bekannten Muster. Nach einigen Jahren als „Diener", musste sich der Auszubildende auf Wanderschaft begeben um seine Fähigkeiten zu erweitern. Hatte er Aussicht auf einen eigenen Betrieb, konnte er dann schließlich mit seinem Meisterstück beginnen.

In einer Verordnung des Erzherzogs Leopold vom 15.10.1631 wurden unter anderem auch einige Preise für schmiedeeiserne Erzeugnisse festgelegt. Ein Schmied sollte demnach „insgemein künftig ein Hufeisen geben" um sie-

---

99   Egg, Eisenkunst in Schwaz, S.78.
100 Egg / Pfaundler / Pizzini, Werkleuten und Gewerben, S.86.
101 Mathis, Bevölkerungsstruktur, S.77.
102 Fischer, gemeine Gesellschaft der Bergwerke, S.209.
103 Sokoll, Bergbau, S.44.

ben Kreuzer, Klammern und Nägel sollten ebenfalls um sieben Kreuzer pro
Pfund angeboten werden, Radschienen, also eiserner Radbeschlag, durfte
nur mehr um fünf Kreuzer pro Pfund verkauft werden.[104]
Aus dem Handwerk der Schmiede und Schlosser spalteten sich mit der Zeit
etliche neue Berufe ab, die allerdings in der Hochblüte des silbernen
Schwaz keine große Bedeutung spielten. Im Jahr 1593 beispielsweise wird
in Schwaz ein Büchsenmacher Martin Kuchler genannt[105]. Für das Jahr
1590 nennt das Raitbuch im Pfarrarchiv Schwaz einen gewissen Georg
Seltsam als städtischen Uhrmacher.[106]
Das letzte Handwerk, das in diesem Unterkapitel beschrieben wird, wurde
in der kurzen Zeit, in der es in Schwaz praktiziert wurde, wohl mehr als
Kunst denn als handwerklicher Beruf gesehen.

Das Gewerbe des **Buchdruckers** war zu der Zeit als in Schwaz die erste
Druckerei Tirols eingerichtet wurde gerade einmal einige Jahrzehnte alt.
Trotzdem arbeitete im Knappenort mit dem höchst wahrscheinlich aus
Schwaz stammenden Joseph Pirnsieder bereits ein gelernter Meister dieser
„brandneuen" Handwerkskunst[107]. Die Zeit des Buchdruckes in Schwaz
sollte zwar nicht lange dauern, genaugenommen nur fünf Jahre, die Tatsache, dass die Druckerei in Schloss Siegmundslust im benachbarten Ort
Vomp allerdings die erste ihrer Art in Tirol war, rechtfertigt eine Erwäh-
nung mit den anderen Handwerken dieser Zeit.
Jörg Stöckl, einem der wohlhabensten Gewerken des angehenden 16. Jahrhunderts, ist die Gründung der „Stöckl-Offizin" zu verdanken. Er kaufte
dafür spätestens im Jahre 1520 das einstige Lustschlösschen „Siegmundslust" des Erzherzogs Siegmund von Tirol in Vomp bei Schwaz.[108] Im Jahre
1521 begann er schließlich mit dem Druckereibetrieb, wofür er den wahrscheinlich sogar aus Schwaz stammenden Drucker Joseph Pirnsieder unter
Vertrag nahm. „Stoff" zum Drucken sollte dabei nicht ausgehen, da
der vom Geist des Humanismus inspirierte Jörg Stöckl kurz zuvor eine Pri-
vatschule für „Poeten" gegründet hatte, als deren Publikationsstätte die

104 Georg Mutschlechner, Löhne und Preise anno 1631, Tiroler Heimatblätter, Heft
Nr.1 1991 (Jhg. 66), S.26; S.26.
105 Erich Egg, das Handwerk der Uhr-und Büchsenmacher in Tirol, Innsbruck 1982,
S.199.
106 Egg, Uhr-und Büchsenmacher, S.26.
107 Erich Egg, Die Stöckl-Offizin in Siegmundslust bei Schwaz, Veröffentlichungen
des Museum Ferdinandeum, Band 50 1970, S.5-27; 23.
108 Egg, Stöckl-Offizin, S.6.

Offizin hauptsächlich genutzt wurde.[109] Bereits im ersten Geschäftsjahr begann die Landesregierung auch Interesse an der neuartigen Druckerei zu zeigen und so dauerte es nicht lange, bis Pirnsieder erste Aufträge von landesfürstlicher Stelle bekam. Im Jahre 1521 beispielsweise erhielt die Offizin drei Gulden für den Druck von 200 Zettel, am 20.04.1525 zahlte die Landesregierung bereits zehn Gulden für „200 gedruckte Mandate".[110]

Der Drucker Joseph Pirnsieder blieb jedoch nicht lange in Schwaz. Bereits 1526 zog es ihn nach München, wo er selbst als Verleger tätig wurde. In diesem Jahr endet auch der Geschäftsbetrieb der ersten Druckerei Tirols. Wahrscheinlich war der relativ kostspielige Druckbetrieb für Jörg Stöckl finanziell nicht mehr so leicht aufrecht zu erhalten, wie noch fünf Jahre zuvor. Zu dieser Zeit begannen bereits langsam die Gewinne des Silberabbaus zurückzugehen. Die kurze aber doch intensive Phase der Buchdruckerei in Schwaz ist ein besonderes Ereignis, das ohne den Bergbau undenkbar gewesen wäre. Gleichzeitig spricht sie aber auch für die Ausprägung eines gewissen „städtischen Selbstbewusstseins" da solch ein Projekt zu dieser Zeit sicherlich nicht einfach irgendwo verwirklicht worden wäre, sondern eben nur in einer größeren Siedlung, die auch über ausreichende „kulturelle Ressourcen" verfügt.

V. d) Versorgung mit Kleidung

Der Silbersegen des 15. und 16. Jahrhunderts brachte auch für die Handwerker der Textilerzeugungsbranche in Schwaz einen enormen Aufschwung. Viele hatten sich in Tirol bereits vor dem starken Wachstum der Knappengemeinde in Zünften organisiert. Die Handwerker, die sich schließlich in Schwaz niederließen, waren also zum Großteil bereits zünftisch organisiert und dadurch auch professionalisiert. Die meisten von ihnen hatten bereits eine mehrjährige Lehrzeit hinter sich und ihre Ausbildung nach einigen Wanderjahren mit einem Meisterstück abgeschlossen.

Eines der ältesten zunftmäßig organisierten Gewerbe Tirols war das der **Schneider**. Lange bevor Schwaz zur bevölkerungsreichsten Siedlung Tirols wurde gab es in Innsbruck bereits eine Schneiderzunft. Das Wachstum der Bergbauregion zog verständlicherweise auch etliche Handwerker aus dieser Berufssparte an. Nach Christoph Weigel gehört viel „Witz dazu, die Kleider recht auszumässen, ja, auch wohl ohne Maß, dem bloßen Ansehen nach,

---

109   Egg, Stöckl-Offizin, S.25.
110   Egg, Stöckl-Offizin, S.23.

auszurechnen und wohl zu treffen, den Stoff und Zeug mit Vortheil zu schneiden, zu benehen, zu steppen, zu verbrehmen, zu stücken ec. ec.".[111] Die Schneider stellten insgesamt eines der ärmsten Gewerbe dar.[112] Gleichzeitig zählten sie aber auch zu den zahlenmäßig bedeutendsten der frühen Neuzeit. Im gesamten deutschsprachigen Raum entstammten circa 15% aller Meister dem Schneidergewerbe.[113] Alleine in Innsbruck arbeiteten in der Mitte des 17. Jahrhunderts 21 Schneidermeister, die jeweils wieder einen Mitarbeiter beschäftigten.[114] Für das in etwa gleich große Schwaz kann man sicherlich von einer ähnlichen Betriebsanzahl ausgehen. Die Schneider machten sich also selbst relativ viel Konkurrenz. Nebenbei wurden die städtischen Schneider auch von der Gruppe der „unprofesionellen", nicht in Zünften organisierten Schneider am Land bedrängt, die zumeist in den Häusern der Kunden um weniger Geld Auftragsstücke produzierten. Besonders im stark agrarisch geprägten Schwazer Umfeld dürfte diese Art der Arbeit eine große Rolle gespielt haben. Durch die fehlende Organisation in Zünften gibt es für diese Arbeiter jedoch keine Zahlen.

Im 15. Jahrhundert wurde die Meisterprüfung, die so genannte „Matery", in Tirol allgemein üblich.[115] Die ersten Schwazer Meister mussten also höchst wahrscheinlich bereits ein Meisterstück angefertigt haben. Als mögliche Meisterstücke kennt die Innsbrucker Handwerksordnung von 1545 einen Chormantel, Levitenröcke, Kasel samt ihrer Zugehörung (Messkleid), Albe, Bischofsrock, Bischofskappe und vieles mehr.[116] Als Hauptarbeitsmaterialien der Schneider nennt der Zeitgenosse Weigel „Nadel, Scheer und Elle samt dem Fingerhut"[117]. Der Hausname Schneider Seppal des Hauses am Ried 10 lässt die frühere Tätigkeit der Vorbesitzer ebenso erahnen, wie der Name Lahnbach-Schneider eines Hauses in der Lahnbachgasse 11.[118] Die Schwazer Bergarbeiter gehörten auch in diesem Gewerbe zur Hauptkundschaft da sich ihre Kleidung bei der harten täglichen Arbeit am und im Berg sehr häufig abnutzte.

Noch vor den Schneidern stellten die **Schuster** den zahlenmäßig größten Anteil an Gewerbebetrieben. Für das 18. Jahrhundert wurde für das gesam-

---

111   Weigel, Ständebuch, S.116.
112   Wilfried Reininghaus, Gewerbe in der frühen Neuzeit, München 1990, S.32.
113   Reininghaus, Gewerbe, S.32.
114   Mathis, Bevölkerungsstruktur, S.77.
115   Egg / Pfaundler / Pizzini, Werkleuten und Gewerben, S.122.
116   Egg / Pfaundler / Pizzini, Werkleuten und Gewerben, S.123.
117   Weigel, Ständebuch, S.178.
118   Bittner, Hausnamenverzeichnis, S.55ff.

te deutschsprachige Gebiet Mitteleuropas eine Dichte von circa fünf Schuhmachern auf 1000 Einwohner errechnet.[119] Diese Zahl dürfte einige Jahrhunderte vorher in Schwaz wohl noch nicht erreicht worden sein. Man kann jedoch davon ausgehen, dass mit Sicherheit eine große Menge an Schustern in die aufblühende Bergbaugemeinde gezogen war. Alleine die etlichen tausend Knappen, die bei der harten Bergarbeit ihre Schuhe recht schnell abnützten stellten einen bedeutenden Absatzmarkt dar.

Die Schuster begannen sich in Tirol bereits recht früh zunftmäßig zu organisieren. Erste Bruderschaften findet man ab der ersten Hälfte des 14. Jahrhunderts. Aus dem Jahr 1427 ist aus Kitzbühel bereits eine erste Zunftordnung erhalten, die jedoch den Anspruch erhebt „von alter Gewohnheit zu sein" [120]. Im Jahre 1537 wurde die Handwerksordnung der Innsbrucker Schuhmacherzunft erneuert. Es gab also bereits davor eine Zunft mit Ordnung[121].

In der Hochblüte des „silbernen Schwaz" verfügte dieses Handwerk bereits über ein gut organisiertes Zunftsystem. Im Jahre 1589 erschien dann eine große „Handwerksordnug der Schuster" die für ganz Tirol gültig war[122]. Eine große Besonderheit der Tiroler Schuster war die relativ große Freiheit ihrer Gesellen, die zeitweise sogar eine eigene Gesellenlade besaßen. Wollte ein Gesell zum Meister aufsteigen, musste er laut Weigel sechs Meisterstücke produzieren. Darunter waren „drey paar Männerstiefel, darunter eines oben mit einer Naht versehen, ein paar Poßlerstiefel (Pfuscherstiefel), ein paar Weiberstiefel und ein paar Kinderschuhe"[123]. Dazu bekam der angehende Meister insgesamt zwei Tage Zeit. Am ersten sollten die Stücke geplant und skizziert, am anderen dann hergestellt werden.

Zur Zeit des „silbernen Schwaz" im 15 . und 16. Jahrhundert war gerade ein neuer Modeschuh, ein leichter Stiefel aus Leder aufgekommen, der sich bei der Bevölkerung größter Beliebtheit erfreute[124]. Im Allgemeinen waren die produzierten Waren aber höchst unterschiedlich, so dass die „Gestalt der Schuhe theils nach der Hoheit und dem Stand der Personen und deren Bequemlichkeit eingerichtet war"[125].

---

119 Reininghaus, Gewerbe, S.34.
120 Egg / Pfaundler / Pizzini, Werkleuten und Gewerben, S.134.
121 Georg Strele, Von alten Gewerben und Handwerken in Tirol, in: Tiroler Heimatblätter, Heft 11/12 1938, S.311-319; S. 312.
122 Egg / Pfaundler / Pizzini, Werkleuten und Gewerben, S.134.
123 Weigel, Ständebuch, S.194.
124 Egg / Pfaundler / Pizzini, Werkleuten und Gewerben, S.134.
125 Weigel, Ständebuch, S.194.

Der Schuster hatte aufgrund der großen Nachfrage aber auch mit einem bedeutenden Problem zu kämpfen, der großen Konkurrenz. Die Zunft der Schuster konnte das Angebot zwar besser kontrollieren als die der Schneider. Die Meisterbetriebe hatten allerdings unter dem Druck der so genannten Geymeister, der ländlichen Schuster zu leiden, die an keine zünftischen Gesetze gebunden waren. Interessanterweise gehörte Schuhwerk zu den Produkten, die sich im nahegelegenen Rattenberg am stärksten verteuert hatten. Konnte man in dem Jahrzehnt zwischen 1480 und 1490 ein Paar Schuhe noch für rund 3,43 Kreuzer erstehen, musste man 100 Jahre später bereits 15,61 Kreuzer im Durchschnitt für das selbe Produkt bezahlen, wodurch sich der Preis um über 455 Prozent erhöhte.[126]

Die zünftische Organisation der Tiroler **Hutmacher** geschah erst ziemlich spät in der zweiten Hälfte des 16. Jahrhundert. Am 17.09.1566 wurde in Bozen eine Handwerksordnung der Hutmacher verzeichnet an der unter anderem auch die Schwazer Hutmachermeister beteiligt waren[127]. Die Meister dürften sich recht gut gegen äußere Konkurrenten abgeschirmt haben, da sie bereits 80 Jahre später von der Erzherzogin Claudia einen Freibrief gegen Konkurrenz von Seiten der „Stümpler" bekommen hatten. Dies waren Personen, die Hüte hergestellt hatten, nicht zünftisch organisiert waren und ihre Produkte nicht in Geschäften, sondern auf Jahr- und Kirchtagsmärkten anboten[128]. Im Jahre 1588 dürften die Meister und Gesellen in Hall noch einmal zusammengekommen sein und über die Errichtung einer Hutterordnung beraten haben, die unter anderem auch die Ausbildung der künftigen Hutmacher regeln sollte[129]. Als Meisterprüfung wurde nun neben vier verschiedenen Arten von Hüten auch „ein filzenes Paar Stöckel" genannt[130]. Wie bei den anderen Berufen auch waren hier natürlich auch wieder Wanderjahre für Gesellen vorgeschrieben. Einer der bekanntesten Tiroler Hutmachergesellen dieser Jahre war der Brunecker Jakob Hutter, der auf seinen Wanderjahren in dieser Zeit der religiösen Unsicherheit zu einem neuen Glauben gefunden hatte, der mit den Hutterern heute noch existiert. Als Rohmaterial diente dem Hutmacher präparierte Wolle, die auf einer Form Gestalt erhielt. In einem weiteren Arbeitsschritt wurde der vorgeformte Hut schließlich geglättet oder „staffiert"[131]. Der Steuerkataster von

---

126 Schmelzer, Preise und Löhne, S.349f.
127 Strele, Gewerbe und Handwerke in Tirol, S. 311.
128 Egg / Pfaundler / Pizzini, Werkleuten und Gewerben, S.126.
129 Strele, Gewerbe und Handwerke in Tirol, S. 311.
130 Strele, Gewerbe und Handwerke, S. 311.
131 Reininghaus, Gewerbe, S.33.

1657 weist insgesamt zwei Hutmacher auf. Einer davon war Andree Albl in der heutigen Franz-Joseph-Straße Nummer 17, der zweite, Martin Zister, lebte in der heutigen Burggasse Nummer eins[132].

Das Handwerk der **Gerber** gehört zu den älteren Gewerben. Seit dem 13. Jahrhundert kann man diesen Beruf in Tirol nachweisen. Zu dieser Zeit war die Lederherstellung und die Verarbeitung meistens noch nicht getrennt. Eine Differenzierung geschah erst mit dem Aufblühen der Städte[133]. Für die schmalen Innenstadtgässchen der Tiroler Städte war dieses Handwerk jedoch weniger gut geeignet da die gebeizten Häute, die die Gerber zum Trocknen aufhängen mussten, einen relativ scharfen Geruch entwickelten. Dazu kam noch der hohe Bedarf an fließendem Wasser, der im Innenstadtbereich auch nur schlecht gedeckt werden konnte. Die Gerber waren daher gezwungen, sich in eigenen Vierteln am Stadtrand anzusiedeln, wovon Namen wie Lederergasse, Gerbergasse oder Gerberviertel heute immer noch zeugen. In Schwaz beispielsweise lässt das Haus Lederer in der L. Penz-Strasse 10 Rückschlüsse auf die Tätigkeit früherer Besitzer zu[134]. Ebenso sind mit Geörg und Simon Stubler zwei Rotgerber genannt, die „ain Behausung, Hof vnnd Rotgärber Werchstaht" an der äusseren Lend besaßen[135].

Die Handwerksordnung der Rotgerber zu Hall legte eine dreijährige Lehrzeit fest[136]. Im Anschluss daran wurden noch einmal zwei Wanderjahre vorgeschrieben. Als Meisterstück musste der angehende Meister „zwei Schäffer" bearbeiten. In einem „Schaff" sollten „vier gute Ochsen- und fünf gute Kuhhäute eingestoßen und miteinander bearbeitet werden", im zweiten „Schaff" sollten „25 Kalb-, 25 Schaf- und 10 Gaisbockhäute, zusammen 60 Stück, untereinander zugerichtet, schön und meisterlich gearbeitet besichtigt werden"[137]. Nach Fertigstellung des Meisterstückes waren, wie bei anderen Gewerben auch, 2 Gulden und ein Pfund Wachs in die Handwerkslade zu zahlen. Für einen aufrechten Betrieb mussten die Meister au-

132　Herbert Bittner, Hausgeschichte des Marktviertel Schwaz, Band I, (Manuskript TLM-Innsbruck) 1989.

133　Egg / Pfaundler / Pizzini, Werkleuten und Gewerben, S.128.

134　Herbert Bittner, Hausnamenverzeichnis von Schwaz, Tiroler Heimatblätter, Heft 2/1985, S.50-57; S.51.

135　TLA Innsbruck, Kataster 18/1, fol.10r.

136　Hans Hochenegg, Die Handwerksordnung der Rotgerber zu Hall in Tirol vom 6. Mai 1668, in: Tiroler Heimat. Jahrbuch für Geschichte und Volkskunde, Band 36 1972, S.61-77; S.67.

137　Hochenegg, Handwerksordnung, S.67.

ßerdem jährlich 24 Kreuzer bezahlen[138]. Angehenden Meistern, die nicht von Zunftmitgliedern abstammten, wurde die Prüfung noch erschwert. Sie mussten bei einem beliebigen „Meister der Zunft mit Vorwissen der anderen Meister ein Vierteljahr als Knecht arbeiten", wofür ihnen allerdings kein Lohn gezahlt wurde[139]. Daran sieht man wie bedacht die Zunft darauf war sich gegen potentielle neue Mitglieder abzuschotten. Die Ausbildung stand zwar jedem ehelich Geborenen offen, die sehr hohen Kosten für Meisterarbeit und Nebengebühren ermöglichten allerdings nur wohlhabenden Zeitgenossen Zugang zu diesem Handwerk. Eine Gerberausbildung inklusive Meisterarbeit, Nebenkosten und Aufnahmegebühren konnte den künftigen Handwerker einige hundert Gulden kosten, eine Summe, für die ein Handwerker jahrelang arbeiten musste[140].

Im Allgemeinen sollte der Gerber aber auch nach Eröffnung seines Betriebes über eine gewisse Menge an Eigenkapital verfügen, da sein Handwerk zu den kapitalintensivsten der Zeit gehörte. Häute und Gerberlohe waren nämlich sehr teuer. Dazu kommt dass bei dem bis zu zwei Jahren dauernde eigentliche Gerberprozess das investierte Geld naturgemäß gebunden blieb[141]. Zusätzlich hatten die Gerber, wie andere Handwerker auch, mit dem „Problem" der Geymeister zu kämpfen, die ihre Waren ohne zünftische Kontrolle teilweise günstiger am Land anboten.

---

138 Hochenegg, Handwerksordnung, S.67.
139 Hochenegg, Handwerksordnung, S.67.
140 Hochenegg, Handwerksordnung, S.67.
141 Hochenegg, Handwerksordnung, S.65.

VI. Handel und Verkehr

Die Sparte des Handels erlebte in Schwaz weit weniger Vielfalt und Blüte als man es erwarten hätte können. Handwerk und Gewerbe hatten sich zwar sehr gut entwickelt, etliche neue Berufsgruppen konnten sich in diesem Bereich in der „Knappenstadt" etablieren. Produziert wurde jedoch nur für den städtischen Bedarf. Dem Schwazer Gewerbe fehlte einfach die Tradition einer Stadt wie Hall oder Innsbruck. Dadurch gab es auch keinen aufblühenden Handel, der sich mit dem Export dieser Produkte beschäftigen hätte können. Als einzige wirkliche Ausfuhrprodukte blieben schließlich die Erzeugnisse des Bergbaus. Hier konnten lokale Händler allerdings fast gar nicht profitieren, da der Handel mit diesen Produkten auf höchste Stellen, finanzkräftige, schmelzende Gewerken sowie den Landesherren beschränkt blieb.

So blieb den Schwazer Händlern nur der Bereich des Imports - und Nachfrage gab es in der rohstoffarmen bevölkerungsreichen Region genug. Aus einer Versorgungsnot heraus hatten die Gewerken allerdings begonnen, die Unschlitt-, Eisen- und Pfennwertversorgung ihrer Knappen selbst in die Hand zu nehmen. Da es sich dabei um den Großteil der Bevölkerung handelte und die großen Gesellschaften mit hohem Kapital zu besseren Konditionen einkaufen konnten als kleinere private Kaufleute, ist es verständlich, dass sich im „silbernen Schwaz" kein allzu starker Handelsstand herausbilden konnte. Im Allgemeinen kann man allerdings trotzdem behaupten, dass die Kaufleute, die sich durchsetzen konnten, durchwegs zu den Besserverdienern gehörten.[1] Etwas anders sah es im Transportwesen aus. Die großen Mengen abgebauten Gesteins, sowie der hohe Bedarf an Gütern des täglichen Lebens setzte natürlich auch eine nicht unbedeutende Anzahl an Transporteuren voraus. Als diese kamen in Tirol im Allgemeinen besonders Landwirte in Frage, da sie bereits über das nötige „Equipment" zum Gütertransport, sprich Wagen und Ochsen, verfügten. So erwies sich der hohe Bedarf an Transportkapazitäten für viele Bauern der Region als äußerst willkommene Zuverdienstmöglichkeit, die den einen oder anderen sicherlich sehr wohlhabend werden ließ.

---

1   Otto Stolz, Geschichte des Zollwesens, Verkehrs und Handels in Tirol und Vorarlberg. Von den Anfängen bis ins XX. Jahrhundert, in: R. Klebelsberg (Hg), Schlern-Schriften Nr. 108, Innsbruck 1953, S.199.

VI. a.) Schwazer Exporteure

Wie bereits zuvor erwähnt hatte sich in Schwaz kein starkes Handwerk her-
ausgebildet. Die Schwazer Handwerker produzierten nahezu ausschließlich
für den Eigenbedarf der Region. Deshalb hatte der Knappenort auch nichts
zu exportieren mit Ausnahme der Erzeugnisse der Gruben und Schmelzhütten. Da hier aber der Landesfürst seine Hände im Spiel hatte und ein Vorkaufsrecht auf alles abgebaute Silber beanspruchen konnte, gab es beim
einträglichsten Schwazer Edelmetall vorerst wenig Spielraum für Handel.
Wie bereits vorhin näher beschrieben, fand das abgebaute Erz zunächst den
Weg in die Schmelzhütten der schmelzenden Gewerken. Im Anschluss daran machte der Landesfürst seine „Wechsel-Ansprüche" geltend, in dem die
Schmelzherren das gesamte gebrannte und punzierte Silber an die landesfürstliche Münze zum Vorzugspreis von 5 Gulden pro Mark abzuliefern
hatten.[2] Erst wenn dort der Bedarf gedeckt war, das heißt wenn die Münze
genug produziert hatte, konnten die schmelzenden Gewerken ihr Silber mit
einem Aufschlag zurück kaufen. Der eigentliche Handelswert von einer
Mark Silber lag bei circa 10 bis 12 Gulden.[3] Nach dem Rückkauf blieb den
Gewerken letztendlich also nur mehr ein geringerer Spielraum bei ihren
Weiterverkäufen. Es hatte sich aber bereits in der Frühzeit des Schwazer
Bergbaus herausgestellt, dass man durch Kreditvergabe an den unter chronischer Geldnot leidenden Landesfürsten solche Abgaben bei Zeiten umge-
hen konnte. Erstmals sicherte sich die Augsburger Handelsgesellschaft
Meutting im Jahre 1456 die landesherrlichen Rechte an der Schwazer E-
delmetallproduktion gegen ein Darlehen von 40.000 Gulden. Als Rückzahlung wurden nicht nur die landesfürstlichen Abgaben auf Kupfer und Silber
verpfändet, die Augsburger Handelsherren hatten außerdem noch die Möglichkeit, das Schwazer Silber zum landesfürstlichen Vorzugspreis von fünf
Gulden zu kaufen.[4] Bedenkt man, dass der Handelswert des Edelmetalls bei
10 bis 12 Gulden lag, ergibt sich aus diesen Geschäften ein nicht unbeträchtlicher Gewinn. Dies führte natürlich bald zu Nachahmung. So kam es,
dass in den darauf folgenden Jahrzehnten verschiedene Schwazer Gewerken wie die Tänzel oder die Stöckel solche und ähnliche Geschäfte mit dem
Landesherren abschlossen. Sie wurden somit zu den eigentlichen Schwazer
Handelsexporteuren. In noch viel größerem Ausmaß jedoch konnten die
ungleich kapitalkräftigeren Augsburger Handelshäuser wie die Fugger oder

---

2   Sokoll, Bergbau, S.46.
3   Egg, Tänzl, S.40.
4   Sokoll, Bergbau, S.47.

die Welser in die Finanznot des Landesherren investieren. Als Lieblingsgeldquelle Kaiser Maximilians I. verliehen die Fugger alleine im Zeitraum
von 1487 bis zu dessen Tod im Jahre 1519 1.527.600 Gulden an das Haus
Habsburg.[5] Für die Fugger waren diese Geschäfte sogar so wichtig, dass sie
sich 1522 mit der Übernahme der Anteile des insolventen Hans Baumgartner in das eigentliche Bergbaugeschäft verstricken ließen, was an und für
sich nicht angestrebt gewesen war.[6]

Als eigentliche freie Handelsware blieb schließlich das Schwazer Kupfer
übrig. Da Kupfer nicht so dringend vom Landesherren benötigt wurde, gestattete er den Verkauf am freien Markt. Einzige Bedingung war die Zahlung
einer Abgabe, der so genannten Fron. Wie bereits erwähnt, hatte der Landesfürst für die Einhebung dieser Abgaben einen eigenen Beamten, den
Froner. Seine Hauptaufgabe bestand darin, die Erzförderung sämtlicher
Gewerken zu kontrollieren und vom geförderten Erz die Fron für den Landesfürsten einzubehalten, was in etwa einem Zehntel der geförderten Menge entsprach. Gemessen wurde in Kübel oder Star, einem Erzmaß von rund
50 Kilogramm.[7] Nachdem die schmelzenden Gewerken also ihre Fron von
einem Zehntel bezahlt hatten, gelangte dieses Produkt auf den freien Markt.
Es sollte jedoch auch bald seinen Weg zu den Handelsherren der Stadt
Augsburg finden, da die dort ansässigen Fugger sich ab dem Jahre 1499 die
gesamte Kupferproduktion von Schwaz und Neusohl gesichert und somit
ein Monopol auf diesen Rohstoff aufgebaut hatten.[8] Einen kleinen Einblick
in die Dimensionen des fuggerischen Handels mit Tiroler Kupfer geben die
Verkaufszahlen des Augsburger Unternehmens. Alleine an die Augsburger
Konkurrenzfirma Manlich wurden jährlich 600-700 Tonnen Kupfer weiterverkauft.[9] Ab dem Jahr 1548 wurde für den Handel mit Bergbauprodukten
sogar eine eigene Faktorei in Schwaz gegründet. Bis dahin war der Vertrieb
von der Fuggerfaktorei in Hall übernommen worden.
Somit lag der Export der einzigen wirklichen Ausfuhrerzeugnisse des „silbernen Schwaz" nahezu ausschließlich in den Händen der größeren, der
schmelzenden Gewerken. Dass sich diese in dem Bereich sofort zu Hause
fühlten, verwundert nicht, da sie zum Großteil auch aus dem Handel kamen. So stammten neben sämtlichen Augsburger Gewerken, die erst durch

---

5   Palme, Aspekte der Tätigkeit der Fugger, S.300ff.
6   Palme, Aspekte der Tätigkeit der Fugger, S.298.
7   Palme / Gstrein / Ingenhaeff, Glück auf, S.52.
8   Fischer, gemeine Gesellschaft der Bergwerke, S.118.
9   Thomas Wopfner, Tirol im 16. Jahrhundert. Die sozialen, wirtschaftlichen und re-
     ligiösen Verhältnisse zu Beginn der Neuzeit, phil. Dis., Innsbruck 1994, S.76.

den Handel mit Edelmetallen auf die Möglichkeiten des Bergbaus aufmerksam gemacht wurden, auch etliche einheimische Gewerken der Frühzeit aus der Riege der Kaufleute, da hier anscheinend die unternehmungslustigsten und risikofreudigsten Zeitgenossen zu finden waren.[10]

VI. b.) Schwazer Importeure

Die Einfuhren nach Schwaz waren um einiges vielfältiger als die Ausfuhren. Bedingt durch die Größe der Bevölkerung sowie die räumlich eingeschränkte Lage im Inntal konnten nicht alle Produkte des täglichen Gebrauchs in der Region erzeugt werden. Es musste also sehr viel importiert werden. Die Versorgung der großen Zahl von nicht in der Landwirtschaft tätigen Personen erwies sich dabei sehr rasch als essentielles Problem, bei dem regionale Händler sowie die Landesregierung bald an ihre Grenzen stießen. Im Laufe der Zeit entwickelten die Gewerken deshalb, teilweise auch unter Druck durch den Landesherren, große Einkaufsgenossenschaften, die mit dem Geld des Edelmetallhandels gespeist wurden und den Sinn hatten, die Arbeiter des Bergbaues mit nahezu allem zu versorgen, was sie zum Leben brauchten. Gleichzeitig hatten sich im Tiroler Unterland finanzkräftige bayrische Händler festgesetzt, die den Getreidehandel innaufwärts bis Hall kontrollierten[11].

Regional ansässige Händler und Kaufleute hatten es dadurch besonders schwer, sich in der boomenden „Silbergemeinde" zu etablieren.

Bereits sehr früh, spätestens aber im Jahre 1490 hatten sich die größeren Gewerken und Schmelzherren der Region zur „**Gesellschaft zur Unschlitt und Eisenbeschaffung**" zusammengeschlossen, die die Eisen und Unschlittversorgung abwickeln sollte.[12] Als Unschlitt wurden tierische Fette bezeichnet, die zur Herstellung von Beleuchtungsmitteln benötigt wurden. Bedenkt man, dass Bergwerke sowie Privathäuser nur mit solchen Mitteln beleuchtet wurden und mehrere tausend Arbeiter täglich Acht- bis Neun-Stunden-Schichten unter Tag arbeiteten, wird deutlich, dass die Unschlittversorgung eines der heikelsten und sensibelsten Themen der Zeit darstellte.[13]

---

10   Egg, Tänzl, S.40.
11   Mathis, wirtschaftliche Entwicklung, S.105.
12   Rudolf Palme, Die Unschlittversorgung von Schwaz Mitte der zwanziger Jahre des 16. Jahrhunderts, in: Bergbaureviere als Verbrauchszentren, Stuttgart 1997, S.33-45; S.44.
13   Palme, Unschlittversorgung, S.34.

Jeder der beteiligten Gewerken erklärte sich bereit nach der Größe seines Betriebes anteilsmäßig entsprechende Mittel in die Gesellschaft einzubezahlen. Für die Organisation des Betriebes wurde ein Faktor engagiert, der das Unternehmen für eine Periode von fünf Jahren leiten sollte.[14] In dieser Zeit war das Kapital der Gewerken zur Beschaffung von Unschlitt- und Eisenwaren gebunden und durfte nicht entnommen werden. Allfällige Gewinne wurden einmal im Jahr an die Teilhaber ausbezahlt. Den Kunden der Gesellschaft wurde für diese Zeit außerdem ein Teuerungsstop zugesagt. Die Preise der Waren durften in dieser Periode also nicht angehoben werden.

Hauptbezugsgebiet der Gesellschaft waren das viehreiche Ungarn, Niederösterreich, sowie die Metzger und Schlachthöfe Niederbayerns.[15] Um ihre Geschäfte besser abwickeln zu können, leistete sich die Gesellschaft einen Mittelsmann in Braunau am Inn, der vom Faktor mit weitreichenden Einkaufskompetenzen ausgestattet wurde und überdies wahrscheinlich noch über eine Kontaktperson in Wien verfügte.[16] Einer Klage des Innsbrucker Regiments beim Erzherzog Ferdinand I. aus dem Jahre 1523 kann man entnehmen, dass sich der jährliche Unschlittverbrauch der Gesellschaft auf mindestens „vierhundert Zentner", das sind 22.400 Kilogramm belief.[17]

Mit der allgemeinen Teuerungswelle ab den 1520er Jahren begann auch der Unschlitthandel zu stocken, da unglücklicherweise zu dieser Zeit auch die Gewinne im Bergbau langsam zurück gingen. Die Gewerken mussten also bei sinkenden Gewinnen mehr in die Gesellschaft einbezahlen. Dazu kam dann noch, dass sie ihren Abnehmern einen ständig gleich bleibenden Preis auf fünf Jahre garantieren mussten, was ihren Gewinn weiter schmälerte.[18]

Als Folge weigerten sich immer mehr Gewerke, zusätzliches Geld in die Gesellschaft einzubezahlen, wodurch sie bei ihren Lieferanten immer mehr in Zahlungsverzug kam. Bis 1530 war der Handel für die Geldgeber anscheinend so unrentabel geworden, dass sie mehrmals versucht hatten, die Gesellschaft aufzulösen. Diese Versuche wurden jedoch immer wieder von höchster Stelle verhindert. Dies spiegelt die Wichtigkeit des Unschlitt- und Eisenhandels für den gesamten Schwazer Bergbau wider.

Eine fast noch wichtigere Aufgabe stellte die Versorgung mit Nahrungsmitteln dar. Das zur Großstadt angewachsene Schwaz konnte sich relativ früh

---

14   Palme, Unschlittversorgung, S.44.
15   Fischer, gemeine Gesellschaft der Bergwerke, S.165.
16   Palme, Unschlittversorgung, S.44f..
17   Palme, Unschlittversorgung, S.38.
18   Palme, Unschlittversorgung, S.45.

bereits nicht mehr selbst versorgen und war, wie bereits erwähnt, auf Importe aus Nachbarregionen wie Bayern, Niederösterreich oder Ungarn angewiesen. Für kleine Händler und Kaufleute, die in anderen Städten die Beschaffung des Nötigen übernommen hatten, war es jedoch nicht möglich, das Kapital für die Großeinkäufe aufzubringen, die nötig waren, um die Bergbauregion zu versorgen. Die, „mit anderen Sorgen belastete Landesregierung" sowie die „stets in Geldnot befindliche Kammer des Landesfürsten" waren zur Durchführung solcher Großprojekte ebenso wenig imstande.[19] Bedenkt man, dass der Augsburger Großgewerke Melchior Putz als Zweiwochenbedarf eines verheirateten Bergmannes zwei Pfund Schmalz, zwei Pfund Ziegenkäse sechs Pfund Mehl, zwei Pfund Fleisch, 10 Leibe Brot und etwa 2 Pfund Schweinefleisch angegeben hatte[20], kann man ungefähr erahnen, was über 10.000 Bergleute mit ihren Familien verbraucht haben dürften.

Die einzigen, die hier wiederum Abhilfe schaffen konnten, waren die kapitalintensiven Gewerken. Anders als bei der Unschlitt- und Eisenversorgung schlossen sie sich hier allerdings vorerst nicht zu einer gemeinsamen Gesellschaft zusammen, sondern gründeten jeweils eigene Firmen[21], den so genannten **Pfennwerthandel**. Das Wort kommt vom Handel mit dem was der Pfennig, also Geld, wert ist. Das Kerngeschäft beschränkte sich demnach nicht nur auf Lebensmittel, sondern umfasste auch Artikel des täglichen Bedarfs wie Wein, Tücher oder sogar Schuhe.[22] Durch die Bestellung großer Mengen in möglichst billigen Regionen konnten die Pfennwertgesellschaften durchwegs Preise erzielen, die unter denen einheimischer Hersteller, Kaufleute, Krämer oder Händler lagen. Der Hauptzweck der Gesellschaften lag allerdings nicht in der Versorgung der gesamten Bevölkerung, sondern vielmehr in der Deckung des Bedarfs der Bergarbeiter und ihrer Familien. Wie die Gesellschaft zur Unschlitt- und Eisenbeschaffung hatten die Pfennwertgesellschaften Einkäufer in den Herkunfsregionen mit der Beschaffung ihrer Produkte beauftragt. Hauptsächlich waren dies Weizen und Roggen aus Böhmen, Oberösterreich, Niederösterreich und Bayern, Fleisch aus Ungarn, sowie das für die Kalorienversorgung der Bergarbeiter unverzichtbare Schweineschmalz aus Böhmen und Kärnten.[23] Für den teilweise hunderte Kilometer langen Transport des Getreides wurden sogar ei-

---

19 Georg Mutschlechner, Der Pfennwerthandel, in: Der Schlern, Heft 5 1993, S.327-328; 327.

20 Fischer, gemeine Gesellschaft der Bergwerke, S.152.

21 Palme, Unschlittversorgung, S.37.

22 Mutschlechner, Pfennwerthandel, S.327f..

23 Mutschlechner, Pfennwerthandel, S.327.

gene Getreidekästen errichtet. Um die Ware nach der Ankunft in Schwaz zu lagern besaßen die meisten Gesellschaften im Spitalviertel zwischen den beiden heutigen Brücken der Uferstrasse zahlreiche große Getreidespeicher, von denen alleine zwei der Familie Fugger gehörten.[24] Die langen Transportwege und wochenlangen Fahrten zu einer Zeit in der es noch keine wirklich effektiven Kühlsysteme gab mussten sich allerdings unweigerlich negativ auf die Qualität der Waren auswirken. So dürfte es relativ häufig vorgekommen sein, dass in den Verkaufsläden der Pfennwertgesellschaften angefaultes Getreide, feuchtes, verwurmtes Mehl, ranziges Schmalz, sowie verunreinigtes Fleisch zu finden waren.[25] Die Versorgungssituation der „Knappenstadt" war jedoch meistens so angespannt, dass die Käufer eher froh gewesen sein dürften, etwas „Essbares" in den Geschäften der Region zu finden. „Um nicht zu hungern", wie es Mutschlechner beschreibt, mussten „notgedrungen auch verdorbene Waren genommen werden".[26]

Oftmals kam es auch vor, dass ein Bergmann gegen Ende des Monats kein Geld mehr für seine Einkäufe zur Verfügung hatte. In diesem Falle konnte er bei seiner Gesellschaft aufschreiben lassen, die offene Summe wurde ihm dann einfach von seinem Lohn abgezogen.[27] Aus dieser Gewohnheit heraus entwickelte sich bereits früh ein eigenartiges neues „Entlohnungssystem", bei dem die Bergleute stark benachteiligt wurden, da sie ihre Löhne oftmals nur mehr in Pfennwerten ausbezahlt bekamen. Bereits in der Bergordnung von 1449 bestimmte Herzog Sigmund im Artikel 34, dass die Entlohung der Arbeiter nicht in „phennwart", sondern in „pargelt" abgegolten werden sollte.[28] Die Gewerken dürften sich diese lukrative Art der Entlohnung allerdings nicht ganz nehmen haben lassen, da man immer wieder Beschwerden der Bergleute zu diesem Thema findet. So beispielsweise auch in einer Klageschrift an den Landesfürsten vom 05.02.1525 in der beschrieben wird, dass die Gewerken teilweise sechs bis zehn Lohnabrechnungen im Rückstand waren und die Arbeiter dadurch auf Pfennwerte ihrer Gesellschaften angewiesen waren, die ihnen gleichzeitig mit dem ausständigen Lohn rückverrechnet wurden.[29] Kurz nach dieser Beschwerde, als die Gewinne der Unternehmen immer mehr zurückgingen, wurde es für die Gewerken anscheinend immer interessanter, ihr Einkaufskapital in einer

---

24   Erich Egg, Kunst in Schwaz, Schwaz 2001, S.47.
25   Mutschlechner, Pfennwerthandel, S.327.
26   Mutschlechner, Pfennwerthandel, S.328.
27   Mutschlechner, Pfennwerthandel, S.328.
28   Fischer, gemeine Gesellschaft der Bergwerke, S.165.
29   Fischer, gemeine Gesellschaft der Bergwerke, S.165.

gemeinsamen Gesellschaft zu bündeln. Ein erster Versuch wurde am 01.01.1526 unternommen, als Anton Fugger, Christoph Herwart und die Brüder Anton und Hans Pimel ihre jeweiligen Einkaufsgesellschaften zu einem gemeinsames Unternehmen zusammenlegten, den „Schwazer Berg-, Schmelz- und Pfennwerthandel"[30]. Mißernten, die allgemeine Teuerungswelle dieser Zeit sowie die osmanische Besetzung Ungarns ließen die Preise der benötigten Produkte dermaßen in die Höhe schnellen, dass eine umfassende Versorgung der Bergarbeiter anscheinend nur mehr, oder zumindest viel besser, durch einen Zusammenschluss der Gewerken gewährleistet werden konnte.

In Notzeiten erwies sich das Einkaufssystem der Pfennwertgesellschaften als äußerst positiv, da die einen oder anderen Versorgungsengpässe durch gut gefüllte Lager überbrückt werden konnten. Andererseits erwies sich die professionelle, moderne, gewinnorientierte Geschäftsführung der Faktoren auch manchmal als preistreibend, da Preissenkungen nicht immer gleich weitergegeben wurden und Preise manchmal sogar unter dem Vorwand des teuren Einkaufs und unter Hinweis auf die noch vorhandenen Bestände erhöht wurden.[31] Im Jahre 1559 musste deshalb sogar erstmals die Landesregierung einschreiten, die ansonsten gegenüber den Gesellschaften immer sehr tolerant gewesen war, da sie ja immerhin einen Großteil der Versorgung der Bergbauregion übernommen hatten.[32] Als Maßnahme gegen die „Missstände im Pfennwerthandel", wie es hieß, wurden Höchstpreise für Lebensmittel beziehungsweise ein Verbot für Preissteigerungen erlassen. Nach diesen restriktiven Gesetzen sollte der von den Gewerken organisierte Pfennwerthandel noch ungefähr ein halbes Jahrhundert lang andauern, bis er zu Beginn des 17. Jahrhunderts langsam aufgelassen wurde und die Versorgung der stark geschrumpften Gemeinde wieder von lokalen Händlern und Kaufleuten übernommen wurde.[33]

Den Schwazer **Händlern und Kaufleuten** blieb angesichts der übermächtigen Konkurrenz nur wenig Raum zur Entfaltung. Die Finanzkräftigeren konzentrierten sich hauptsächlich auf den Bereich des überregionalen Handels, in dem mehr Geld verdient werden konnte. Sie vertrieben Produkte wie Salz aus Hall, aber auch dem bayrischen Reichenhall, Wein aus Südtirol, sowie in geringerem Maße auch Vieh, Schmalz und Holz.[34] Teilweise

---

30   Palme, Unschlittversorgung, S.37.
31   Mutschlechner, Pfennwerthandel, S. 328.
32   Mutschlechner, Pfennwerthandel, S. 328.
33   Egg/Pfaundler/Pizzini, Werkleuten und Gewerben, S.266.
34   Mathis, wirtschaftliche Entwicklung, S.104.

lässt sich auch der Handel mit Luxusgütern nachweisen. Besonders die großen sakralen und profanen Prunkbauten der „Silberzeit" boten auch den Kaufleuten in geringem Ausmaß Möglichkeiten, am Wohlstand der aufblühenden Region zu partizipieren. So findet man in den erhaltenen Schwazer Kirchenrechnungen beispielsweise einen Herrn Jörg Schott, der im Jahre 1504 32 Lot Seide, im Jahre 1505 17 Pfund Weihrauch und Seife, sowie 17 Felle für die Kirchenorgel geliefert hatte.[35] Ebenso lieferten die Gebrüder Ludwig und Konrad Lasurer in den Jahren 1502 – 1506 Leinwand, Gläser, rotes Wachs, Papier, Farben und Leim.[36] In der Zeit von 1506-1512 geben Rechnungen auch Auskunft über beträchtliche Kupfer- und Zinnlieferungen eines gewissen Kaspar Rosenthaler, eines aus Nürnberg zugewanderten Kaufmannes.[37]

Bezogen wurden die Produkte, wie bereits erwähnt, zum Großteil aus Hall und Reichenhall (Salz), oder aus dem Südtiroler Etschtal (Wein). Hier hatten die regionalen Winzer allerdings ihren ganzen Einfluss geltend gemacht, um die Einfuhr billigerer Weine aus dem Süden so gut es ging zu blockieren.[38] Als Ergebnis konnten sie beim Landesfürsten eine Kontigentierung der „Südweine" erreichen, wodurch der Weinhandel noch stärker eingeschränkt wurde. Eine weitere gute Möglichkeit, das Angebot auszubauen und sich mit neuen Produkten einzudecken, boten große Märkte, wie der Haller Frühjahrs- und Herbstmarkt.[39]

Kleinere Händler, die so genannten „Frätschler und Lädler", versuchten ihr Glück im Vertrieb der spärlich vorhandenen regionalen Produkte. Sie bezogen Getreide, Schmalz, Ziegenkäse sowie Schweinefleisch, sofern vorhanden, aus umliegenden agrarischen Gebieten. Im Jahr 1552 wurden ihre Verdienstmöglichkeiten allerdings durch eine landesfürstliche Verordnung stark beschnitten[40], da diese Vorgangsweise naturgemäß zu einer Verteuerung der lokalen Erzeugnisse durch Einschaltung einer weiteren Zwischeninstanz geführt hatte.

Wie im Handwerk und Gewerbe begann sich auch in den Handelsberufen eine professionalisierte Ausbildung durchzusetzen. Einer Satzung der Haller Kaufleute aus dem Jahre 1581 kann man interessante Regelungen zur Ausbildung entnehmen. Demnach sollten die Lehrlinge von den Prinzipa-

---

35   Egg / Pfaundler / Pizzini, Werkleuten und Gewerben, S.266.
36   Egg / Pfaundler / Pizzini, Werkleuten und Gewerben, S.266.
37   Egg / Pfaundler / Pizzini, Werkleuten und Gewerben, S.266.
38   Fischer, gemeine Gesellschaft der Bergwerke, S.161.
39   Egg / Pfaundler / Pizzini, Werkleuten und Gewerben, S.266.
40   TLA, oöKKB, Bd. 231, Reihe Entbieten und Befehle, Nr.54 von 1552, fol. 199r-200v.

len in Zucht gehalten und kostenlos unterrichtet werden. Um dann in den nächst höheren Stand der Kaufmannsdiener aufsteigen zu können, mussten sie drei Jahre Praxis nachweisen und eine Prüfung absolvieren. Söhne der vermögenden Kaufleute sollten eine hohe Ausbildung durchlaufen und ihre Lehr- und Praxisjahre nicht im eigenen Betrieb, sondern in angesehenen Häusern im Ausland verbringen, vorzugsweise in Bayern oder Norditalien. Sie mussten auch die „welsche Sprache wohl exercieren, damit sie im Kommerz wohl erfahrene Leute werden"[41].

In einer Zeit, als Lebens- und Arbeitsplatz zumeist noch nicht getrennt waren, lebten auch die Schwazer Kaufleute bei oder meistens über ihren Geschäften. Die sogenannte chram, das Geschäftslokal, befand sich meistens im Erdgeschoss des Wohnhauses der Händler. „Chramer" bedeutete damals so viel wie Händler und hatte noch nicht den Beigeschmack des ganz kleinen Händlers, des heutigen Krämers.[42]

Im Gegensatz zum städtischen Handwerk war der Handel nicht in streng geregelten Bruderschaften oder Zünften organisiert. Die Kaufleute bildeten viel mehr freie Interessensgemeinschaften, die so genannten Gilden. Innerhalb dieser Zusammenschlüsse wurden unter der Obhut eines gewählten Obmannes alle „Kommerz- und Marktsachen" beraten, sie dienten aber auch der Klärung von etwaigen Streitigkeiten der Händler untereinander.[43]

Im leider nur teilweise erhaltenen Steuerkataster des Jahres 1657 scheinen in Schwaz zwei „Handelsmänner" auf. Einer davon war Lucas Tonpichler, der seine Geschäftsräume in einem Haus in der heutigen Franz-Joseph-Straße 8 hatte. Der zweite, Peter Lergetporer, lebte und arbeitete in einem Haus in der Innsbruckerstraße 2.[44]

VI. c.) Transportwesen

Eine relativ dezentral organisierte Bergbauregion wie Schwaz, mit ihren relativ weiten Transportwegen war natürlich ganz besonders auf ein funktionierendes Transportwesen angewiesen. Schließlich mussten die großen Mengen abgebauten Gesteins auch von den Gruben zu den Schmelzhütten gebracht werden, die sich seit dem 16. Jahrhundert ja nicht mehr in der unmittelbaren Umgebung befanden, sondern in die angrenzenden Orte Vomp, Stans, Jenbach, Pill, Weer oder Brixlegg verlegt worden waren. Zu-

---

41 Egg / Pfaundler / Pizzini, Werkleuten und Gewerben, S.262.
42 Stolz, Zollwesen, Verkehr und Handel, S.199.
43 Stolz, Zollwesen, Verkehr und Handel, S.201.
44 Herbert Bittner, Hausgeschichte des Marktviertel Schwaz, Band I+II, (Manuskript TLM-Innsbruck) 1989.

sätzlich wurden aber auch große Mengen an Waren zur Deckung des täglichen Bedarfs der Bevölkerung nach Schwaz gebracht. Transporteure waren demnach gefragt im frühneuzeitlichen Schwaz. So kann man bei fast jeder Abrechnung von Gewerken oder Schmelzherren Kosten für Fuhrleute als fixe Größe bei den Ausgaben erkennen.

Interessant ist allerdings, dass das Transportwesen durch **Fuhrleute** in Schwaz, wie im Rest Tirols auch, fast ausschließlich als bäuerlicher Nebenerwerb betrieben wurde.[45] Landwirte nutzten ihre Transportwägen sowie ihr Vieh um abseits der Feldarbeit Transporte durchzuführen. In Tirol, besonders im Gebiet des Oberlandes bis Hall, entwickelten sich daraus die Rodverbände als straff organisierte Vereinigungen, die den gesamten Warenverkehr organisierten und kontrollierten. Prinzipiell konnte sich jeder der über einen Wagen mit Zugtieren, in der Regel Ochsen oder Pferde, verfügte, bei dem für ihn zuständigen Rodverband einschreiben oder anmelden. Damit erwarb er sich Anspruch auf Zuweisung eines Auftrages. Die Aufträge wurden an alle Teilnehmer in einer gewissen Reihenfolge, der so genannten Rod, vergeben.[46] Die Straßen wurden von den Rodverbänden in gewisse Abschnitte unterteilt, an deren Anfang und Ende sich jeweils eine Niederlagsstelle befand, an der die Waren von den Fuhrleuten wieder weitergegeben wurden. Dadurch konnte ein flächendeckendes Transportnetz durch das Land garantiert werden. Vorteilhaft an diesem System war neben der flächendeckenden Versorgung mit Niederlagsstationen auch der Transportzwang der innerhalb der Verbände bestand. Die Fuhrleute mussten demnach jede Fuhre annehmen egal ob sie wollten oder nicht. Dies war in einem Gebirgsland mit teilweise sehr steilen und engen Straßen sicherlich ein großer Vorteil, da von den Rodverbänden zum ersten die teuren und komplizierten Gebirgsstraßen erhalten werden mussten und man es zum zweiten auch nicht jedem „fremden Kaufmann zumuten konnte, mit seinen oft sehr großen Wagen ausgewaschene und holprige Gebirgswege zu benutzen"[47]. Die Rodverbände waren straff organisierte Verbände, ähnlich

45   Franz Huter, Das historische Verkehrsnetz, in: Kammer der Gewerblichen Wirtschaft für Tirol (Hg.), Hundert Jahre Tiroler Verkehrsentwicklung 1858-1958. Gedenkschrift anläßlich der Säkularfeier der Eröffnung der Eisenbahn Kufstein-Innsbruck, Innsbruck 1961, S.19-36; S.27.
46   Oliver Benevutti, Säumer und Fuhrleute, Feldkirch 1999, S.110.
47   Rudolf Palme, Der spätmittelalterliche und frühneuzeitliche „Rod"-Verkehr durch Tirol, in: Helmut Zwahr (Hg.), Uwe Schirmer, Henning Steinführer, Leipzig, Mitteldeutschland und Europa. Festgabe für Manfred Straube und Manfred Unger zum 70. Geburtstag, Leipzig 2000, S.523-530; S.524.

den städtischen Zünften, die von der Verteilung der Fuhren über die Festlegung der Preise für die Niederlagshäuser bis hin zur Vorschreibung der Entlohnung der Fuhrleute alles bestimmten. Für eine Straßenstrecke von 15 bis 20 Kilometer, was ungefähr der Entfernung von einer Niederlagsstelle zur nächsten entsprach, hatten Auftraggeber für Waren mit einem Gewicht von vier alten Zentnern, ungefähr 200 Kilogramm, im 16. Jahrhundert 10 Kreuzer zu bezahlen.[48] Eine komplette Wagenladung bestehend aus 16 alten Zentnern verschlang dem Gewicht entsprechend die vierfache Summe. Diese Strecke dürfte dem halben Tagespensum eines Fuhrmannes entsprochen haben, da er zumeist dieselbe Strecke auch wieder zurückfahren musste. Mit einem vollbeladenen Karren auf beiden Strecken könnte er also bis zu 80 Kreuzer am Tag eingenommen haben.

War die Strecke zurückgelegt, konnte die Ware im Niederlagshaus, dem so genannten Ballhaus, zwischengelagert werden. Das Ballhaus erhielt seinen Namen von den Ballen, der Transporteinheit für „trockene Waren". „Flüssige Waren" wie Wein oder Öl wurden hingegen in Fässern geliefert. Die Ballhäuser wurden von eigenen Verwaltern, den „Aufgebern" geleitet, die sich um die ordnungsgemäße Lagerung sowie die Sicherheit der Ware kümmern mussten.[49] Die Fuhrleute bekamen hier außerdem ihre Löhne ausbezahlt. Um eine schnelle Be- und Entladung der Wägen sowie die Sicherheit des Magazins garantieren zu können, hatten die „Aufgeber" Gehilfen, die so genannten „Kaufhausknechte"[50].

Das Rod-System war zwar im Tiroler Oberland viel stärker ausgeprägt, im Unterland ab Hall gab es allerdings auch eine funktionierende Organisation mit insgesamt vier Niederlagsorten. Erste Station nach Hall war bereits das Niederlagshaus des silbernen Schwaz.[51]

Größe und Bespannung der Fuhrwerke konnten naturgemäß je nach Anforderung variieren. Laut der Rodordnung von Latsch und Lermoos aus dem Jahre 1570 gab es Gespanne mit zwei, drei, vier, fünf und sechs Rossen.[52] Die tirolische Frachtordnung von 1675 beschreibt Wägen mit 16 bis 48 Zentnern. Das entspricht in etwa einem Gewicht von 800 – 2400 Kilogramm.

In einer Klage der Fuhrleute des Inntales aus dem Jahre 1610 werden auch die Ausgaben des Fuhrbetriebs umrissen. Damals wurde um Erlassung der Zölle nach Bozen gebeten, da die Fuhrleute bereits genug Ausgaben bei

---

48   Stolz, Zollwesen, Verkehr und Handel, S.243.
49   Stolz, Zollwesen, Verkehr und Handel, S.244.
50   Benevutti, Säumer und Fuhrleute, S.124.
51   Stolz, Zollwesen, Verkehr und Handel, S.244.
52   Stolz, Zollwesen, Verkehr und Handel, S.247.

„Handwerkern, wie Schmieden, Rädermachern, Sattlern und Schmirbern (Rädermachern)", sowie durch „Zehrungen und Mahlzeiten" hätten.[53] Das System funktionierte zwar sehr gut, trotzdem verteuerte ein Transport die bestellten Güter naturgemäß recht stark. Im Jahre 1468 hatte der schmelzende Gewerke Hans Fieger beispielsweise für seine Schmelzhütte in Schwaz 124 Kübel Bleigroberz und Bleischlick im Wert von 362 Gulden im Südtiroler Ort Gossensaß bestellt.[54] An Fuhrkosten hatte er dazu noch einmal 51 Gulden und 13 Kreuzer zu bezahlen, womit der Kaufpreis für die Rohstoffe um rund 15% verteuert wurde.

Die Gruppe der **Säumer** trat in Konkurrenz zum System der Fuhren mit Wagen. Sie waren vor allem auf kürzeren Strecken tätig. Zur Zeit des silbernen Schwaz konnte man sie noch in großer Zahl auf den Hauptverkehrswegen des Landes antreffen. Ab dem frühen 18. Jahrhundert wurden sie jedoch immer stärker auf weniger gut passierbare Strassen abgedrängt, die mit Wägen schwer zu befahren waren. Der Säumer hatte im Vergleich zum Fuhrmann keinen Wagen. Er transportierte die Waren auf den Rücken von Pferden, die in einer Art Karawane hinter ihm her trabten. Teilweise besaßen Säumer bis zu zwanzig Pferde.[55] Die Zuladung pro Pferd, die so genannte Saum, betrug in der Regel drei Zentner, also 168 Kilogramm.[56] Mit zwanzig Pferden konnte ein Säumer Waren mit einem Gewicht von über drei Tonnen bewegen. Für den Transport von Wein wurden kleine, längliche Fässer, so genannte Lageln verwendet, trockene Güter transportierte man in Körben oder starken Säcken, den Pulgen. Die Säumer gehörten nicht zu den Rodverbänden, griffen bei Bedarf aber auch auf deren System der Niederlagshäuser zurück, was sich diese dann auch fürstlich entlohnen ließen. Die Niederlagsgebühr für Fuhren der Rodleute betrug nur einen Kreuzer, Nichtmitglieder mussten mit 24 Kreuzern bereits empfindlich mehr zahlen.[57]

Eine weitere, sehr bedeutende Transportmöglichkeit war der Frachtversand über den Inn. Bei der schlechten Beschaffenheit der Straßen und der begrenzten Kapazität der damaligen Wägen bot der **Verkehr auf den Flüssen**

---

53   Stolz, Zollwesen, Verkehr und Handel, S.247.
54   Erich Egg, Die Kirche Unser lieben Frau in Schwaz als Bergbauunternehmer, in: Der Anschnitt, Jahrgang 25 (1973), Heft 6, S. 3-13; S. 4.
55   Huter, historische Verkehrsnetz, S.28.
56   Stolz, Zollwesen, Verkehr und Handel, S.250.
57   Stolz, Zollwesen, Verkehr und Handel, S.243.

immerhin riesige Vorteile, obwohl man den Gebirgsfluss nur an circa 150 Tagen im Jahr nutzen konnte. So waren das Frühjahr und der Herbst die beste Zeit für die Befahrung des Inns. In der restlichen Zeit führte der Fluss entweder zu viel oder aber zu wenig Wasser.[58] Unter den Tiroler Innstädten Hall zum eindeutigen Hauptwarenumschlagplatz entwickelt. Schwaz spielte aber aufgrund der zahlreichen Kupfertransporte und des hohen Bedarfs an Pfennwerten und Unschlitt eine nicht unbedeutende Rolle in der Innschifffahrt. Hier gab es beispielsweise auch eine eigene „Lenden" oder „Heftstecken", eine Art Hafen zum Andocken der Handelsschiffe. Diese durften aber außschließlich von den Bergwerksverwandten, also nur den Handelsgesellschaften der Gewerken verwendet werden.[59] Auf dem Wasserweg kamen hauptsächlich große Mengen an Getreide, Schlachtvieh, Käse Schmalz und Unschlitt in die „Knappenstadt".[60] Die großen Korn- und Erzspeicher der Handelsgesellschaften befanden sich nicht von ungefähr im Spitalviertel bei der heutigen Uferstraße.[61] Ausgeführt wurden dagegen fast nur Erze, hauptsächlich das frei verkaufbare Kupfer, das sich auf diese Art am schnellsten seinen Weg zu den bayrischen Großhändlern bahnen konnte, da besonders die Transporte flussabwärts einen enormen Zeitgewinn mit sich brachten. Die Strecke von Hall nach Kufstein konnte am Inn beispielsweise in der für Zeitgenossen unvorstellbar kurzen Zeit von sechs Stunden bewältigt werden, da die Boote hier nur durch die Strömung oder aushilfsweise durch Ruder angetrieben wurden.[62] Flussaufwärts sah es da schon anders aus. Hier mussten die Schiffe von Pferden auf einem eigenem Pfad, dem so genannten Schiffsritt gezogen werden.[63] Für diese sehr aufwändige Antriebsmethode wurden dann auch bis zu 20 Pferde benötigt, die dieselbe Strecke in ungefähr sechs Tagen bewältigen konnten.[64] Über den Wasserweg wickelte man besonders Transporte großer Warenmengen ab, da mit keinem anderen Transportmittel so viel transportiert werden konnte wie mit dem Schiff. Als eigentliche Abnehmer traten hier besonders die

---

58 Rupert Stuffer, Technische Voraussetzungen zur Innschiffahrt, in: Wolfgang Ingenhaeff / Johann Bair (Hg.), Wasser – Fluch und Segen, 2. Internationales Bergbausymposium Schwaz 2003. Tagungsband, S. 217-225, S.217.

59 Stolz, Zollwesen, Verkehr und Handel, S.255.

60 Egg / Pfaundler / Pizzini, Werkleuten und Gewerben, S.316.

61 Egg, Kunst in Schwaz, S.47.

62 Stolz, Zollwesen, Verkehr und Handel, S.254.

63 Rudolf Kiessling, Der Inn als Wasserstrasse. Beobachtungen zur Versorgung des Schwazer Bergbaureviers im 15. und 16. Jahrhundert, in: Wolfgang Ingenhaeff / Johann Bair (Hg.), Wasser – Fluch und Segen, 2. Internationales Bergbausymposium Schwaz 2003. Tagungsband, S. 95-115, S.103.

64 Stolz, Zollwesen, Verkehr und Handel, S.254.

Großeinkäufer der Pfennwertgesellschaften der Gewerken auf.[65] Für das Jahr 1648 beispielsweise sind mehrere „große" Lieferungen nach Tirol mit bis zu sechs Schiffen belegt, die bis zu 240 Tonnen Getreide mit sich führten.[66] Große Bedeutung hatte auch die Verschiffung von Vieh. So verbuchte der Rattenberger Zoll im Jahre 1487 die Lieferung von 1.300 Schafen, 496 Ochsen und 304 Schweinen in Richtung Schwaz. Im Jahre 1502 waren es 538 Schafe, 646 Rinder sowie 570 Schweine.[67]

Durch die übermäßige Konkurrenz der Haller Schiffer, der so genannten „Naumeister", und das eingeschränkte Lendrecht der „Knappenstadt" konnte allerdings in Schwaz, wie auch im Rest des Inntales, keine eigene Schifferzunft entstehen.[68] Die meisten Transporteure zu Wasser waren also nicht in Schwaz ansässig. Ähnlich verhielt es sich mit den Herstellern der Flussschiffe, dem so genannten „Schoppergewerbe". Interessanterweise wurden allerdings nur sehr wenige Schiffe in Hall gebaut. Hier könnte ein gewisser Mangel an Holz, das dort ja für die Saline benötigt wurde, als Erklärung dienen. Die eigentlichen Tiroler Schopper saßen vielmehr im Unterland, in den waldreichen Gebieten der Herrschaften Kufstein und Rattenberg.[69] Hier gab es sogar eine eigene Schopperzunft der die wenigen Produzenten in Schwaz und Hall allerdings niemals angeschlossen wurden und daher auch nicht an deren „know how" und Wissen partizipieren konnten.[70]

65   Kiessling, Inn, S. 107.
66   Kiessling, Inn, S. 105.
67   Kiessling, Inn, S. 106.
68   Egg / Pfaundler / Pizzini, Werkleuten und Gewerben, S.316.
69   Andreas Aberle, Nahui, in Gott`s Nam! Schiffahrt auf Donau und Inn Salzach und Traun, Rosenheim 1974, S.26.
70   Egg / Pfaundler / Pizzini, Werkleuten und Gewerben, S.317.

VII. Gesundheitswesen und Armenversorgung

Die starke Bevölkerungszunahme in der „Bergbauregion" Schwaz wirkte sich nicht nur positiv auf die Lebensverhältnisse in der Region aus. Wo viele Personen zusammenleben entstehen auch gewisse Probleme wie Krankheiten, Seuchen, oder Mangelversorgung durch Überbevölkerung.[1] Besonders die gesundheitsschädliche Arbeit unter Tage bescherte den Knappen nach einigen Jahren zumeist die verschiedensten Krankheiten. Verletzungen und sogar Tod waren allgegenwärtig in den Minen rund um Schwaz.[2] Lungenleiden, Schlaganfälle, Augenverletzungen, gebrochene und verstauchte Gelenke, Rheumatismus, Infektionen, Halsschmerzen, Kopfweh, Lähmungen, blutige Wunden, sowie Geschwüre sind nur einige wenige Beispiele häufiger Leiden der frühneuzeitlichen Schwazer.[3] Solange eine Person arbeitsfähig war, stellten Krankheiten kein bedeutendes Problem dar. Gefährlich wurde es erst, wenn man seinen Lebensunterhalt nicht mehr verdienen konnte. In diesem Fall blieb nur mehr die Hoffnung auf Almosen durch kirchliche oder teilweise auch bereits weltliche Stellen. Gleichzeitig gab es so etwas wie Krankenhäuser im ausgehenden Mittelalter und der beginnenden Neuzeit nur in der Form der „informatoriae" in Klöstern[4]. Die meisten Menschen, vor allem die ärmeren, waren also auf sich alleine gestellt und versuchten daher eher ihre Krankheiten mit „kostengünstigeren" Natur-

---

1   Für weitere Informationen zu negativen Auswirkungen des Bergbaues siehe: Roger Burt, Economic and Social Structures in Mining Settlement From Pre-Modern to Modern Times. Was Mining a Good Thing, in: Peter Anreiter / Gert Goldenberg / Klaus Hanke (Hg.), Mining in European History and its Impact on Environment and Human Societies. Proceedings from the First Mining in European History Conference of the SFB-HIMAT, 12.-15. November 2009 Innsbruck, S. 25-28, S. 26f.

2   Für weitere Informationen siehe: Alois Unterkircher, Birth and Death in a Mining Dominated Region. Population Movement Exemplified by Two Villages in the Greater Schwaz Area (17th - 19th Century), in: Peter Anreiter / Gert Goldenberg / Klaus Hanke (Hg.), Mining in European History and its Impact on Environment and Human Societies. Proceedings from the First Mining in European History Conference of the SFB-HIMAT, 12.-15. November 2009 Innsbruck, S. 51-56, S. 52ff.

3   Fritz Steinegger, Krankheiten und Sanitätswesen im Schwazer Bergbau, in: Wolfgang Ingenhaeff / Johann Bair (Hg.) Bergbau und Medizin. Schwazer Silber, 3. Internationales Bergbausymposium Schwaz 2004. Tagungsband, Innsbruck 2005, S.287-301, S.292.

4   Egg, Kirnbauer, Bruderhaus, S.10.

heilmethoden oder in der „Zuflucht zu überirdischen Mächten" zu bekämpfen.[5]

Für die Sicherung einer geregelten Versorgung in Zeiten von Krankheit oder Alter hatten viele Berufsgruppen eigene Bruderschaften, Gilden und Zünfte eingerichtet. Sie wurden über Beiträge finanziert und sollten den Mitgliedern eine gewisse Grundsicherung bieten. Erste bescheidene Ansätze einer geregelten „staatlichen" Gesunden- und Armenversorgung gab es in Schwaz schließlich ab dem frühen 16. Jahrhundert als ein erstes Spital zur Bedürftigenversorgung vom Kaiser genehmigt wurde. Ungefähr zu dieser Zeit wurden auch erstmals zwei Ärzte auf Kosten der tirolischen Kammer sowie ein Apotheker beschäftigt.[6]

Die wohl bekannteste und auch früheste größere Einrichtung zur Armen- und Krankenbetreuung war das **Bruderhaus** oder Knappenspital am Gelände der heute inzwischen auch nicht mehr existierenden Tabakfabrik. Das genaue Gründungsdatum ist leider nicht überliefert und konnte bislang auch nicht festgestellt werden. Thomas P. Naup und Wolfgang Ingenhaeff konnten jedoch in Stans zwei Zehentverkäufe an das Bruderhaus ausfindig machen, von denen der frühere im Jahre 1488 statt gefunden hatte.[7] Daraus ergibt sich unweigerlich ein Gründungsdatum vor 1488.

Sinn des Bruderhauses war eine Versorgung alter, armer oder invalider Knappen. Finanziert wurde es aus Stiftungen und Beiträgen der Gewerken und Bergknappen. Letztere mussten nach der Spitalsordnung im Bergwerksbuch von 1556 monatlich einen Kreuzer in die Kasse der Bruderschaft einzahlen. Dieser wurde bei den Raitungen, den 14tägigen Lohnauszahlungen direkt vom Gehalt abgezogen.[8] Bedenkt man, dass im Jahre 1526 an den beiden Revieren Falkenstein und Ringenwechsel alleine mindestens 6.532 Personen beschäftigt waren[9], die allesamt eine jährliche Abgabe von 12 Kreuzern an das Bruderhaus bezahlen mussten, wird deutlich über welche Finanzmittel diese Einrichtung verfügt haben muss.

Vom ursprünglichen Aussehen, der Größe und der Inneneinrichtung gibt es keine schriftlichen Aufzeichnungen und Pläne mehr. Die jeweiligen Dar-

---

5   Katherina Fürweger, Krankheitsbilder der Bergwergsangehörigen und Heilmethoden im Schwazer Bergsegen, in: Wolfgang Ingenhaeff / Johann Bair (Hg.)Bergbau und Medizin. Schwazer Silber, 3. Internationales Bergbausymposium Schwaz 2004. Tagungsband, Innsbruck 2005, S.105-111, S.108.

6   Steinegger, Krankheiten, S.294.

7   Steinegger, Krankheiten, S.289.

8   Egg, Kirnbauer, Bruderhaus, S.16.

9   Mathis, wirtschaftliche Entwicklung, S.96.

stellungen in den verschiedenen Ausgaben des Schwazer Bergbuchs variieren so stark, dass daraus keine grundlegend neuen Informationen gewonnen werden können. Relativ sicher ist nur, dass das Gebäude aus zwei Stockwerken bestand, eine Kapelle angebaut hatte und nach Südosten ausgerichtet war.[10] Alle Bilder des Hauses haben eine Gemeinsamkeit, einen im Erdgeschoß befindlichen Krankensaal, der wahrscheinlich aufgrund der besseren Darstellungsmöglichkeit des Innenlebens mit offenen Lauben dargestellt wurde.

Geleitet wurde das Bruderhaus von einem „Hausvater", dem zwei Assistenten, die so genannten „Brudermeister" zur Seite gestellt wurden. Ihre Aufgabe war es, die „Erzknappen, wenn sie bei der Arbeit verletzt oder sonst krank wurden, mit Speis und Trank zu erhalten, mit Arzneien zu versehen und heilen zu lassen, bis sie wieder gesund wurden"[11]. Zur Versorgung bedürftiger Knappen wurde in der Anfangszeit sogar eine Art „Arbeitslosengeld", das so genannte Wochengeld ausbezahlt. Anscheinend führte dies dann aber zu übermäßigem Missbrauch, so dass es dem Bruderhaus „abträglich" wurde, weshalb man auf eine Versorgung im Haus umstellte, bei der die Bedürftigen einfach so lange im Haus bleiben konnten, bis sich ihre Lage wieder verbessert hatte.[12] Bis zum Ende des 16. Jahrhunderts diente das Knappenspital nur der Versorgung der Bergarbeiter. Deren Frauen und Angehörige wurden in dieser Zeit nicht versorgt.

Um all diesen Aufgaben nachkommen zu können standen den drei „Leitern" noch einige Mitarbeiter, wie Köche, Knechte, Hausmägde sowie ein hauseigener Kaplan zur Verfügung, der sich um das in dieser Zeit so wichtige Seelenheil der Insassen kümmern sollte und seiner Tätigkeit im hauseigenen Anstaltskirchlein nachgehen konnte. Im Jahre 1517 wurde die Kaplanei sogar in ein ordentliches Beneficium umgewandelt.[13]

---

10 Steinegger, Krankheiten, S.289.
11 Franz Grass, Studien zur Sakralkultur und Kirchlichen Rechtshistorie Österreichs, Innsbruck 1967, S.162.
12 Egg, Kirnbauer, Bruderhaus, S.8.
13 Grass, Sakralkultur, S.162.

Abb.9: Bruderhaus, Tiroler Landesmuseum Ferdinandeum, Innsbruck,
Dip / 856

Einige Jahrzehnte nach der Gründung des Bruderschaftshauses folgte eine
Einrichtung, die der sozialen und medizinischen Versorgung der restlichen
Bevölkerung dienen sollte. Am linken Innufer wurde dafür ein Grundstück
gekauft, auf dem ein Spital und Almosenhaus mit dazugehöriger Kirche,
das **Heilig-Geist-Spital**, erbaut wurde. Ziel dieses Hauses, das als Vorläu-
fer des heutigen Bezirkskrankenhauses gilt, war es, „den Armen, die nur
von Almosen leben, Herberge und Unterhalt zu gewähren"[14]. Über diesen
Auftrag hinaus vergab das Spital an zahlreiche Witwen, Waisen, körperlich
Behinderte, sowie alte Männer eine Art Rente, das so genannte „Spitals-
geld". Es betrug sechs Kreuzer und wurde in der Regel wöchentlich ausbezahlt.[15] Einigen Bedürftigen wurden zusätzlich auch noch Lebensmittelzu-
wendungen, in Form von Brot, Weizen, Roggen, Gerste, oder Schmalz gewährt.[16] Das Spital agierte hier allerdings nur als ausführendes Organ. Entscheidungen über allfällige Unterstützungen wurden vom Richter gefällt
und an den Spitalspfleger weitergegeben.[17]

---

14   Grass, Sakralkultur, S.163.
15   Steinegger, Krankheiten, S.292.
16   Steinegger, Krankheiten, S.292.
17   Steinegger, Krankheiten, S.292.

Als Initiatoren des Projektes traten Gewerke, Richter, Bürger, sowie die Gemeinde Schwaz auf. Da sich das Grundstück auf dem Besitz der Pfarrei von Vomp befand, musste von dort allerdings zunächst die Genehmigung eingeholt werden. Ende Jänner 1515 war es dann soweit. Der Abt von St. Georgenberg gab dem Projekt seinen Segen, am 6. Februar folgte dann der Bischof von Brixen. Ab dem 1. März erhielt die junge Stiftung dann sogar einen Konfirmations- und Schutzbrief durch Kaiser Maximilian I..[18]

Für die laufenden Kosten und für eventuelle Um- sowie Ausbauten kamen ebenfalls ausschließlich wohlhabende Spender auf, sowie in geringerem Ausmaß auch der Landesfürst. Im Jahr 1528 verfügte beispielsweise ein Herr Hans Auslasser in seinem Testament die jährliche Ausbezahlung von 100 Gulden aus seiner Verlassenschaft.[19] Nach Franz Grass muss das Spital zu dieser Zeit bereits bestanden haben, da der Stifter einen „Spitalmeister" der Heilig-Geist-Kirche und des Spitals zu Schwaz nennt.[20] Im Jahre 1564 folgte die Stiftung einer ähnlichen monatlichen Summe durch einen Herrn Wolfgang Härl.[21] Der Landesherr Erzherzog Ferdinand beteiligte sich kurz darauf ebenfalls an den laufenden Kosten. Er vermachte der Einrichtung im Jahre 1578 ein jährliches Gnaden- und Almosengeld in der Höhe von 45 Gulden.[22]

Bereits vor dem Silbersegen litt die Gemeinde Schwaz und ihre Nachbarorte schon unter verschiedensten grassierenden Seuchen. Neben der Pestepidemie, die Europa in der Mitte des 14. Jahrhunderts schwer getroffen hatte, hatten die Menschen des Mittelalters auch unter Aussatz (Lepra), sowie dem Antoniusfeuer zu leiden.[23] Ursachen dieser epidemischen Geschehen waren vor allem die katastrophalen hygienischen Zustände in denen die Zeitgenossen, besonders die ärmeren, leben mussten.

Infizierte man sich mit einer dieser Krankheiten war man stigmatisiert. Um von weitem sofort erkannt zu werden, mussten Leprakranke beispielsweise ein schwarzes Gewand, eine „Lazarus-Klapper", oder eine Glocke mit sich führen. Jeder dieser Aussätzigen hatte einen Stock bei sich zu führen, mit dem er auf Gegenstände deuten konnte, die er erwerben wollte.[24] Infizierte

---

18   Steinegger, Krankheiten, S.293.
19   Grass, Sakralkultur, S.163.
20   Grass, Sakralkultur, S.163.
21   Grass, Sakralkultur, S.163.
22   Grass, Sakralkultur, S.163.
23   Fürweger, Krankheitsbilder, S.106.
24   Fürweger, Krankheitsbilder, S.106.

und kranke Personen wurden so weit als möglich gemieden. Das Risiko einer Ansteckung wollte keiner der Zeitgenossen riskieren.

Aus nicht ganz uneigennützigen und auch nicht sonderlich karitativen Gründen errichtete die Gemeinde Schwaz daher bereits sehr früh ein **Sondersiechenhaus** im Jahre 1477 weit abgelegen von anderen Wohngegenden. Hier konnten von Seuchen Befallene Unterschlupf finden, besser gesagt sie wurden hierhin abgeschoben, um mit der restlichen Bevölkerung so selten wie möglich in Kontakt treten zu müssen. Als die Pest mit dem Jahre 1501 wieder verstärkt im Unterinntal aufgetreten war, wurden Epidemien wieder häufiger. Im Jahre 1506 wurde das Siechenhaus „unter den Leiten" neu erbaut.[25] Im gesamten 16. Jahrhundert galt Tirol lediglich in den Jahren 1548/49, 1551 bis 1560, sowie 1561 als vollkommen seuchenfrei. In der restlichen Zeit wurde die Bevölkerung also von mehr oder weniger intensiven Pestwellen geplagt.[26] Zur Erhaltung des Siechenhauses wurden daher immer mehr Mittel benötigt. Zuerst genügten die Spenden wohlhabender Bürger und Gewerken, gegen Ende des 16.Jahrhunderts musste dann der Landesherr zunehmend in die Verantwortung genommen werden. Dieser kam den diversen Zahlungsaufforderungen allerdings auch nur sehr ungern nach. Im Jahre 1634 beispielsweise, als nach einem Brand der Neubau des Gebäudes notwendig wurde, musste der Regent sogar mit Nachdruck darauf hingewiesen werden, dass „ein landesfirstliche Herrschaft ohne das schuldig ist, ihre Untertonen zuerhalten".[27]

Erst in der Hochblüte des „Silbernen Schwaz", zu Beginn des 16. Jahrhunderts, sind Informationen über eine **organisierte medizinische Versorgung** der Knappenstadt überliefert. Davor war man wahrscheinlich auf die Künste durchreisender Ärzte oder auch kurzfristig in den Ort bestellter Mediziner angewiesen, wollte man sich nicht alleine auf „altbewährte" Hausmittel verlassen. Unter diesen herumreisenden Spezialisten befanden sich aber auch sehr viele Scharlatane und Schwindler, bei denen Operationen häufig auch ein tragisches Ende nehmen konnten.[28]

Ab dem Jahr 1510 änderte sich diese Situation mit der Beschäftigung zweier Ärzte „zur medizinischen Beratung des Bergvolks".[29] Einer davon war

---

25 Epidemien in Schwaz und die ärztliche Versorgung, in: Sonntagspost, Jhg. 11, 14.03.1982, S.5
26 Fürweger, Krankheitsbilder, S.107.
27 Franz Grass, Studien zur Sakralkultur und Kirchlichen Rechtshistorie Österreichs, Innsbruck 1967, S.166.
28 Fürweger, Krankheitsbilder, S.108.
29 Epidemien in Schwaz und die ärztliche Versorgung, in: Sonntagspost, Jhg. 11,

der kaiserliche Leibarzt Dr. Valerius von Mailand. Ihm wurde am 04.02.1510 von Kaiser Maximilian I. ein Wart- und Gnadengeld in der Höhe von 20 Gulden im Jahr zugewiesen, „um nicht nur die Untertanen zu Schwaz, sondern auch wenn es nötig war, an anderen Orten der Grafschaft Tirol gegen Bezahlung zu behandeln und mit Arzneien zu versorgen".[30] Zusätzlich zum Gnadengeld durfte der Medicus von seinen Patienten ein Honorar verlangen. Hundert Jahre später stellte der Haller Arzt Hippolytus Guarioni beispielsweise bei seinen regelmäßigen Besuchen in Schwaz seiner wohlhabenden Klientel 20 und den ärmeren Patienten 10 Kreuzer in Rechnung.[31] Nach Valerius von Mailand tritt als nächster ständiger Arzt Dr. Johann Milchthaler in Erscheinung, der im Jahre 1534 zwei Schriften über die Pest veröffentlichte.[32] Einer seiner Klagen im Jahre 1555, die sich auf den „Missbrauch mit Arzneimitteln zum Nachteil der unteren Bevölkerungsschichten bezog", kann man die Abneigung dieser Personengruppen gegenüber der Medizin als Wissenschaft entnehmen.[33] Ihm folgte der erfahrene Pestarzt Dr. Conradinus Balthasar in der zweiten Hälfte des 16. Jahrhunderts. Trotz der Ressentiments in den unteren Bevölkerungsschichten genossen diese studierten Mediziner hohes Ansehen in der Bevölkerung. Durch die relativ einfachen Mittel der damaligen Zeit waren ihre Behandlungsmethoden jedoch sehr häufig auf die Beschauung des Harnglases, das Pulsfühlen, den Aderlass sowie die Erteilung guter Ratschläge beschränkt.[34] Die große Anzahl an Bergleuten im Ort bot eine gute Basis für die Erforschung diverser Bergkrankheiten, weshalb sich auch der berühmte Basler Arzt, Alchemist und Naturforscher Theophrastus von Hohenheim, auch besser bekannt als Paracelsus, im Jahr 1513 einige Zeit im „Knappenort" aufgehalten haben dürfte.

Kurz vor der Bestellung des Dr. Valerius von Mailand, wurde den Gewerken von der Landesregierung befohlen, einen Niclas Zan (Dentis) von Belano beim Aufbau einer Apotheke zu unterstützen.[35] Für den laufenden Betrieb bekam er von der tirolischen Kammer ebenfalls 20 Gulden zugestanden. Dafür sollte er sich genauso verhalten wie es im „Wellisch Landt"

14.03.1982, S.5

30   Steinegger, Krankheiten, S.294.
31   Steinegger, Krankheiten, S.296.
32   Fürweger, Krankheitsbilder, S.107.
33   Steinegger, Krankheiten, S.295.
34   Fürweger, Krankheitsbilder, S.108.
35   Kurt Ryslavy, Geschichte der Apotheken Nord-, Ost- und Südtirols, Wien 1991, S.77.

Brauch ist.[36] Bereits drei Jahre nach Eröffnung der Apotheke wurde wahrscheinlich der selbe Niclas de Dentis (Zan) als Regierungslieferant genannt. Im Jahre 1520 dürfte schließlich dessen Sohn Peter Denti (Zan) die Leitung übernommen haben.[37] Zu dieser ersten Apotheke dürfte schließlich im Laufe der nächsten Jahrzehnte eine zweite dazugekommen sein, da eine Visitation am 25.05.1555 mit Hans Herlanger und Franciscus Stain in Schwaz zwei Apotheker ausweist.[38]

Noch vor den Ärzten und Apothekern muss man die eigentlichen „Mediziner" dieser Zeit allerdings unter den Badern suchen. Sie waren es, die die eigentlichen Eingriffe und Behandlungen vornahmen, da die Mediziner dieser Zeit noch hauptsächlich als reine Diagnostiker tätig waren. Finden konnte man sie in jedem öffentlichen Bad, von denen es in dieser sehr „badefreudigen" Zeit einige gab. Neben ihrer Aufgabe als Barbier und Friseur arbeiteten sie eben auch als Wundärzte, die zumeist auch chirurgische Eingriffe vornahmen. Neben ihrer Hauptbeschäftigung, dem Aderlassen, konnten die Bader dieser Zeit sogar bereits schwere Amputationen vornehmen. Aufgrund der schlechten hygienischen Zustände und der mangelnden Möglichkeiten Blutungen zu stillen, nahmen solche Operationen allerdings auch oft ein schlimmes Ende.[39] Der Beruf des Baders war wie das Handwerk zunftmäßig organisiert. Wollte jemand dieses Handwerk erlernen, musste er zunächst eine dreijährige Lehrzeit hinter sich bringen und sich anschließend auf Wanderschaft begeben.[40] Den Abschluss der Ausbildung erlangten angehende Meister durch das Meisterstück. Hierfür wurde die Herstellung zweierlei Hautpflaster und zweier Salben innerhalb einer vierwöchigen Frist verlangt.[41] War dies geschafft, konnte der Meister in seiner Badestube als Zeichen der Zunftzugehörigkeit ein messingenes Becken (die Aderlassschale) aushängen. In Zeiten grassierender Pestepidemien kam den Badern außerdem noch eine wichtige und zugleich auch sehr gefährliche Aufgabe zu. Sie wurden von der Gemeinde häufig engagiert, um die Krankenversorgung der an der Pest Erkrankten zu übernehmen. Da sie sich zwangsläufig sehr häufig mit Kranken auseinandersetzen mussten, hatten sich die Bader innerhalb ihrer Zunft eine vorbildliche Kranken- sowie Ausfallsabsicherung geschaffen. Ein erkrankter Geselle erhielt beispielsweise 14 Tage lang Essen, Trinken und vollen Lohn. Sollte ihn seine Krankheit länger ans Bett

---

36   Steinegger, Krankheiten, S.294.
37   Ryslavy, Geschichte der Apotheken, S.77.
38   Ryslavy, Geschichte der Apotheken, S.78.
39   Fürweger, Krankheitsbilder, S.108.
40   Egg / Pfaundler / Pizzini, Werkleuten und Gewerben, S.214.
41   Egg / Pfaundler / Pizzini, Werkleuten und Gewerben, S.214.

fesseln, konnte er noch einen Vorschuss in der Höhe von 24 bis 30 Kreuzern einfordern.[42]

---

42   Egg / Pfaundler / Pizzini, Werkleuten und Gewerben, S.214.

VIII. Stadt- und Bevölkerungsentwicklung – Vom Dorf zur „Großstadt"

Die Entwicklung des kleinen mittelalterlichen kleinen Schwaz zum Hauptort der „zweitgrößten stadtähnlichen Ansiedlung Österreichs nach Wien"[1] ist äußerst interessant, da sie ein sehr gutes Beispiel dafür bietet, wie Rohstofffunde, in diesem Fall Silber, eine Region bereits im ausklingenden Mittelalter von Grund auf verändern konnten. Bergbau bietet, wie Roger Burt aufzeigte, eher unbedeuteten gebirgigen Regionen die Möglichkeit, Wohlstand und Reichtum in einem vormals nie gekannten Ausmaßen zu erschaffen.[2] Für Schwaz traf dies besonders zu.

Hundert Jahre vor den Silberfunden war Schwaz ein kleines, wenn auch nicht ganz unbedeutendes Dorf mit nicht mehr als 50 Haushalten im Jahre 1326.[3] Eine gewisse Bedeutung hatte es deshalb, weil es Hauptort des Landgerichtes Freundsberg war und dessen Verwalter, die Herren von Freundsberg, im Ort ansässig waren. Das Dorf war somit Zentrum einer gewissen regionalen Verwaltungstätigkeit.

Das ursprüngliche, bäuerliche Schwaz dürfte sich östlich des Lahnbaches befunden haben. Westlich davon liegt das spätere Zentrum, der so genannte Markt mit seinen Hauptstraßen, der heutigen Innsbrucker-, Franz-Joseph-sowie der Wopfnerstraße. Die Gründung des Marktes dürfte auf das Jahr 1326, dem Jahr der Marktrechtsverleihung zurückgehen.[4] In den folgenden hundert Jahren entwickelte er sich dann rasch weiter. Das Feuerstättenverzeichnis aus dem Jahre 1427 kennt in diesem Viertel bereits 58 Haushalte[5].

Dies war wohlgemerkt noch vor der Erschließung der Silberreviere und dem damit verbundenen Bevölkerungszustrom. Bei der Annahme, dass die Bevölkerung des benachbarten Viertels Schwaz Dorf lediglich gleich hoch geblieben war wie 1326, ergibt sich bereits die beachtliche Zahl von 108 Haushalten im Jahre 1427 im Markt und Dorf. In Wirklichkeit dürfte sie sich eher erhöht haben. Vergleiche mit umliegenden Gemeinden zeigen, dass deren Bevölkerung in dieser Zeit durchschnittlich um 50% gestiegen

---

1   Christoph Bartels / Andreas Bingener / Rainer Slotta, „1556 Perkwerch etc." - Das Schwazer Bergbuch. Bd.III: Der Bergbau bei Schwaz in Tirol im mittleren 16. Jahrhundert, Bochum 2006, S.647.
2   Burt, Economic and Social Structures in Mining, S. 27.
3   ErichEgg, Die Silberstadt Schwaz. Ein Führer durch Geschichte und Kunst, Schwaz 1960, S.12.
4   Egg, Silberstadt, S.28.
5   Feuerstättenverzeichnis des Jahres 1427, TLA Innsbruck, Cod.12, 2v.

war.[6] Eine Abbildung des Ortes im Schwazer Bergbuch vom 1556 stellt in der Hochblüte der Bergbauzeit zwischen 300 und 350 Häuser dar. Dies lässt den Schluss zu, dass sich etwas weniger als ein Drittel der Häuser von 1556 bereits vor Beginn des großangelegten Silberabbaues im eigentlichen Kernbereich des Ortes, den Vierteln Dorf und Markt, befunden hatten. Es konnte zwar sein, dass sich mehrere Haushalte in einem Haus befanden, in dieser frühen Zeit dürfte dies allerdings seltener vorgekommen sein. Eine Gleichsetzung der städtischen Häuser des 15. und denen des 16. Jahrhunderts dürfte im Allgemeinen schwierig sein, da sie zumindest im Kernbereich der Region noch nicht in Umfang und Größe vergleichbar gewesen sein dürften.

Die größte Veränderung des Ortes begann allerdings mit der eigentlichen Erschließung der Schwazer Bergbaureviere Falkenstein, alte Zeche und kurz darauf auch des Ringenwechsels ab der zweiten Hälfte des 15. Jahrhunderts.[7]

Abb.10: Alte Zeche, Tiroler Landesmuseum Ferdinandeum, Innsbruck, Dip / 856

6   Stolz, Steuer-, Bevölkerungs- und Sippengeschichte, S.5.
7   Franz Mathis, Bergbau in Tirol. Ein interdisziplinäres Forschungsprojekt an der Universität Innsbruck, in: Der Anschnitt 60 (2008), Heft 5-6, S. 198-201, S. 199.

Nach Bartels gibt es zwar auch Hinweise auf einen mittelalterlichen Bergbau in der Region, dieser soll allerdings nur in einem sehr beschaulichen Rahmen funktioniert haben. Der eigentliche Beginn des Abbaus brachte dann einen ungeahnten Zustrom an Zuwanderern in die kleine Siedlung. Innerhalb kürzester Zeit dehnte sich das Siedlungsgebiet beträchtlich aus. Entlang des Lahnbaches in Richtung der Burg Freundsberg entstand ein eigenes Viertel für zugewanderte Knappen, die so genannte Knappei. An diesem Bach befanden sich bis ins 16. Jahrhundert hinein auch die Schmelzhütten und Hammerwerke der schmelzenden Gewerken. Viele der heutigen Häuser dort wurden zwar später neuerrichtet, besonders an den Kellergewölben kann man allerdings noch den frühneuzeitlichen Ursprung der Gebäude erkennen.[8] Westlich davon gründeten Bergleute am Pirchanger ein weiteres Knappenviertel. Am Austritt des Lahnbaches teilten sich Müller und Bergleute den spärlichen Platz. Ein weiteres typisches Wohngebiet der zuwandernden Bergleute war das Viertel Ried, das sich bis zu den Gruben des Falkensteins hinzog.

Parallel zur Zuwanderung der Knappen stieg auch der Anteil der restlichen Bevölkerung. Georg Stöger spricht in diesem Fall vom Effekt der „sekundären Migration" bei der vor allem Handwerker und Fuhrleute den Bergleuten nachzogen.[9] Schließlich ergab sich mit dem Zustrom etlicher tausend Bergarbeiter eine große Nachfrage an Produkten aller Art, die auch nach einer angemessenen Infrastruktur verlangte. In den ursprünglichen Vierteln Dorf und Markt entstanden nun neue, urbane Gebäude, die denen in Innsbruck und Hall keinesfalls nachstanden. Viele von ihnen hatten vier Stockwerke und waren somit höher als heute. Das aktuelle, teilweise niedrigere Erscheinungsbild liegt daran, dass die Gebäude nach einem großen Brand im Jahre 1809 nur mehr kleiner wiedererrichtet wurden. Als Erbauer traten hier Kaufleute, Handwerker, Wirtsleute, wohlhabende Gewerke, Schmelzherren und deren Faktoren auf.

Auf der gegenüberliegenden Seite des Inns liegt das Spitalsviertel, das durch eine Brücke mit der Stadt verbunden ist. Hier befanden sich neben dem Heilig-Geist-Spital samt angeschlossener Kirche auch zahlreiche Wirtshäuser sowie die Getreide- und Erzkästen der großen Gesellschaften. Gleichzeitig befanden sich hier auch die Lenden oder „Heftstecken", an denen die innauf- und abwärtsfahrenden Schiffe anlegen und ihre Waren löschen konnten.

---

8   Herbert Bittner, Hausgeschichte des Marktviertel Schwaz, Band I, (Manuskript TLM-Innsbruck) 1989.

9   Georg Stöger, Die Migration europäischer Bergleute während der frühen Neuzeit, in: Der Anschnitt 58 (2006), Heft 4-5, S.170-186, S.171.

In seiner Hochblüte dehnte sich der Ort Schwaz also immer weiter aus. Es kam aber auch zu einem vermehrten Zuzug in die umliegenden Gemeinden. Der größte Teil der mutmaßlichen Schwazer Bevölkerung lebte nämlich gar nicht in der eigentlichen Gemeinde. Die Häuser der Bergarbeiter befanden sich vielmehr verteilt im damaligen Schwazer Umland.[10] Viele der Knappen bewohnten so genannte Söllhäuser. Das waren kleine, zumeist zweigeschossige Häuser, an die häufig eine kleinere landwirtschaftliche Fläche angeschlossen war, die zum Anbau von Nahrungsmitteln oder zur Viehhaltung genutzt werden konnte.[11]

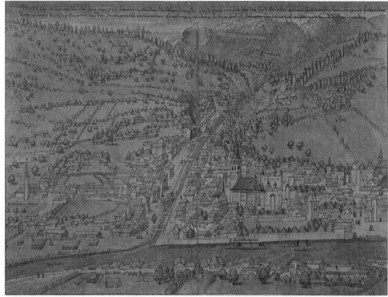

Abb.11 Schwaz (Ostansicht) im Jahr 1556, Tiroler Landesmuseum Ferdinandeum, Innsbruck, Dip / 856

Da diese Häuser aufgrund ihrer geringen Größe maximal ein bis zwei Familien beherbergen konnten, ergab sich ein großer Bedarf an Söllhäusern, der unmöglich innerhalb des Gemeindegebietes befriedigt werden konnte.

---

10   Rudolf Palme, Frühe soziale Regelungen für die mittelalterlichen Bergknappen in Österreich, in Louis C. Morsak (Hg.), Festgabe für Kurt Ebner zum 60. Geburtstag, S.181-195, S.193.
11   Palme / Gstrein / Ingenhaeff, Glück auf, S.58.

Die Knappensiedlungen müssen sich also vorwiegend außerhalb der Marktgemeinde Schwaz befunden haben, vorwiegend an deren Randgebieten sowie vor oder innerhalb des Gebietes der Nachbargemeinden. Besonders die südlicheren Gegenden des Inntales, die den Erzabbaugebieten vorgelagert waren, kamen hierfür aufgrund der kürzeren Wege zu den Gruben in Frage. So finden sich die typischen Knappensiedlungen in den damals selbstständigen Hauptmannschaften Ried, Arzberg (Pirchanger) sowie Zintberg und an den sich gegen Gallzein hinziehenden Terrassen.[12] Dazu kommt noch das vorhin erwähnte Knappenviertel „Knappei" in Richtung Burg Freundsberg sowie das im Urbar der Schwazer Pfarrkirche als eigene Gemeinde genannte Viertel „Kraken" und „Gnein".[13]

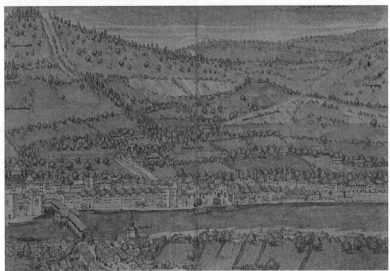

Abb.12 Schwaz (Westansicht) im Jahr 1556, Tiroler Landesmuseum Ferdinandeum, Innsbruck, Dip / 856

Etliche Knappen dürften auch als so genannte „Inwohner" in den Häusern der Region untergekommen sein. Nach Rudolf Palme dürfte diese Form der Unterbringung in der Frühzeit des Schwazer Bergbaus die Häufigste gewesen sein.[14] Da es über sie allerdings keine Vermerke gibt, ist ihre Zahl un-

---

12   Egg, Schwaz, S.97.
13   Urbar der Pfarrkirche Schwaz, TLA Innsbruck, Mikrofilm 1797/2.
14   Palme, Regelungen für die mittelalterlichen Bergknappen, S.193.

möglich feststellbar. Mit vermehrter Zunahme der Bergleute konnte sich jedoch immer stärker das so genannte Söllhauswesen durchsetzen.[15] Vor allem verheiratete Knappen bekamen vom Landesfürsten immer häufiger die Möglichkeit, ein Haus auf Gemeindeland gegen eine „kleine Abgabe" zu erwerben.[16] Bis zum Jahre 1500 dürften diese kleinen, zweigeschossigen Häuser bereits das Bild der Region mitgeprägt haben. Sie befanden sich hauptsächlich auf jenen Flächen, die in Klerikal- oder Gemeindebesitz standen oder die von der übrigen Bevölkerung aufgrund ungünstiger Lage an Bächen oder an der Schattseite gemieden wurden.[17]

Interessant dürfte an dieser Stelle auch eine kurze Information über die Herkunft der Bergarbeiter sein. Bei ihnen handelte es sich ja nicht um eine homogene, sondern vielmehr um eine buntgemischte Gruppe. Zu Beginn des Bergbaus, als die Arbeitsschritte noch nicht sonderlich ausdifferenziert waren, scheinen die meisten Bergleute aus dem bäuerlich-agrarischen Bereich gekommen zu sein.[18] Der Bergbau war zu dieser Zeit relativ unkompliziert und wenig intensiv. Zumeist wurde Abbau und Verhüttung von der selben Person durchgeführt. Ertrag und somit auch Bedeutung das Bergbaues waren allerdings nur sehr gering. Für die meisten der Arbeiter stellte diese Tätigkeit auch nur einen bäuerlichen Nebenerwerb dar.[19] Als dann in der ersten Hälfte des 15. Jahrhunderts große Silberfunde die Schwazer Reviere für einen groß angelegten Abbau interessant machten, stellten diese frühen Knappen das erste und vorerst einzige Reservoir für die Anwerbung von Arbeitern dar. Da hier viel Geld zu verdienen war und die Gewerken dringend weitere Arbeitskräfte benötigten, begann bald eine Entwicklung einzusetzen, die typisch für Bergbauregionen der frühen Neuzeit war - der Zuzug von Bergfacharbeitern aus anderen Revieren. Zu dieser Zeit war es Mitgliedern der Berggemeinden gestattet, im Rahmen des jeweiligen Arbeitsvertrages den Arbeitgeber zu wechseln oder sich in ein anderes Bergrevier zu begeben um dort zu arbeiten.[20] Knapp einhundert Jahre später arbeiteten in den Revieren des Großraumes Schwaz an die 9.000 Bergleute. Diese enorme Zunahme an Arbeitern dürfte zum Großteil durch die Zu-

15   Palme, Regelungen für die mittelalterlichen Bergknappen, S.193.
16   Palme, Regelungen für die mittelalterlichen Bergknappen, S.193.
17   Alois Unterkircher, Zur Bevölkerungsgeschichte und zur Sozialstruktur eines Bergbauzentrums in der frühen Neuzeit: Das Fallbeispiel Schwaz (Tirol), in: Der Anschnitt. Zeitschrift für Kunst und Kultur im Bergbau 60 (5-6, 2008), S. 222-231, S. 225.
18   Georg Stöger, Die Migration europäischer Bergleute während der frühen Neuzeit, in: Der Anschnitt 58 (2006), Heft 4-5, S.170-186, S.171.
19   Stöger, Migration europäischer Bergleute, S.171.
20   Stöger, Migration europäischer Bergleute, S.171.

wanderung vor allem aus den älteren deutschsprachigen Bergbaugegenden in Böhmen und Sachsen ermöglicht worden sein.[21] Daneben hatte sich natürlich auch der Anteil der „einheimischen" Knappen vermehrt. Gerade nachgeborene Bauernsöhne denen kein Erbe zustand, dürften diese Möglichkeit des Broterwerbs sicherlich häufig genutzt haben.

Im Allgemeinen verstreuten sich die Knappen aber relativ weitläufig im Großraum um Schwaz. So gibt es beispielsweise auch Hinweise dass Schwazer Knappen in der weit entfernten Achenseeregion gelebt haben sollen.

Bei der eigentlichen Marktgemeinde Schwaz dürfte es sich also vor allem um eine von Handwerk, Handel und (Bergbau)verwaltung dominierte, urbane Siedlung mit weit weniger als 20.000 bis 30.000 Einwohnern gehandelt haben. Die hohe in der Literatur immer wieder genannte Bevölkerungszahl dürfte sich vielmehr auf den Großraum von Schwaz beziehen, zu dem auch die umliegenden Gemeinden gehörten. Das frühneuzeitliche Schwaz sollte man im Allgemeinen vielmehr als größere Region mit einer für diese Zeit sehr hohen Bevölkerungsdichte verstehen. Nach einer Häuserzählung, die von Franz Mathis im Jahre 1994 durchgeführt wurde und der als Grundlage eine Ortsansicht von Schwaz aus dem Bergbuch von 1556 diente, dürften im reinen „städtischen" Kernbereich der Marktgemeinde sogar nicht viel mehr als 3.000 bis 4.000 Menschen, verteilt auf 300-350 Häuser, gelebt haben.[22] Als kleiner Vergleichspunkt sei an dieser Stelle die nahegelegene Stadt Rattenberg genannt, in der rund 750 Personen auf 90 bis 100 Häuser verteilt lebten.[23] Bedenkt man nun die Tatsache, dass der Großteil der Bergleute außerhalb dieses Schwazer Kernbereiches siedelten, erscheint die geschätzte Zahl nicht unrealistisch. Gegen die Theorie einer geschlossenen „Großstadt" spricht ebenfalls die geringe Zahl an Handwerkern, besonders an Metzgern und Bäckern. Die benachbarte Stadt Rattenberg verfügte im Jahre 1550 bei rund 750 Einwohnern über 16 Bäcker[24] und acht Metzger.[25] Etwa zur gleichen Zeit sind für Schwaz nur etwa vier Bäcker[26] und fünf Metzger[27] mehr belegt. Natürlich muss man dazu

---

21   Stöger, Migration europäischer Bergleute, S.173.
22   Mathis, wirtschaftliche Entwicklung, S.81.
23   Schmelzer, Preise und Löhne, S.13.
24   Schmelzer, Preise und Löhne, S.7.
25   Schmelzer, Preise und Löhne, S.13.
26   Bartels (Hg.) / Bingener / Slotta, „1556 Perkwerch etc." - Das Schwazer Bergbuch. Bd.III, S.664.
27   Bartels (Hg.) / Bingener / Slotta, „1556 Perkwerch etc." - Das Schwazer Berg-

anmerken, dass im weitaus größeren Schwaz die Versorgung auch von Pfennwertgesellschaften der Gewerken sowie von auswärtigen Bäckern und Metzgern getragen wurde. Ebenso kann es auch sein, dass bei diesen Angaben nicht alle Schwazer Bäcker oder Metzger genannt wurden. Für 20.000 oder gar 30.000 Einwohner mit städtischer Lebensweise hätte diese geringe Zahl an Versorgern jedoch niemals ausgereicht.

Abb.13:Ringenwechsel, Tiroler Landesmuseum Ferdinandeum, Innsbruck, Dip / 856

Ein Großteil der Bevölkerung der Region setzte sich aus Bergleuten zusammen. Nun ist es allerdings wieder relativ schwierig für diesen Berufsstand gesicherte Zahlen zu bekommen, da viele der heute im Umlauf befindlichen Angaben auf eine Arbeit von Max Isser-Gaudentenhurm aus dem Jahre 1905 zurückgehen, in der vielfach mit Schätzungen und Rundungen gearbeitet wurde. Im Jahre 1526 wurde allerdings in den Revieren Falkenstein und Ringenwechsel eine Zählung durchgeführt, deren Ergebnis bis heute erhalten geblieben ist und als relativ zuverlässig gilt. Am Falkenstein arbeiteten demnach 4.576 Personen, am weniger ertragreichen Ringen-

---

buch. Bd.III, S.761.

wechsel waren es 1.957 Arbeiter.[28] Bei der Zählung wurden allerdings nicht alle Gruben erfasst, wonach die Gesamtzahl etwas höher zu veranschlagen ist.[29]

Für das dritte Schwazer Revier, die Alte Zeche existieren Zahlen für das Jahr 1542, die die dortige Belegschaft mit 2.100 Personen beziffern.[30] Die Zahl der Arbeiter in anderen Gruben wird mit 350 angegeben[31] und ist zu vernachlässigen. Insgesamt kann man für die erste Hälfte des 16. Jahrhunderts also von einem Stand von ungefähr 9.000 Bergleuten ausgehen. Dazu kamen noch einmal rund 500 Arbeiter in den Schmelzhütten. Da es verständlicherweise sehr schwierig war, in sehr kurzer Zeit tausende Bergfacharbeiter auszubilden, wurden die meisten Arbeiter aus anderen Bergbaugebieten herangezogen. Wahrscheinlich ist, dass diese „Glücksritter" häufiger unverheiratet waren oder, zumindest vorerst, ohne Familie ins Land kamen. Wenn man, zugegebenermaßen mit einer gewissen Willkür davon ausgeht, dass nur geschätzte 30 Prozent dieser 9.500 Arbeiter eine Familie mit durchschnittlich weiteren drei Personen zu ernähren hatten, würde sich der Anteil der direkt vom Bergbau abhängigen Personen auf etwa 18.000 erhöhen. Als Grundlage dieser Schätzung diente eine Berechnung von Otto Stolz, bei der die Zahl vier, auf der Grundlage des landesfürstlichen Untertanenverzeichnisses von 1427, als Mittelwert für die durchschnittliche Kopfzahl eines Haushaltes errechnet wurde.[32] Da die Berechnung allerdings auf Schätzungen beruht, wird ausdrücklich darauf hingewiesen, dass sie mehr als ungefährer Richtwert und nicht als Faktum betrachtet werden sollte.

Als letzte große Gruppierung im Großraum Schwaz sei nun auch die landwirtschaftliche Bevölkerung der umliegenden Gemeinden genannt. Ihre genaue Zahl zu ermitteln ist leider unmöglich, da man bei Namensverzeichnissen aus dieser Zeit, sofern noch überhaupt vorhanden, die berufliche Tätigkeit der Personen zumeist nicht mehr ermitteln kann. Um trotzdem einen kleinen Anhaltspunkt bieten zu können, sollen im folgenden kurz die Einwohnerzahlen einiger umliegender Gemeinden aus dem Untertanenverzeichnis des Jahres 1427 angeführt werden. Diese Zeit bietet sich

---

28   Fischer, gemeine Gesellschaft der Bergwerke, S.208.
29   Mathis, wirtschaftliche Entwicklung, S.96.
30   Mathis, wirtschaftliche Entwicklung, S.96.
31   Bartels (Hg.) / Bingener / Slotta, „1556 Perkwerch etc." - Das Schwazer Bergbuch. Bd.III, S.653.
32   Stolz, Steuer-, Bevölkerungs- und Sippengeschichte, S.08.

deshalb sehr gut an, da zu Beginn des 15. Jahrhunderts der Bergbau noch nicht sehr stark ausgeprägt war, weshalb auch noch nicht viele Bergleute unter den genannten landesfürstlichen Untertanen gewesen sein dürften. Otto Stolz hat für den Zeitraum von 1312 bis 1427 in etwa eine Bevölkerungsvermehrung um die Hälfte angenommen.[33] Man kann davon ausgehen, dass dieses Bevölkerungswachstum ohne den späteren Zuzug von Knappen in etwa im darauf folgenden Jahrhundert ähnlich gewesen sein wird. Als größte Siedlungen in der Nähe von Schwaz werden im Untertanenverzeichnis von 1427 der Wererberg (Weerberg) und der Pulnerberg (Pillerberg) mit 424 beziehungsweise 135 Untertanen und 106 Feuerstätten genannt.[34] Im wichtigen, nahegelegenen Ort Vomp waren 157 landesfürstliche Untertanen und 89 Feuerstellen verzeichnet worden.[35] Das benachbarte Stans verzeichnete lediglich 41 Untertanen und 16 Feuerstellen, während für Jenbach 111 Untertanen und 33 Feuerstellen überliefert sind.[36] Nimmt man nun das Wachstum der Zeit von 1312 bis 1427 und überträgt es auf das darauffolgende Jahrhundert, dürfte die Gemeinde Weerberg rund 636, die Gemeinde Pillerberg in etwa 202, der Ort Vomp 236, das Dorf Stans 61 und die Gemeinde Jenbach rund 166 Einwohner gehabt haben. Insgesamt hatten die genannten Dörfer um die Mitte des 16. Jahrhunderts also rund 1.300 Menschen ohne Bergbaubevölkerung beherbergt. Im Endeffekt muss diese Zahl allerdings höher gewesen sein, da in den Berechnungen ein eventueller Zuzug von Bergarbeitern noch nicht berücksichtigt ist. So übertraf die Zahl der Söllhäuser die der Bauernhäuser zumeist deutlich. Alleine im Nachbarort Stans dürfte der Anteil der Behausungen der Bergleute über 65 Prozent betragen haben, im benachbarten Vomp lag er bei rund 45 Prozent.[37] In der Knappengemeinde Gallzein standen noch im Jahre 1776 über 60 Prozent der landbesitzenden Bevölkerung in direkter Verbindung mit dem Bergbau[38] - und dies obwohl der Bergbau am Ende des 18. Jahrhunderts bereits dramatisch abgenommen hatte.

Zusammen mit der geschätzten Bevölkerung der Schwazer „Innenstadt" (Dorf, Markt, Spitalviertel) und aller umliegenden Gemeinden dürfte der gesamte Großraum Schwaz wohl sicherlich auf gut 20.000 Einwohner zu schätzen sein.

---

33   Stolz, Steuer-, Bevölkerungs- und Sippengeschichte, S.5.
34   TLA Innsbruck, Feuerstättenverzeichnis, Codex 12.
35   TLA Innsbruck, Feuerstättenverzeichnis, Codex 12.
36   TLA Innsbruck, Feuerstättenverzeichnis, Codex 12.
37   Unterkircher, Bevölkerungsgeschichte, S. 225.
38   Hilber, Social Interrelations in an Early Modern Mining Area, S. 46.

Wichtig ist hier nur, wie bereits erwähnt, von einem Großraum zu sprechen und nicht den Fehler zu begehen, diese hohen Bevölkerungszahl alleine auf die Marktgemeinde Schwaz umzulegen. Somit war das frühneuzeitliche Schwaz eine dicht besiedelte, aus mehreren selbstständigen Gemeinden bestehende Region, mit einem sehr hohen Anteil an nicht rein landwirtschaftlicher Bevölkerung. Die oft zitierte Bezeichnung des frühneuzeitlichen Schwaz als zweitgrößte, österreichische Siedlung nach Wien erscheint jedoch nicht passend, da eine geschlossene Siedlungsstruktur fehlte. Im Gegensatz zu Wien dürfte man deshalb auch nicht das Gefühl gehabt haben, sich in einer Großstadt zu befinden, besonders da sich der geschlossene, urbane Bereich nur auf die Viertel Markt, Dorf und das Spitalsviertel beschränkt hatte, eine Gegend also, die sich in Umfang und Bevölkerungsdichte sicherlich nicht sonderlich von den anderen großen Tiroler Städten wie Hall oder Innsbruck unterschieden haben dürfte. Der Unterschied bestand also im Wesentlichen aus dem dicht bewohnten Umland, welches eine große Menge an Menschen in verschiedenen Dörfern beherbergte, die nicht mehr nur ausschließlich in der Landwirtschaft beschäftigt waren.

Um trotz der mehr als dürftigen Quellenlage einen kleinen Einblick in die Bevölkerungsstruktur der Großregion bieten zu können, wird nun ein kurzer Ausflug in eine andere wissenschaftliche Disziplin unternommen. In diesem Fall kann die Namensforschung ein wenig Licht auf die dürftige Quellenlage werfen.[39] Im folgenden soll nun eine Auswertung der Urbare der Herrschaft Freundsberg präsentiert werden, die von Yvonne Kathrein erarbeitet und von ihr für diese Arbeit dankenswerterweise zur Verfügung gestellt wurde.[40]

Grundlage der Auswertung waren die Urbare 85/1, 85/2 und 85/3 des Tiroler Landesarchivs[41] in denen alle Zinspflichtigen der Herrschaft Freundsberg im Jahre 1540 erfasst wurden. Die meisten dieser Personen kamen aus der Gemeinde Schwaz, alle anderen entstammten der direkten Nachbarschaft. Neben Gallzein werden auch die Orte Pill, Stans, Vomp sowie Weer genannt. Insgesamt verfügte die Herrschaft Freundsberg im Jahre 1540 demnach über 149 Zinspflichtige. Hier wird allerdings immer nur der

---

39   für weitere Informationen siehe: Yvonne Kathrein, Bei- und Familiennamengeographie im 14. und 15. Jahrhundert in Tirol. Ein onomastischer Beitrag zur Beginnphase des Schwazer Bergbaus, in: Peter Anreiter (Hg.), Miscellanea Onomastica (Innsbrucker Beiträge zur Onomastik 7), Wien 2009, S. 53-76.
40   Kathrein, Berufsnamen.
41   siehe: TLA Innsbruck, Urbar 85/1, 85/2, 85/3.

Haushaltsvorstand genannt. Zu den meisten dieser Personen muss man sicherlich noch Familie und eventuell auch Inwohner sowie Dienstpersonal hinzurechnen. Mit 120 Personen stammte der Großteil der zur Herrschaft Freundsberg Gehörenden, wie bereits erwähnt, aus Schwaz. Zwei Haushaltsvorstände sind in Gallzein ansässig, ein weiterer befindet sich in Pill. Im benachbarten Ort Stans lebten im Jahre 1540 weitere fünf Zinspflichtige, in Vomp einer und in Weer sieben. Bei 13 „Zinsern" konnte kein Wohnort ausfindig gemacht werden.

Die eigentliche Arbeit bestand nun darin, die genannten Personen aufgrund ihrer Nachnamen bestimmten Berufsgruppen zuzuordnen. Von den gesamten 149 Zinspflichtigen der Herrschaft wurden alle Personen aus Schwaz und Gallzein, in Summe also 122 Haushaltsvorstände für die Auswertung heran gezogen. Bei dieser Arbeit ergibt sich naturgemäß ein gewisser Unsicherheitsfaktor, da Menschen auch ihren Beruf wechseln konnten. Solche Wechsel dürften zu dieser Zeit jedoch, zumindest bis zum beginnenden 16. Jahrhundert, noch relativ selten gewesen sein, da das mittelalterliche Standesdenken in den Köpfen der meisten Zeitgenossen noch stark verankert und somit auch eine gewisse Kontinuität gegeben war. Gleichzeitig wurde auch bereits von Otto Stolz festgestellt, dass nicht alle Beinamen im ausgehenden Mittelalter und in der frühen Neuzeit wirklich weiter vererbt wurden und somit echte Sippennamen waren.[42] Gerade die Namen die bestimmte Berufe bezeichnen sind nach Stolz in vielen Fällen nicht nur leere Namen, sondern vielmehr Bezeichnung des tatsächlich ausgeübten Handwerks des Namensträgers.[43] Diese Auswertung könnte daher einen ersten ungefähren Einblick in die Berufsstruktur der Freundsberger Zinspflichtigen in der Blüte des Silberabbaus geben.
Anhand der Namen konnte eine Einteilung in 14 Hauptgruppen getroffen werden. 22 Personen fielen aufgrund ihres Namens in die Übergruppe „Amt", hier finden sich beispielsweise Namen wie „Ambtmann" oder „Mayr". Fünf Namen wiesen auf eine Tätigkeit im Baugewerbe hin. Hier fand sich unter anderem auch ein „Prunnmayster". Auf Spielleute und fahrende Musikanten deuteten drei Namen hin, acht Personennamen könnten dem Handel und Transportgewerbe entsprungen sein. Auf das Holzgewerbe deuteten 14 Nachnamen hin. Im Bereich der Jagd und Fischerei könnten hingegen fünf Haushaltsvorstände gearbeitet haben. Mit „krell" deutete interessanterweise nur ein Name auf den Bereich der Landwirtschaft hin, drei

---

42   Stolz, Steuer-, Bevölkerungs- und Sippengeschichte, S.15.
43   Stolz, Steuer-, Bevölkerungs- und Sippengeschichte, S.15.

Personen waren hingegen in der Lederverarbeitung tätig. Zwei Namen weisen auf Berufe der medizinischen Versorgung hin, während die größte Gruppe naturgemäß mit dem Bergbau beziehungsweise mit dem Metallgewerbe zu tun hatte. Hier finden sich 37 Andeutungen. Dem Nahrungsmittelgewerbe dürften acht Nachnamen entsprungen sein, dem Rüstungsgewerbe hingegen, genauso wie dem Textilgewerbe, nur jeweils zwei. Die restlichen 10 Namen konnten nicht eindeutig zugeordnet werden.

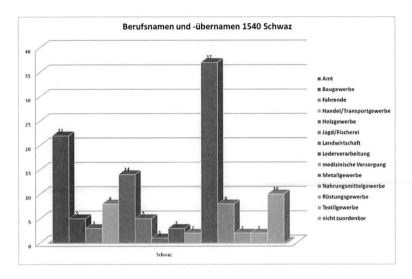

Abb.14: Grafik Berufs- und Übernamen 1540 in Schwaz

Dass mit 37 Personen die größte Gruppe im Bergbau beziehungsweise im Metallgewerbe zu finden ist, dürfte zu dieser Zeit nicht sonderlich überraschen. Interessant ist allerdings der hohe Anteil an Namen, die auf Amtsträger hindeuten.

Die drittgrößte Gruppe stellt nicht von ungefähr das holzverarbeitende Gewerbe dar. Bedenkt man den hohen Holzverbrauch der Region, auf den im ersten Teil der Arbeit bereits eingegangen wurde, wird die hohe Bedeutung dieser Gruppe klar. Über die Urbare der Herrschaft Freundsberg lassen sich nun also 120 Haushaltsvorstände im Gemeindegebiet von Schwaz nachweisen. Multipliziert man diese Zahl mit dem von Otto Stolz errechneten,

statistischen Mittelwert vier[44], der die damals gängige Familiengröße darstellt, kommt man auf 480 Personen, die der Herrschaft Freundsberg zuge-
hörig waren.
Weiteres Zahlenmaterial findet sich in einem Urbar der Pfarrkirche Schwaz
aus dem Jahre 1546.[45] Hier werden unter anderem auch die einzelnen
Schwazer Gemeindeviertel genannt. So zinsten im Markt und an der Lend
neun Personen an die Pfarrkirche. Im unteren Dorf waren es 24, im Oberen
18. „Zu Swatz am Länpach, auf der Gnewn, in Kräckhen vnnd da-
selbstumb"[46], in den typischen Schwazer Knappengegenden, zinsten 46
Personen an die Kirche. Die jährlichen Zinserträge waren hier auch angeführt und beliefen sich auf 73 Gulden und 35 Kreuzer. Insgesamt verfügte
die Pfarrkirche Schwaz auf dem eigenen Gemeindegebiet also über 97
Zinspflichtige und somit geschätzte 388 Personen. Zusammen mit den
„Zinsern" der Herrschaft Freundsberg lassen sich so also mindestens 868
Personen direkt in der Gemeinde Schwaz nachweisen. Diese Zahl soll jedoch nur einen ersten Anhaltspunkt auf dem Weg zur genauen Ermittlung
der Schwazer Bevölkerung des 16. Jahrhunderts, darstellen, der durch e-
ventuelle weitere Funde (Urbare, Steuerlisten, etc.) ergänzt werden muss.

---

44 Stolz, Steuer-, Bevölkerungs- und Sippengeschichte, S.8.
45 Urbar der Pfarrkirche Schwaz von 1546, TLA Innsbruck, Mikrofilmnummer Nr.
    1797/2.
46 Urbar der Pfarrkirche Schwaz von 1546, TLA Innsbruck, Mikrofilmnummer Nr.
    1797/2, fol. 11r.

IX. Versorgung des Großraums

Dieses Kapitel widmet sich der Frage, wie die Versorgung in dieser sehr bevölkerungsreichen Region funktionieren konnte. Auf die Unmöglichkeit der Versorgung einer 20.000 bis 30.000 Einwohnerstadt mit der geringen Zahl an Metzgern und Bäckern wurde zuvor bereits hingewiesen. Wenn man sich die Bevölkerung des Großraumes nun vielmehr als dicht besiedeltes ländliches Gebiet mit einem 3.000 bis 4.000 Einwohner zählenden „städtischen" Kern vorstellt, lässt sich die Versorgung auch besser erklären.

Bei der Betrachtung der Versorgungssituation des Großraumes stellt sich zunächst die Frage, wie viele Personen überhaupt versorgt werden mussten und wie viele sich selbst ernähren konnten. Die Bergleute bildeten mit geschätzten 18.000 Personen (inklusive Familien)[1] die größte Gruppe der nicht vorwiegend agrarisch tätigen Bevölkerung und lebten, wie bereits öfters beschrieben, großteils nicht in Schwaz. Ihre Häuser befanden sich vielmehr an den Rändern der Gemeinde oder in den benachbarten Dörfern. Hier dominierte naturgemäß eine ländliche Siedlungs- und Lebensweise, die in dieser Zeit auch eine teilweise Selbstversorgung beinhaltete. Die typische Knappenbehausung war das Söllhaus, ein kleineres, zumeist zweigeschoßiges Haus mit angeschlossenem Grünstreifen.[2] Hier konnten die Bergleute oder ihre Familienangehörigen eine kleine Landwirtschaft betreiben und sich so mit dem Nötigsten versorgen. Nach Rudolf Palme dürfte diese Nutzfläche zumindest so groß gewesen sein, dass ein bis zwei Kühe und einige Schafe gehalten werden konnten.[3] Trotzdem darf man nicht vergessen, dass ein guter Teil des Lebensmittelbedarfs der Knappen nicht aus deren eigener landwirtschaftlicher Produktion stammte und von außerhalb zugeführt werden musste.
Ähnlich dürfte die Situation auch bei den am Land arbeitenden Handwerkern, den so genannten Geymeistern gewesen sein. Deren Zahl ist allerdings nicht bestimmbar, da sie nicht in Genossenschaften wie den Zünften organisiert waren. Viele von ihnen dürften allerdings zweit- oder drittgeborene Nachfahren bäuerlicher Familien gewesen sein, keine landwirtschaftliche Fläche zur Bebauung geerbt und sich deshalb auf ein Gewerbe spezialisiert haben. Für diese Personen kann man sicherlich oftmals einen Verbleib auf dem elterlichen Gut annehmen. Der restliche Teil der ländli-

---

1   siehe: Kapitel VIII. in dieser Arbeit: Stadt- und Bevölkerungsentwicklung – Vom Dorf zur „Großstadt".
2   Palme, Gstrein, Ingenhaeff, Glück auf, S.58.
3   Palme, Gstrein, Ingenhaeff, Glück auf, S.58.

chen Bevölkerung war hauptsächlich in der Landwirtschaft tätig, so dass sich bei ihnen kein wirkliches Versorgungsproblem gestellt haben dürfte. Neben den Bergleuten waren die Bewohner der urbanen Schwazer Viertel die eigentlichen Bedarfsträger bei der Lebensmittelversorgung. Bei diesen „städtischen" Handwerkern, Händlern, Amtspersonen, Gastwirten, Faktoren und Verwesern war die Arbeitsteilung bereits so weit fortgeschritten, dass sie es nicht mehr nötig hatten, oder es sich zeitlich auch gar nicht mehr leisten konnten, nebenbei eine Landwirtschaft zu betreiben. Diese Personengruppe musste also zur Gänze von außerhalb versorgt werden.

Im frühneuzeitlichen Schwaz gab es also eine Gruppe von gut 18.000 Personen[4], die direkt vom Bergbau abhängig waren und großteils aber auch nebenbei kleine Landwirtschaften betrieben. Daneben gab es eine urbane Schicht, die zur Gänze von auswärtiger Versorgung abhängig war. Die restliche Bevölkerung wird mit einigen Ausnahmen (Geymeister, etc.) zu normalen Erntezeiten durchaus in der Lage gewesen sein, sich selbst zu versorgen. Wenn auch nicht 20.000 bis 30.000 Personen, so war wohl eine immer noch beachtliche Anzahl von Menschen auf den Zukauf von Nahrungsmitteln angewiesen.

Welches waren nun aber die Hauptnahrungsmittel der Bevölkerung? In diesem Bereich sieht die Quellenlage bereits etwas besser aus als bei den Bevölkerungszahlen. So berichtet das Schwazer Bergbuch von 1556 beispielsweise von einem jährlichen Import von etlichen tausend Fass Wein aus Südtirol, 6.000 Zentnern Schmalz, 5.000 bis 6.000 Ochsen sowie 6.000 Mut Getreide, was in etwa 11.100 m³ entsprach.[5] Daneben wird noch die Zufuhr von Kohl, Käse, Milch, Obst und anderen Lebensmitteln wie Geflügelfleisch und Eiern genannt.[6] Ähnliche Zahlen finden sich im Tiroler Bergreim des Georg Rösch aus dem Jahre 1558, in dem auch die Einfuhr von Lebensmitteln nach Schwaz beschrieben wurde. Hier wird ein wöchentlicher Bedarf von 100 Mut Getreide genannt. Ebenso sollen 52 mal im Jahr 70 schwere Ochsen in die Region gebracht worden sein. In dem bereits erwähnten Schreiben der Landesregierung aus dem Jahre 1526 wird sogar ein wöchentlicher Verbrauch von 90 Ochsen zuzüglich etlichem Kleinvieh beschrieben.[7]

---

4   siehe: Kapitel VIII. in dieser Arbeit: Stadt- und Bevölkerungsentwicklung – Vom Dorf zur „Großstadt".
5   Bingener, Gesundheitliche Aspekte, S.54.
6   Bingener, Gesundheitliche Aspekte, S.54.
7   Egg / Pfaundler / Pizzini, Werkleuten und Gewerben, S.185.

Diese Angaben lassen sich zwar nicht überprüfen, die Ähnlichkeit der berichteten Mengen lässt jedoch den Schluss zu, dass sie nicht weit von der Wirklichkeit entfernt gewesen sein dürften.

Interessanter als die bezogenen Mengen an sich ist für dieses Kapitel allerdings die Information, welche Produkte in der Region hauptsächlich nachgefragt wurden. So kann man durch die hohen Weinimporte beispielsweise zweifelsfrei feststellen, dass der Wein die beherrschende Rolle beim Getränkekonsum eingenommen hat, da ein möglicher Bierimport überhaupt nicht erwähnt wurde. Zwar gibt es einzelne Erwähnungen von frühen Brauereien in Schwaz, so besaß beispielsweise ein Andrä Bartl Bierbräu in der heutigen Innsbruckerstrasse 39 eine Behausung samt Brauhaus[8], die Produktion dieser frühen „Braumeister" dürfte allerdings sehr bescheiden ausgefallen sein.

Ebenso kann man an den hohen Importzahlen von Getreide und Fleisch, hier vor allem Rindfleisch, bereits die Prioritäten der Bevölkerung bei deren Ernährung erkennen. An erster Stelle stand hier die Versorgung mit Brot, Brotgetreide sowie Fleisch und tierischen Fetten wie Schmalz. Besonders für die Bergleute dürften Fette und Fleisch eine besondere Rolle gespielt haben, da man immer wieder auf Hinweise stößt, die die besondere Bedeutung des Fleisches hervorheben. Durch eine Feststellung der Gemeinen Gesellschaft des Bergwerks aus dem Jahre 1526 wird dies besonders deutlich, als anlässlich einer großen Versammlung im Bruderhaus festgestellt wurde, dass Fleisch die „allererste Leibesnahrung sei und die Arbeitsleistung durch sein Fehlen herabgesetzt werden würde"[9]. Das würde auch den ständigen, hohen Bedarf an importiertem Rindfleisch erklären. Nach einer Berechnung Andreas Bingeners hatte jeder der 13 Schwazer Metzger in den 40 Wochen im Jahr, an denen nach den Vorschriften der katholischen Kirche der Verzehr von Fleisch erlaubt war, insgesamt knapp acht importierte Ochsen zu schlachten.[10] Hierzu muss man allerdings auch noch die Verarbeitung des heimischen Viehs hinzuzählen, die sicherlich auch nicht unbeträchtlich gewesen sein dürfte. Neben Zukäufen von benachbarten Landwirten hatten die Schwazer Metzger ja auch oftmals eigene Rinderbestände. Um ihr eigenes Vieh weiden lassen zu können, wurde ihnen vom Landesfürsten im Jahre 1575 sogar ein eigenes Weidegebiet, die Metzgerbrandalm beim Walchen im Wattental verliehen.[11] Neben den städtischen

---

8   Herbert Bittner, Hausgeschichte des Marktviertel Schwaz, Band II, (Manuskript TLM- Innsbruck) 1989.

9   TLA Innsbruck, Pestarchiv XIV, Nr.617.

10   Bingener, Gesundheitliche Aspekte, S.55.

11   Grass / Holzmann, Geschichte des Tiroler Metzgerhandwerkes, S.71.

Metzgern gab es aber auch noch eine Freibank, an der ortsfremde Metzger und Landwirte aus der Umgebung ihre Produkte anbieten konnten. Zusätzlich wurden auch bedeutende Mengen an Fleisch durch den Pfennwerthandel der Gewerken nach Schwaz gebracht. Hier ist allerdings nicht sicher, ob die Gewerken das eingeführte Fleisch selbst schlachten ließen, oder die Arbeit an die einheimischen Metzger vergaben. Zu guter Letzt darf man aber auch die Eigenproduktion der größten Fleischkonsumenten selbst, der Bergleute, nicht außer Acht lassen. Viele Knappen hielten ja auch einige Rinder und Kleinvieh bei ihren Söllhäusern und waren somit selbst in der Lage, Fleisch für den Eigenbedarf zu produzieren.

Als weiteres Hauptnahrungsmittel scheint bei den genannten Zahlen natürlich Getreide auf, ohne das die Versorgung der Bevölkerung unmöglich wäre. Schenkt man den Berechnungen des bereits öfters genannten Augsburger Großgewerken Melchior Putz Glauben, konsumierte ein Bergmann mit Familie in der Woche circa fünf Laib Brot, ein Unverheirateter verbrauchte natürlich dementsprechend weniger.[12] Alleine die hier geschätzten 2.850 verheirateten Bergleute[13] dürften, nach den Augsburger Angaben, auf einen jährlichen Verbrauch von 741.000 Laib Brot gekommen sein. Trotz sicher häufig vorkommender Eigenproduktion von Backwaren dürften die Bergleute Hauptabnehmer der Schwazer Brotproduktion gewesen sein, da die Brotbänke am Vormittag nur für sie geöffnet hatten. Die restliche Bevölkerung durfte ihre Besorgungen erst am Nachmittag erledigen.[14]

Die Zahl der Bäcker war in Schwaz allerdings verhältnismäßig sehr gering. Hierfür gibt es verschiedene Erklärungen. Zum einen spielt hier wieder der Umstand mit, dass das frühneuzeitliche Schwaz großteils eine dicht besiedelte, ländliche Region war und in solchen Gegenden Brot immer schon im eigenen Haushalt gebacken wurde. Da für den Verkauf von Backwaren die Gebietsbeschränkungen für die Gemeinde Schwaz vom Landesfürsten gelockert worden waren und somit auch Ortsfremde ihre Produkte in Schwaz anbieten konnten, kamen auch zusätzliche Waren in den Ort. Im Gegensatz zu anderen Städten gab es in der Bergbaugemeinde also nicht nur einheimische Bäcker. Ebenfalls eine Ausnahme zu vielen anderen Städten stellten die Versorgungseinrichtungen der Gewerken dar. Die Familie Fugger betrieb ab der Mitte des 16. Jahrhunderts für ihre Bergleute im nahe gelege-

---

12   Ludwig, Unternehmenserfolge, S.53.
13   siehe: Kapitel VIII. in dieser Arbeit: Stadt- und Bevölkerungsentwicklung – Vom Dorf zur „Großstadt".
14   Egg / Pfaundler / Pizzini, Werkleuten und Gewerben, S.176.

nen Stans sogar die erste Großbäckerei Tirols in einer stillgelegten Schmelzhütte.[15]

Interessant sind auch die Erwähnungen anderer Lebensmittel im Bergbuch. Der Import von Kohl, Käse, Milch, Obst und anderen Lebensmitteln wie Geflügelfleisch und Eiern könnte auch den Schluss erlauben, dass die Nahrung der Zeitgenossen nicht immer so eintönig gewesen sein dürfte, wie dies häufig beschrieben wird.

Durch die ländliche Siedlungsweise der meisten „Schwazer" dürfte die Versorgung der Region zu normalen Erntezeiten relativ problemlos bewältigt worden sein. Eine sicherlich nicht so kleine, agrarisch dominierte Gruppe konnte sich großteils selbst versorgen. Die größte Bevölkerungsgruppe, die der Bergarbeiter, lebte gut verteilt über verschiedene Gemeinden und konnte zumindest einen Teil ihrer Nahrung ebenfalls selbst anbauen. Einzig die Bewohner des urbanen Stadtkerns waren zur Gänze auf Nahrungsmittelzufuhrten angewiesen. Doch woher kamen die Lebensmittel? Prinzipiell wurde zu dieser Zeit natürlich versucht, Produkte so nahe am Absatzmarkt wie möglich zu besorgen, da Transportkosten im Allgemeinen relativ hoch und die Transportzeiten relativ lang waren. Gerade bei Lebensmitteln stellten die langen Transportzeiten, ohne Möglichkeit der Kühlung ein großes Problem dar. Rinder wurden deshalb beispielsweise auch erst in Schwaz geschlachtet und die lange Strecke von Ungarn, Kärnten oder der Steiermark lebend an ihren Bestimmungsort getrieben. Zumeist wird jedoch darauf vergessen, dass ein nicht unbedeutender Teil des Schwazer Schlachtviehbedarfs gerade in der Nachbarschaft gedeckt wurde. Ein ungarischer Ochse kostete in Rattenberg im Jahre 1526 beispielsweise inklusive Transport 450 Kreuzer, der Preis für ein vergleichbares einheimisches Rind lag hingegen lediglich bei 300 Kreuzer[16], es belastete den Käufer also um ein gutes Drittel weniger. Nach Ekkehard Westermann wurde deshalb eine erhebliche Menge an Tiroler Landvieh über den großen Markt in Imst beschafft.[17] Erst wenn hier nichts mehr zu erstehen war, dürften die Schwazer Einkäufer auf weiter entfernte Regionen ausgewichen sein. Anders verhielt es sich beim Getreide. Da das relativ schmale und hochgelegene Inntal sehr wenig Grundlage für einen intensiven landwirtschaftlichen

---

15   Egg / Pfaundler / Pizzini, Werkleuten und Gewerben, S.176.
16   Schmelzer, Preise und Löhne, S.197.
17   Ekkehard Westermann, Zur Versorgung von Bergbaurevieren: Aufgaben künftiger Forschungen, in: Ekkehard Westermann (Hg.), Bergbaureviere als Verbraucherzentren im vorindustriellen Europa. Fallstudien zu Beschaffung und Verbrauch von Lebensmitteln sowie Roh- und Hilfsstoffen (13.-18. Jahrhundert), S.429-442, S.437.

Getreideanbau bot, war die nicht ausschließlich agrarische, Bevölkerung gezwungen, sich von außen mit Getreide einzudecken.[18] Herkunftsländer dafür waren gewöhnlich Bayern, Oberitalien sowie Ober- und Niederösterreich.[19] Zu normalen Zeiten stellte die Einfuhr gewöhnlich kein Problem dar. Durch die hohe Bevölkerungsdichte spitzte sich die Lage in Krisenzeiten allerdings stark zu. Erste große Probleme gab es in Schwaz im Zuge des schlechten Erntejahres 1530.[20] In diesen Zeiten war Getreide sogar in den Exportländern knapp, so dass die bayrischen Herzöge beispielsweise nicht nur ein Getreideausfuhrverbot verhängen, sondern sich sogar noch mit der Bitte um Getreide an König Ferdinand wenden mussten.[21] In dieser Zeit musste die Bevölkerung notgedrungen mit sehr wenig Brot und Getreide auskommen. Eine weitere Krisensituation 22 Jahre später führte schließlich sogar zu größeren Unruhen unter den Knappen. Hier konnte die größte Not allerdings durch eine nicht gerade unbeträchtliche Getreidespende des Gewerken Anton Fugger gelindert werden.[22]

Die restlichen genannten Lebensmittel, wie Kohl, Milchprodukte und Eier sowie Geflügelfleisch, dürften nahezu ausschließlich aus der näheren Umgebung gekommen sein.[23] Die besonders leicht verderblichen Produkte hätten einen weiteren Transport auch sicher nicht gut überstanden.

Eine völlig andere Situation bot sich bei der Versorgung mit Betriebsmitteln, allem voran dem so genannten Unschlitt. Der Bedarf an diesen Produkten hing naturgemäß nicht mit der Gesamtbevölkerung des frühneuzeitlichen Schwaz zusammen, sondern nur mit der Anzahl an Bergleuten. Im Gegensatz zur Gesamtbevölkerung gibt es für die Bergarbeiter auch einigermaßen verlässliche Quellen, so dass man sich hier weit weniger auf Schätzungen verlassen muss. Wie bereits erwähnt kann man anhand relativ zuverlässiger Angaben von rund 9.000 Personen ausgehen, die direkt im Erzabbau beschäftigt waren. Von dieser Personengruppe hing der Bedarf an Unschlitt ab. Hauptsächlich wurden tierische Fette zur Herstellung von Beleuchtungsmitteln für die kilometerlangen Gruben unter Tag benötigt, da die meisten Arbeiter sich ja auch im Berg befanden. Aus der oft erwähnten Zählung der Arbeiter am Falkenstein im Jahre 1526 geht beispielsweise

---

18   siehe: Bingener, Gesundheitliche Aspekte, S.49.
19   Josef Fischer, Tirols Getreidepolitik von 1527 bis 1601 (Forschungen zur inneren Geschichte Österreichs), Innsbruck 1919, S. 8f.
20   Fischer, Getreidepolitik, S. 9.
21   Fischer, Getreidepolitik, S. 9.
22   Bingener, Gesundheitliche Aspekte, S.57.
23   Bingener, Gesundheitliche Aspekte, S.54.

hervor, dass lediglich 834 der 4.576 genannten Personen, also nur 18,22%, einer Arbeit an der „frischen Luft" nachgingen.[24] Alle anderen befanden sich mehr oder weniger regelmäßig „im Dunkeln", wofür sie wiederum Beleuchtungsmittel benötigten. Bei einer fünfeinhalb Tagewoche mit Acht- bis Neun- Stunden-Schichten dürfte sich ein enormer Bedarf an solchen Betriebsmitteln ergeben haben. Einen ungefähren Einblick in den hohen Unschlittverbrauch der Bergarbeiter gibt eine Klage des Innsbrucker Regiments beim Erzherzog Ferdinand I. aus dem Jahre 1523, in der unter anderem geschildert wird, dass sich der jährliche Unschlittverbrauch auf mindestens „vierhundert Zentner", das sind 22.400 Kilogramm belaufen hatte.[25] Hier war allerdings lediglich der Bedarf gemeint, den die von den größten Gewerken betriebene „Gesellschaft zur Unschlitt und Eisenbeschaffung" in auswärtigen Gebieten decken musste. Der Großteil des Unschlitts wurde sicherlich von den Schwazer Metzgern bezogen. Hier gelten natürlich auch wieder normale Marktgesetze. Schmalz und andere Fette wurden naturgemäß erst aus anderen Gebieten bezogen, wenn am lokalen Markt nichts mehr zu holen war. Die genannte, importierte Menge dürfte daher nur einen Bruchteil des eigentlichen Unschlittbedarfs der Region dargestellt haben. Rechnet man diese 22.400 Kilogramm auf die Bergleute um, die lediglich am Falkenstein unter Tag arbeiteten, kommt man auf eine Menge von 5,98 Kilogramm Unschlitt, mit denen jeder einzelne Bergmann ein Jahr lang auskommen hätte müssen - und dabei wurden die anderen Reviere noch gar nicht berücksichtigt.

Neben dem Unschlitt stellten Eisenprodukte die zweitwichtigste Gruppe der Betriebsmittel dar. Dies wird alleine schon am Namen der „Gesellschaft zur Unschlitt und Eisenbeschaffung" ersichtlich. Wie in den ersten Kapiteln dieser Arbeit dargestellt, war die Hauptaufgabe der Häuer, die den größten Teil der Bergleute ausmachten, der Vortrieb von Gängen sowie das Herausarbeiten von erzhaltigem Material. Hauptwerkzeuge für diese Tätigkeit waren Schlägel und Eisen, mit denen sie sich durch den Fels schremmen mussten. Bei dieser sehr arbeitsintensiven Tätigkeit nutzte sich das Material verständlicherweise sehr schnell ab. Da gut die Hälfte der Bergarbeiter am Falkenstein Häuer waren[26] und somit diese Tätigkeit verrichteten, dürfte der Eisenverbrauch in der Region sehr hoch gewesen sein. Nicht umsonst

---

24 Fischer, gemeine Gesellschaft der Bergwerke, S.209.
25 Rudolf Palme, Die Unschlittversorgung von Schwaz Mitte der zwanziger Jahre des 16. Jahrhunderts, in: Bergbaureviere als Verbrauchszentren, Stuttgart 1997, S.33-45, S.38.
26 Fischer, gemeine Gesellschaft der Bergwerke, S.210.

hatte nahezu jede größere Grube ihren eigenen Grubenschmied. Dieser befand sich zumeist vor den Stollen und widmete sich den ganzen Tag der Ausbesserung der Arbeitsmaterialien. Alleine im Revier Falkenstein gab es im Jahre 1526 beispielsweise 150 Gruben und 66 Grubenschmiede[27].

Ein weiteres wichtiges Produkt für die Aufrechterhaltung des Bergbaues war Holz. Neben seiner Funktion als Brennmaterial war es auch gleichzeitig Hauptbaustoff. Die kilometerlangen Schwazer Stollen mussten, nachdem sie ausgeschlagen wurden, mit Hölzern gestützt werden. Für diese Aufgabe stand eine beträchtliche Anzahl an Zimmerleuten zur Verfügung. Im Jahre 1526 waren es alleine am Falkenstein 158 Personen.[28] Bedenkt man, dass bei der regen Bautätigkeit in der Region im 16. Jahrhundert außerdem auch noch ein großer zusätzlicher Bedarf an diesem Baumaterial bestand und dass Holz ein beliebtes Heizmittel dieser Zeit war, wundert es, dass die Versorgung relativ problemlos gewährleistet werden konnte, besonders da für den Holzschlag nur das Gebiet zwischen Hall und dem Zillertal zur Verfügung stand.[29]

---

27 Fischer, gemeine Gesellschaft der Bergwerke, S.209.
28 Fischer, gemeine Gesellschaft der Bergwerke, S.209.
29 Rudolf Palme, Rechtliche und soziale Probleme im Tiroler Erzbergbau vom 12. bis zum 16. Jahrhundert, in: Anschnitt. Zeitschrift für Kunst und Kultur im Bergbau Nr. 30 (1984), S.111-117, S.115.

X. Geldflüsse – Was geschah mit den Einnahmen der Bergleute

Dieses Kapitel soll der Frage nachgehen, was mit den Einnahmen der Bergleute geschah. Ein Großteil der Erlöse aus dem landesfürstlichen Silbermonopol wurde bekanntermaßen für Zwecke verwendet, die der Region nicht zu gute kamen. Ein gutes Beispiel dafür ist die habsburgischen Großmachtspolitik.[1] Daher dürfte das, was die Bergleute selbst umsetzten, den eigentlichen Gewinn der Region dargestellt haben. Schwaz profitierte also weit weniger vom Ertrag des Bergbaus selbst, als von den Löhnen, die für die Abbautätigkeit gezahlt und zumeist auch wieder direkt in der Region ausgegeben wurden.

Da es sich bei den Knappen wahrscheinlich um die größte Bevölkerungsgruppe im Großraum handelte, erhält diese Frage eine zentrale Rolle bei der Betrachtung der Schwazer Wirtschaft. Zunächst soll es hier um die Feststellung eines Gesamteinkommens aller Schwazer Knappen gehen. Da genau für diesen Bereich durch das Schwazer Bergbuch und die Bergbeschau am Falkenstein verwendbare Daten überliefert sind, sollte eine relativ genaue Berechnung möglich sein. Im Folgenden werden die Ausgaben der Bergleute in etwa umrissen. Es ist dabei klar, dass bei diesem Unterfangen lediglich Schätzungen verwendet werden können. Anhand verschiedener recht genauer Angaben wie die, des bereits öfters erwähnten Augsburger Großgewerken Melchior Putz zum Lebensmittelverbrauch der Knappen[2], können jedoch relativ realistische Schätzungen angestellt werden. Nach Abzug der Lebensmittelkosten verbleibt dann ein Teil der Einnahmen für anderwertige Ausgaben wie Wohnung, handwerkliche Erzeugnisse, Heizmittel und, was auch nicht vergessen werden darf, für Ausgaben in den zahlreichen Wirtshäusern der Stadt. An dieser Stelle soll dann auch der Versuch unternommen werden zu ermitteln, wohin dieser Teil des Knappengehaltes geflossen ist.

Doch nun zur Frage des Gesamteinkommens. Einer Bergbeschau am Falkenstein im Jahre 1526 verdanken wir sehr genaue Zahlen zur Belegschaft dieses wichtigsten Schwazer Reviers. Die Zählung wurde am 6. Juni 1526 im Auftrag des Landesfürsten begonnen. Um einen korrekten Ablauf zu garantieren, wurden „neben drei Schwazer Geschworenen auch eine ganze

---

1   Mathis, wirtschaftliche Entwicklung, S.94.
2   Ludwig, Unternehmenserfolge, S.53.

Reihe an namhaften, auswärtigen Bergbeamten"[3] zu Rate gezogen. Dadurch sind diese Angaben sicherlich die Verlässlichsten für Belegschaft und Größe der Falkensteiner Gruben im 16. Jahrhundert. Insgesamt wurden 4.576 Personen in 150 Gruben gezählt.[4] Davon waren 1.654 als Lehenhauer, 488 als Gedinghauer und lediglich 32 als fest besoldete Herrenhauer beschäftigt. Circa 1.028 Personen verdingten sich als Knechte, 382 arbeiteten als Buben. 158 Arbeiter wurden als Zimmerleute, 68 als Grubenschmiede beschäftigt. Weiters werden auch noch 595 Scheider, 150 Hutleute und Grubenhüter sowie rund 23 Schreiber genannt.[5]

Für die Herrenhäuer wird im Schwazer Bergbuch von 1556 ein Lohn von einem Gulden pro Woche angegeben. In diesem Rahmen wird sich mit hoher Wahrscheinlichkeit auch der Lohn der selbstständigen Lehen- und Gedinghäuer bewegt haben. Karl-Heinz Ludwig berechnete für Lehenhäuer im nahen Zillertal zwar einen wöchentlichen Lohn von 1 ½ Gulden nach Abzug aller Kosten.[6] Den Klagen vieler Schwazer Häuer über die verschlechterte Abbausituation[7] kann man aber auch entnehmen, dass die Lohnsituation nicht ganz so rosig gewesen sein dürfte. Geht man von einem durchschnittlichen jährlichen Lohn von 52 Gulden aus, verdienten die insgesamt 2.174 Häuer des Falkensteins ungefähr 113.048 Gulden. Die rund 1.028 Personen, die als Knechte genannt wurden, dürften sich nach Peter Fischer aus den Berufen des Hasplers und des Truhenläufers zusammengesetzt haben[8]. Eine Berechnung des Mittelwerts aus den Löhnen der beiden Hilfsberufe ergibt eine Summe von 37 Kreuzern pro Woche. Im Jahr dürften die 1.028 als Knechte bezeichneten Arbeiter also rund 32.964 Gulden verdient haben. Des Weiteren werden 382 Buben genannt. Darunter wurden die jugendlichen Forcher- sowie Säuberbuben verstanden, die einen durchschnittlichen, mittleren Lohn von 26 Kreuzern in der Woche hatten. Dies ergibt einen jährlichen Gesamtverdienst von 8.607 Gulden. Die 158 genannten Zimmerleute am Falkenstein hatten ein wöchentliches Salär von einem Gulden[9] und kamen in Summe somit auf 8.216 Gulden pro Jahr. Für die 68 Grubenschmiede dürfte in etwa das selbe Lohnniveau gegolten haben. Sie dürften in Summe rund 3.536 Gulden erwirtschaftet haben.

---

3   Fischer, gemeine Gesellschaft der Bergwerke, S.206.
4   Fischer, gemeine Gesellschaft der Bergwerke, S.209.
5   Fischer, gemeine Gesellschaft der Bergwerke, S.93.
6   Fischer, gemeine Gesellschaft der Bergwerke, S.203.
7   Fischer, gemeine Gesellschaft der Bergwerke, S.203.
8   Fischer, gemeine Gesellschaft der Bergwerke, S.189.
9   Sokoll, Bergbau, S.45.

Tab.5: Einkommensverteilung am Falkenstein 1526[10]

Lohnniveau/Woche	Lohn/Woche	Tätigkeit	Zahl der Arbeiter	Gesamtsumme gerundet
über 60 Kreuzer	+60 Kreuzer	Häuer	2.174	113.048 Gulden
30 bis 40 Kreuzer	37 Kreuzer (Mittelwert)	Haspler, Truhenläufer[11]	1.028	32.964 Gulden
1-30 Kreuzer	26 Kreuzer (Mittelwert)	Forcher- und Säuberbuben	382	8.607 Gulden
40-60 Kreuzer	60 Kreuzer	Grubenzimmerleute	158	8.216 Gulden
40-60 Kreuzer	60 Kreuzer	Grubenschmiede	68	3.536 Gulden
40-60 Kreuzer	42 Kreuzer	Scheider	595	21.658 Gulden
40-60 Kreuzer	47,2 Kreuzer (Mittelwert)	Hutleute, Grubenhüter	150	6.136 Gulden
40-60 Kreuzer	56 Kreuzer	Grubenschreiber	23	1.117 Gulden

Die Entlohnung der genannten Scheider wird speziell für Schwaz zwar nicht genannt, im nahe gelegenen Kitzbühel lag ihr Verdienst jedoch bei 42 Kreuzern in der Woche.[12] Geht man nach diesen Vergleichszahlen, dürften die 595 genannten Falkensteiner Scheider in Summe rund 21.658 Gulden umgesetzt haben.

Für Hutleute und Grubenhüter sind diese Angaben nun allerdings etwas schwammiger, da lediglich 150 Personen für die gesamte Gruppe genannt werden und es gerade in diesem Beruf große Einkommensunterschiede gegeben hatte. So lag der Verdienst eines Taghutmanns bei mindestens einem Gulden, während der Bubenhutmann mit 32 Kreuzern lediglich die Hälfte

---

10   siehe: Fischer, gemeine Gesellschaft der Bergwerke, S.209.
11   Fischer, gemeine Gesellschaft der Bergwerke, S.189.
12   Fischer, gemeine Gesellschaft der Bergwerke, S.189.

ausbezahlt bekam.[13] Ein statistischer Mittelwert kann in diesem Fall nur bedingt weiterhelfen, da wahrscheinlich viel mehr „günstigere" Knechthutleute als Taghutmänner beschäftigt wurden. Bedenkt man allerdings, dass auch Grubenhüter mit genannt wurden, deren Verdienst sich zwischen den beiden Werten bewegte, dürfte die Abweichung von den realen Verhältnissen sicherlich nicht allzu groß gewesen sein. Die Ermittlung des Verdienstmittelwertes aus Tag-, Nacht-, Knecht- sowie Bubenhutleuten und Grubenhütern ergab einen Durchschnittsverdienst von 47,2 Kreuzern und somit jährliche Gesamteinnahmen von 6.136 Gulden. Zu guter Letzt kennt die Bergbeschau auch noch 23 Grubenschreiber. Mit einem wöchentliches Salär von 56 Kreuzern[14] kam diese Personengruppe auf Gesamteinnahmen von 1.117 Gulden im Jahr.

Insgesamt setzten die 4.576 Beschäftigten am Falkenstein pro Jahr also rund 195.282 Gulden um, was eine nicht gerade unbeträchtliche Summe dargestellt, wenn man bedenkt, dass Jakob Fugger bei der Wahl des Habsburgers Karl V. mit einem Kredit von 600.000 Gulden als „Retter des Hauses Habsburg"[15], wie es Rudolf Palme nennt, aufgetreten war und der Dynastie damit zu ihrem bedeutenden Aufstieg mitverholfen hatte.

Um nun zu einem Mittelwert zu kommen, der für die Berechnung des Gesamtverdienstes der anderen beiden Reviere verwendet werden kann, empfiehlt es sich, aus diesen Zahlen ein Durchschnittsgehalt pro Beschäftigtem auszurechnen. Da die Bedingungen in allen Revieren ähnlich gewesen sein dürften, ist die Verwendung eines solchen Durchschnittswertes sicherlich sehr nützlich. Im Schnitt verdiente ein Beschäftigter am Falkenstein im Jahre 1526 nach diesen Berechnungen also in etwa 42 Gulden und 40 Kreuzer. Dieses Ergebnis lässt sich nun recht gut zu den Beschäftigtenzahlen der anderen Reviere in Relation setzen. Im selben Jahr wurden im Revier Ringenwechsel 1.957 Personen bei einer Beschau gezählt, 19 Jahre später arbeiteten im dritten Revier der alten Zeche rund 2.100 Personen.[16] Unter Zuhilfenahme des errechneten Durchschnittsverdienstes der Beschäftigten am Falkenstein ergibt sich ein Gesamtverdienst für die Bergleute des Ringenwechsels von 83.499 Gulden. Die Arbeiter der Alten Zeche kamen demnach auf 89.600 Gulden. Insgesamt setzten die 8.633 Bergarbeiter der Region mit ihrer Arbeit demnach im Jahr gut 368.380 Gulden um, die zumeist direkt in der Region auch wieder ausgegeben wurden. Anhand dieser Summe kann man die bis jetzt wohl sicherlich unterschätzte Bedeutung der

---

13 Fischer, gemeine Gesellschaft der Bergwerke, S.189.
14 Fischer, gemeine Gesellschaft der Bergwerke, S.189.
15 Palme, Tätigkeit der Fugger, S.302.
16 Mathis, wirtschaftliche Entwicklung, S.96.

Schwazer Knappenschaft hinsichtlich ihrer hohen Kaufkraft sehr gut erkennen.

Nun stellt sich die Frage, wie viel ihres Verdienstes von den Bergleuten wieder ausgegeben wurde und besonders auch wofür? Als erster fixer Kostenpunkt muss man hier zuerst an die Versorgung mit Lebensmitteln denken. Viele Knappen lebten zwar in ländlichen, weiter verstreuten Siedlungen mit angeschlossenen landwirtschaftlichen Flächen, eine komplett autarke Versorgung war aber alleine aufgrund des zu geringen Platzes nicht möglich. Als Grundlage für die Berechnung des Lebensmittelverbrauches der Schwazer Knappenschaft empfiehlt es sich, die bereits öfters erwähnten Angaben des Großgewerken Melchior Putz zu verwenden. Nach dessen Berechnungen verbrauchte eine Knappenfamilie in 14 Tagen zwei Pfund Schmalz, zwei Pfund Zieger, sechs Pfund Mehl, zwei Pfund Fleisch, etwa 10 Laib Brot sowie ein bis zwei Pfund Schweinefleisch.[17] Ein unverheirateter Bergmann konsumierte dementsprechend weniger. Für ihn veranschlagte der Zeitgenosse Putz 1 ½ Pfund Schmalz und 1 ½ Pfund Zieger als wichtige kalorienreiche Nahrung, alle anderen Produkte „nemen sie selbst nit vil".[18] Da der Bergmann allerdings der „stärkste Esser" innerhalb seiner Familie war, wird der Verbrauch eines Unverheirateten an diesen Produkten aber sicherlich in etwa so hoch gewesen sein wie bei Schmalz und Zieger. Man wird daher hier ebenfalls von drei Vierteln des Bedarfs eines verheirateten Bergmannes ausgehen können.

Im vorangegangenen Kapitel zur Bevölkerungsentwicklung des Großraumes Schwaz wurden die direkt vom Bergbau abhängigen Personen auf etwa 18.000 geschätzt.[19] Dem war die Annahme vorausgegangen, dass 30% der rund 9.500 Berg- und Hüttenarbeiter des Jahres 1526 als Familienväter in einer Ehegemeinschaft lebten. Bei den Schätzungen wird also von 6.650 unverheirateten, 2.850 verheirateten Bergleuten sowie 8.550 Angehörigen ausgegangen. Die letzte Gruppe setzt sich, wie Vergleiche mit dem landesfürstlichen Untertanenverzeichnis des Inntals von 1427 zeigen, aus einer Ehefrau und zwei Kindern pro Familie zusammen.[20] 2.850 Berg- und Hüttenarbeiter versorgten dieser Schätzung nach insgesamt 11.400 Personen. Zieht man nun die Angaben des Augsburger Großgewerken zu Rate und vergleicht sie mit den im ersten Kapitel genannten Lebensmittelpreisen, er-

17   Ludwig, Unternehmenserfolge, S.53.
18   Ludwig, Unternehmenserfolge, S.54.
19   siehe: Kapitel VIII. in dieser Arbeit: Stadt- und Bevölkerungsentwicklung – Vom Dorf zur „Großstadt".
20   Stolz, Steuer-, Bevölkerungs- und Sippengeschichte , S.8.

geben sich zweiwöchentliche Lebensmittelausgaben von 39,12 Kreuzern für eine Familie im Jahr 1550.[21] Da auch die meisten Lohnangaben aus dem Schwazer Bergbuch von 1556 dieser Zeit entspringen, werden sich künftigen Preisangaben auf die Mitte des 16. Jahrhunderts beschränken. Der zweiwöchentliche „Warenkorb" eines unverheirateten Bergmannes war natürlich dementsprechend günstiger. Gemäß den weiter oben festgelegten Bedingungen[22], konsumierte ein alleine lebender Knappe alle zwei Wochen Lebensmittel im Wert von 29,24 Kreuzer.

In Summe dürften die geschätzten 6.650 unverheirateten Bergleute demnach also durchschnittlich rund 84.000 Gulden pro Jahr für Lebensmittel ausgegeben haben. Bei den verbleibenden 2.850 Verheirateten mit ihren Familien könnte es etwas anders ausgesehen haben. Hier könnten nach den Angaben des Melchoir Putz rund 48.000 Gulden aufgebracht worden sein. Für alle Schwazer Bergleute ergeben sich demnach geschätzte Kosten von rund 132.000 Gulden, die für Lebensmittel aufgebracht werden mussten. Nun lebten die Bergleute allerdings, wie bereits zuvor erwähnt, häufig in ländlichen Siedlungen. Vielfach hatten sie auch kleine Landwirtschaften an ihre Söllhäuser angeschlossen. Sie konnten also einen gewissen Teil ihres Verbrauches durch Eigenproduktion decken. Speziell tierische Produkte wie Milch, Eier, Zieger, und Fleisch konnte auf ihren Gründen leichter selbst hergestellt werden. Hier werden allerdings die Verheirateten stärker profitiert haben, da sie jemanden hatten, der sich in ihrer Abwesenheit um die Landwirtschaft kümmern konnte. Geht man nun davon aus, dass die geschätzten 30% Verheirateten rund 50% ihres Bedarfs selbst herstellten und die verbleibenden 70% Unverheirateten rund 20% ihres Bedarfes selbst decken konnten, würden immer noch Kosten von rund 91.200 Gulden verbleiben, die die Bergleute jedes Jahr für Lebensmittel ausgaben. Zieht man diese Kosten von den geschätzten Gesamteinnahmen von 368.380 Gulden ab, erhält man einen Betrag von in etwa 277.000 Gulden. Von dieser Summe müsste man noch eventuelle, leider nicht genau definierbare Wohnkosten sowie den Mitgliedsbeitrag in der Spittalsbruderschaft abziehen, um den Betrag zu erhalten, der für Waren und Dienstleistungen wieder in die Region investiert werden konnte. Steuerabgaben fielen für Mitglieder der Berggemeinde keine an.[23]

---

21 siehe: Kapitel II. in dieser Arbeit: Löhne, Preise sowie Kaufkraft im frühneuzeitlichen Schwaz.

22 Grundlage für die Berechnung: 1 unverheirateter Bergmann konsumiert 1 ½ Pfund Schmalz, 1 ½ Pfund Zieger, 4 ½ Pfund Mehl, 1 ½ Pfund Rindfleisch, 7 ½ Laib Brot, 1 ½ Pfund Schweinefleisch.

23 Palme / Gstrein / Ingenhaeff, Glück auf, S.96.

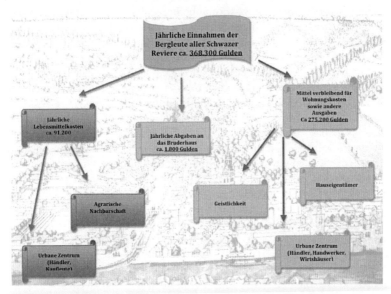

Abb.15: Verteilung der Einkünfte aus dem Bergbau

Die erwähnten Abgaben an das Bruderhaus, die in etwa als Vorform heutiger Krankenkassen zu sehen waren[24], beliefen sich für jeden Bergmann auf 12 Kreuzer pro Jahr.[25] Insgesamt zahlten 9.000 Bergarbeiter (exklusive Hüttenarbeiter) somit 1.800 Gulden an diese Einrichtung. Dies reduzierte den Teil des Einkommens der für weitere Ausgaben in der Region verblieb auf 275.200. Dieses Geld war es schließlich, das die Schwazer Wirtschaft am Leben erhielt. Hiervon wurden die unzähligen Wirtshäuser sowie der Einzelhandel der Region und zu guter Letzt auch wiederum verschiedene sakrale Bauprojekte finanziert.

In einem früheren Kapitel über die Stadt- und Bevölkerungsentwicklung wurde bereits festgestellt, dass sich der Großraum Schwaz aus drei großen Bevölkerungsgruppen zusammensetzte.[26] Neben den, direkt vom Bergbau

---

24 Für weitere Informationen zu diesem Thema siehe: Kapitel VII. in dieser Arbeit: Gesundheitswesen und Armenversorgung.
25 Erich Egg / Franz Kirnbauer, Das Bruderhaus zu Schwaz, Wien 1963, S.16.
26 siehe: Kapitel VIII. in dieser Arbeit: Stadt- und Bevölkerungsentwicklung – Vom Dorf zur „Großstadt".

abhängigen 18.000 Bergleuten und deren Angehörigen gab es noch zwei weitere Gruppen, die indirekt vom Silberboom profitierten. Zum ersten waren dies die nicht genau quantifizierbaren, sonstigen Einwohner des urbanen Kerns der Region, zu dem auch sehr viele Händler und Handwerker gehörten. Die zweite Gruppe war agrarisch dominiert und bewohnte das ländliche Umland. Diese Personen befanden sich häufig auch in direkter Nachbarschaft zu den Knappen und dürften sicherlich zu einem guten Teil an deren Ausgaben für Nahrungsmittel mitprofitiert haben. Hier ist natürlich anzunehmen, dass die Bergleute viele Waren direkt bei ihren „bäuerlichen" Nachbarn bezogen. In vielen ländlichen Regionen ohne gut ausgebauten Einzelhandel ist dies ja heute auch noch häufig der Fall. An diese Gruppe dürfte also ein Teil der vorhin errechneten Lebensmittelkosten von 91.200 Gulden gegangen sein. Der „Löwenanteil" des Gesamteinkommens mit geschätzten 275.200 Gulden (nach Abzug der Bruderschaftsabgabe) blieb schließlich für die Kaufleute und das „städtische" Handwerk, deren Vertreter großteils im urbanen Zentrum, den Vierteln Markt und Dorf, und dem Spittalsviertel ansässig waren. Ebenso wenig darf man an dieser Stelle auch die zahlreichen Wirtshäuser vergessen, die überall in der Region verstreut waren. Sie zählten wohl zu den ganz großen Profiteuren des Silberabbaus in Schwaz. Die Bergleute waren auch an nahezu allen wichtigen sakralen Bauten der „Silberzeit" maßgeblich beteiligt. Bereits im Jahre 1490 begannen Mitglieder der Gemeinen Gesellschaft des Berges die 1460 errichtete Liebfrauenkirche um das so genannte „Knappenschiff" zu erweitern. Ebenso leisteten sie bei der Gründung des Franziskanerklosters im Jahre 1507 entscheidende finanzielle Beiträge.[27]

---

27   Palme / Gstrein / Ingenhaeff, Glück auf, S.61.

XI. Zum Schluss – 10 Thesen anstelle eines Fazits

Schwaz erlebte im Verlauf des 15. und 16. Jahrhunderts eine Hochphase wirtschaftlicher Entwicklung. Viele Gebäude, die den Ortskern heute noch entscheidend mitbestimmen, entstammen dieser Zeit. Ermöglicht wurde diese Entwicklung durch den Bergbau, der die Gemeinde bis ins 17. Jahrhundert hinein aufblühen ließ. Interessant war es, festzustellen, woher das Geld kam, welches das Leben in der Bergbauregion aufrecht erhielt. Verständlich war, dass es aus dem Bereich des Bergbaus gekommen sein musste. Dass allerdings die Gehälter der Bergleute dabei eine so entscheidende Rolle spielten und dass es sich vor allem um so hohe Beträge handelte, ist sicherlich eine der überraschensten Erkenntnisse dieser Arbeit. Somit waren es wiederum die Menschen, in diesem Fall die Bergarbeiter, die, ohne es zu wollen oder zu ahnen, eine wirtschaftliche Kettenreaktion in der Region in Gang setzten. Schließlich hatten mehrere tausend Arbeiter einen Beruf, der ihnen ein Einkommen außerhalb der Landwirtschaft verschaffte. Dadurch wurden wiederum anderwertige Spezialisten wie Handwerker oder Händler benötigt, die sich ebenfalls spezialisierten und so ihrerseits auch wieder Nachfrage entwickelten.

In diesem abschließenden Kapitel werden nun die wichtigsten neuen Erkenntnisse dieser Arbeit in Kurzform dargestellt. Sofern möglich, werden an dieser Stelle auch alle Fragen beantwortet, die eingangs gestellt wurden. Gleichzeitig soll so aber auch eine kleine Zusammenfassung der gesamten Arbeit geboten werden. Um bei dem großen Umfang und der Vielfalt der Thematik trotzdem noch einen klaren und vor allem deutlichen Überblick geben zu können, wurden 10 Thesen aufgestellt, die den Erkenntnisgewinn dieser Arbeit verdeutlichen sollen.

These 1: Die bergbaulichen Hilfsberufe wurden im Gegensatz zu anderen, von der Tätigkeit her ähnlichen Professionen im Tal, höher bezahlt. Bei Berufen die eine höhere Qualifikation voraussetzten sah es genau umgekehrt aus. Hier verdienten die Spezialisten im Tal besser.

An dieser Stelle ist zu erwähnen, dass der in Kapitel eins durchgeführte Lohnvergleich keine der beiden gängigen Aussagen unterstützt, nach denen die Löhne der Bergarbeiter entweder höher[1] oder niedriger[2] gewesen sein mussten, als bei vergleichbaren Berufen außerhalb des Bergbaus. Vielmehr

---

1   siehe: Egg, Schwaz, S.19.
2   siehe: Fischer, gemeine Gesellschaft der Bergwerke, S.194.

konnte in Kapitel I. festgestellt werden, dass die bergbaulichen Hilfsberufe im Gegensatz zu anderen, von der Tätigkeit ähnlichen Professionen im Tal, besser bezahlt waren. Bei Berufen, die eine höhere Qualifikation voraussetzten, sah es interessanterweise wiederum anders aus.[3] So konnten Handwerksmeister im Tal bei einigermaßen guter Auftragslage sicherlich mehr verdienen als ihre Kollegen am Berg. Als Beispiel hierfür kann das Gewerbe des Zimmermanns dienen. Der Großteil der Zimmerer des „Silbernen Schwaz" wurde von den Gewerken bei deren Gruben beschäftigt. Hierfür wurden sie laut Bergbuch mit 52 Gulden im Jahr entlohnt.[4] Die restlichen, nicht im Bergbau tätigen Schwazer Zimmermeister, hatten ein etwas höheres Einkommen. Laut Erich Egg bekamen sie 72 Kreuzer pro Woche, womit sie auf 62 Gulden und 24 Kreuzer im Jahr kamen. Ihr Lohn lag also um rund 20 bis 25 Prozent höher als bei ihren Knappenkollegen.[5] Um den großen Unterschied bei den „weniger qualifizierten" Hilfsberufen deutlich werden zu lassen, wurden im ersten Kapitel die Löhne der „bergmännischen" Säuberbuben, mit denen der im Tal beschäftigten Mörtelträger verglichen. Beide Berufe sind am unteren Ende der Schwazer Lohnskala angesiedelt. Trotzdem zeigt sich, dass ein „schlechtverdienender Knappe" am Berg immer noch rund doppelt soviel einnahm wie ein vergleichbarer Hilfsarbeiter im Tal.[6]

These 2: Viele „niedriger qualifizierte" Schwazer Arbeiter konnten sich mit hoher Wahrscheinlichkeit keine Familie leisten, da es ihr Gehalt nicht zuließ.

Ein Vergleich der Lebensmittelkosten des nahe gelegenen Städtchens Rattenberg lässt einen in der Literatur häufig erwähnten Preisanstieg in der ersten Hälfte des 16.Jahrhunderts erkennen. Geht man nach dem Warenkorb des Augsburger Großgewerken Melchior Putz, benötigte eine Bergarbeiterfamilie im Jahre 1490 in der Woche Lebensmittel im Wert von 12,26 Kreuzern. Zwei Jahrzehnte später, im Jahr 1510 lagen die Kosten noch annähernd gleich bei 12,76 Kreuzern. Die große Teuerung erfolgte dann jedoch im Verlauf der nächsten 40 Jahre, so dass um die Mitte des 16. Jahrhunderts, ungefähr zur selben Zeit als auch das Schwazer Bergbuch erschien,

---

3   siehe Kapitel II. in dieser Arbeit: Löhne und Preise sowie Kaufkraft im frühneuzeitlichen Schwaz.
4   Sokoll, Bergbau, S.45.
5   Egg, Bauhandwerk, S.106.
6   siehe Kapitel II. in dieser Arbeit: Löhne und Preise sowie Kaufkraft im frühneuzeitlichen Schwaz.

dieselbe Knappenfamilie für ihre Konsumationen bereits 19,56 Kreuzer zu zahlen hatte.[7] Dies entsprach rund 17 Gulden im Jahr. Bedenkt man nun das niedrige Gehaltsniveau der Hilfsarbeiterberufe, das im Bergbau mit 24 Gulden (Säuberbuben)[8], beziehungsweise im Tal mit 13 bis 14 Gulden (Mörtelträger, Tagwerker)[9] begonnen haben dürfte, drängt sich die Vermutung auf, dass sich viele der „niedriger qualifizierten" Schwazer Arbeiter wahrscheinlich gar keine Familie hatten leisten können, da dafür einfach das Geld nicht gereicht hätte. Viele Familien hatten zwar oftmals eine eigene kleine Landwirtschaft an ihre Wohnstätte angeschlossen, bei dem allgemeinen niedrigen Lohnniveau innerhalb der „Hilfsberufe" erscheint die Ernährung einer Familie jedoch trotzdem sehr schwierig. Die Situation wurde außerdem im Verlauf des 16. Jahrhunderts durch den Anstieg der Lebensmittelpreise weiter verschärft.

These 3: Das frühneuzeitliche Schwaz war eine ländliche Großregion, in der mehrere selbstständige Gemeinden nebeneinander existierten. Das eigentliche „städtische" Schwaz bestand lediglich aus einem urbanen Zentrum mit rund 3.000 bis 4.000 Einwohnern.

Häufig wird das Schwaz des 17. Jahrhunderts immer noch als zweitgrößter österreichischer Ort nach Wien bezeichnet. In diesem Zusammenhang werden Zahlen von 20.000 bis 30.000 Einwohner genannt. In der jüngsten Literatur wurden diese Angaben dann wieder stark nach unten korrigiert. So nimmt Franz-Heinz Hye in einem im Jahre 2004 erschienenen Aufsatz eine Bevölkerung von 12.500 Personen an.[10] Für das frühneuzeitliche Schwaz ist es jedoch am treffensten von einer Großregion zu sprechen, da hier einfach mehrere, selbstständige Gemeinden nebeneinander existierten. Das eigentliche „städtische" Schwaz bestand jedoch lediglich aus dem urbanen Zentrum um die Viertel Dorf, Markt und dem Spitalsviertel. Hier dürfte man auch das Gefühl gehabt haben, sich in einer Stadt zu befinden, da es nur hier eine dicht geschlossene Bauweise mit größeren Häusern gab. Dieses „Zentrum" dürfte nach Schätzungen von Franz Mathis aus dem Jahre

---

7   siehe Kapitel II. in dieser Arbeit: Löhne und Preise sowie Kaufkraft im frühneuzeitlichen Schwaz.

8   Sokoll, Bergbau, S.44.

9   Egg, Bauhandwerk, S.61.

10 Franz-Heinz Hye, Stadt und Bergbau in Tirol mit besonderer Berücksichtigung der Städte Hall und Schwaz, in: Karl-Heinrich Kaufhold /Wilfried Reininghaus (Hg.), Stadt und Bergbau (Städteforschung Reihe A), Köln/Weimar/ Wien 2004, S.313-330, S.325.

1994 in seiner Blütezeit nie mehr als 3.000 bis 4.000 Einwohner[11] gehabt haben und somit nicht größer gewesen sein als andere bedeutende Nordtiroler Gemeinden wie Innsbruck oder Hall. Der entscheidende Unterschied zu diesen Städten bestand in dem das „städtische" Zentrum umgebende Umland, das im Großraum Schwaz ungleich dichter besiedelt war. In viel stärkerem Maße waren es also die umliegenden Gemeinden, die die eigentliche Bevölkerung des Großraumes stellten. So ist es wahrscheinlich nicht unrealistisch, dass im gesamten „Großraum" an die 20.000 bis 25.000 Personen lebten. Eine geschlossene, urbane Siedlung mit dieser Einwohnerzahl kann jedoch alleine auf Grund der geringen Handwerkerzahlen ausgeschlossen werden.[12]

These 4: Viele der dringend benötigten Lebensmittel wurden von den großteils agrarisch lebenden Knappenfamilien selbst hergestellt.

Die agrarische Siedlungsweise der Knappen in   Söllhäusern mit angeschlossener landwirtschaftlicher Fläche bekräftigt die Vermutung, dass ein gewisser Teil der Versorgung der großen Schicht der Schwazer Knappen durch Eigenproduktion gedeckt wurde.[13] Viele der dringend benötigten Lebensmittel wurden also von den großteils agrarisch lebenden Knappenfamilien selbst hergestellt. Hierzu standen ihnen oftmals eigene kleine landwirtschaftliche Streifen bei ihren Söllhäusern zur Verfügung, auf denen die Knappen in begrenztem Maße selbst Lebensmittel anbauen oder ein paar Stück Vieh halten konnten.[14] Die Versorgungssituation dürfte deshalb zwar immer noch angespannt gewesen sein, in normalen Jahren sollte die Aufrechterhaltung einer geregelten Versorgung allerdings relativ problemlos möglich gewesen sein. Man darf auch den Umstand nicht außer Acht lassen, dass die Bergleute in einem ländlichen Umfeld lebten und dort auch Nachbarn hatten, die kleine oder größere Landwirtschaften betrieben. Sie waren daher nicht nur auf die lokalen Schwazer Händler und Kaufleute angewiesen, sondern konnten ihren Bedarf an Lebensmitteln auch in ihrer unmittelbaren bäuerlichen Nachbarschaft decken. Die große Ausnahme bildete hier das im Anbau relativ flächenintensive Getreide, welches nicht in ausreichendem Maße im Inntal angebaut werden konnte.

---

11 Mathis, wirtschaftliche Entwicklung, S.81.
12 siehe Kapitel VIII. in dieser Arbeit: Stadt- und Bevölkerungsentwicklung – Vom Dorf zur „Großstadt".
13 siehe Kapitel XI. in dieser Arbeit: Versorgung des Großraums.
14 Palme / Gstrein / Ingenhaeff, Glück auf, S.58.

These 5: Trotz der Eigenproduktion war die Region aufgrund der hohen Bevölkerungsdichte von Importen abhängig. Fielen diese einmal aus, blieb den Menschen oftmals nichts anderes als zu hungern.

Notzeiten, wie schlechte Erntejahre, stellten für die Bevölkerung des Großraums jedoch ein beträchtliches Problem dar, da die Bevölkerungsdichte in der Region für eine von außen unabhängige Versorgung viel zu hoch war. In Schwaz konnte also immer nur ergänzend zu den Importen produziert werden, niemals reichte die Produktion für die komplette Versorgung der Bevölkerung aus. Wenn daher die Importe ausfielen oder verringert wurden, blieb den Menschen oftmals nichts anderes als zu hungern. Solche „Krisenzeiten" sind besonders für die beiden Hauptnahrungsmittel der Schwazer, Fleisch und Getreide, mehrmals belegt. So kam es beispielsweise in den 1530er sowie 1550er Jahren öfters zu solchen Engpässen.[15]

These 6: Der überwiegende Teil des Bedarfs an Unschlitt sowie an anderen tierischen Fetten wie beispielsweise Schmalz wurde am heimischen Markt über die Schwazer Metzger gedeckt. Erst wenn dieses Angebot erschöpft war, griff man auf Importe zurück.

Die Region war also aufgrund ihrer Bevölkerungsdichte zu einem gewissen Maße von Importen abhängig. Ähnlich war die Situation auch bei den Betriebsmitteln für die Bergwerke. Besonders beim Unschlitt zur Beleuchtung der Bergwerke wird in Literatur und Quellen immer von Einfuhren aus Böhmen, Bayern, Oberösterreich oder Kärnten gesprochen, so dass der Eindruck entsteht, Schwaz sei zu 100% von Importen aus diesen Gegenden abhängig gewesen. Der überwiegende Teil des Bedarfs an Unschlitt sowie an anderen tierischen Fetten wie beispielsweise Schmalz wurde jedoch am heimischen Markt über die Schwazer Metzger gedeckt. Erst wenn deren Ressourcen erschöpft waren, richteten die zuständigen Einkäufer ihr Augenmerk auf andere Gegenden. Importe aus anderen Regionen fanden also immer nur statt, wenn das lokale Angebot erschöpft war. So hätten die Importe der „Gesellschaft zur Unschlitt- und Eisenbeschaffung" niemals genug ausgereicht, um den effektiv benötigten Jahresbedarf an Unschlitt zu decken, wie Berechnungen für das Jahr 1523 deutlich zeigen.[16]

---

15   Fischer, Getreidepolitik, S.9.
16   siehe: Kapitel XI. in dieser Arbeit: Versorgung des Großraums.

These 7: Im frühneuzeitlichen Schwaz kann man in der Regel drei Bevölkerungsgruppen erkennen. Zum ersten gab es hier eine stadtähnliche Bevölkerung, dann lebten dort auch die Knappen und ihre Familien sowie die agrarisch lebenden Bewohner des Umlandes.

Im Großraum Schwaz lebten also verschiedene Bevölkerungsgruppierungen. In der Regel kann man von drei Großgruppen sprechen, einer stadtähnlichen Bevölkerung, den Knappen und ihren Familien sowie den agrarisch lebenden Bewohnern des Umlandes.[17] Die urbane Schicht lebte hauptsächlich in den Vierteln Markt, Dorf und dem Spitalsviertel und bestand zu einem Großteil aus Handwerkern, Gewerbetreibenden, Händlern, Faktoren und Gewerken sowie der Schwazer Beamtenschaft. Daneben wird hier sicherlich auch der eine oder andere Bergmann gelebt haben. Nach der bereits erwähnten Schätzung von Franz Mathis bestand sie in etwa aus 3.000 bis 4.000 Personen.[18] Die zweite Gruppe der Bergleute und ihrer Familien lebte hauptsächlich an den Rändern des urbanen Zentrums und in den Nachbargemeinden und dürfte sich gemäß einer Schätzung im achten Kapitel auf über 18.000 Personen belaufen haben.[19] Die dritte Gruppe bestand aus der ursprünglich bäuerlichen Bevölkerung der Region und war vorwiegend in den ländlichen Nachbargemeinden um Schwaz angesiedelt.

These 8: Bei den Bergleuten handelte es sich nicht um eine homogene, sondern vielmehr um eine buntgemischte Gruppe aus verschiedenen Herkunftsländern.

Zu Beginn des Bergbaus, als die Arbeitsschritte noch nicht sonderlich ausdifferenziert waren, scheinen die meisten Bergleute aus dem bäuerlich-agrarischen Bereich gekommen zu sein.[20] Durch die geringe Arbeitsteilung waren jedoch Ertrag und Bedeutung das Bergbaues nur sehr gering. Daher stellte diese Tätigkeit für die meisten der Arbeiter auch nur einen nicht-bäuerlichen Nebenerwerb dar.[21] Als dann in der ersten Hälfte des 15. Jahrhunderts bedeutende Silberfunde die Schwazer Reviere für einen groß angelegten Abbau interessant machten, bildeten diese frühen Knappen das erste und vorerst einzige Reservoir für die Anwerbung von Arbeitern. Von

---

17 siehe: Kapitel XI. in dieser Arbeit: Versorgung des Großraums.
18 Mathis, wirtschaftliche Entwicklung, S.81.
19 siehe Kapitel VIII. in dieser Arbeit: Stadt- und Bevölkerungsentwicklung. Vom Dorf zur „Großstadt".
20 Stöger, Migration, S.171.
21 Stöger, Migration, S.171.

der Aussicht auf schnellen Reichtum angelockt, begann bald der Zuzug von Bergfacharbeitern aus anderen Revieren. Zu dieser Zeit war es Mitgliedern der Berggemeinden noch gestattet, im Rahmen des jeweiligen Arbeitsvertrages den Arbeitgeber zu wechseln oder sich in ein anderes Bergrevier zu begeben um dort zu arbeiten.[22] Knapp einhundert Jahre später waren in den Revieren des Großraumes Schwaz gut 9.000 Bergleute beschäftigt. Diese enorme Zunahme an Arbeitern dürfte zum Großteil durch die Zuwanderung vor allem aus den älteren deutschsprachigen Bergbaugegenden in Böhmen und Sachsen ermöglicht worden sein.[23] Daneben hatte sich natürlich auch der Anteil der „einheimischen" Knappen durch nachgeborene Bauernsöhne weiter vermehrt, denen kein Erbe zustand und die deshalb ihr Glück im Bergbau suchten.

These 9: Es waren nicht die Gewinne aus dem Verkauf der abgebauten Erze, die der Knappenstadt zu Reichtum verhalfen, sondern vielmehr die Löhne, die den Arbeitern für den Abbau gezahlt wurden.

Der Großteil der landesfürstlichen Erträge aus dem Silberabbau verblieb nicht im Land, sondern wanderte in Projekte wie die habsburgische Großmachtpolitik. Es waren daher nicht die Gewinne aus dem Verkauf der abgebauten Erze, die der Knappenstadt zu Reichtum verhalfen, sondern vielmehr die Löhne, die für dessen Abbau gezahlt wurden. Wie ich in dem Kapitel zu den Geldflüssen nachzuweisen versuchte, wurden auf diese Weise hohe Summen umgesetzt, die wiederum direkt für den Konsum im Wirtschaftsraum Schwaz verwendet werden konnten.[24] Die Umrechnung der im Bergbau gezahlten Löhne auf die Arbeiter des Falkensteins ergab die beträchtliche Summe von in etwa 200.000 Gulden, die alleine die Arbeiter dieses Reviers jedes Jahr einnahmen.[25] Schätzungen, die auf der Grundlage dieser Zahlen für die anderen Reviere durchgeführt wurden, lassen sogar auf ein jährliches Gesamteinkommen aller Schwazer Knappen von etwa 370.000 Gulden schließen.[26] Aufgrund fehlender Mobilität blieb den Knappen zumeist keine andere Möglichkeit, als ihr Einkommen in der Region auszugeben.

---

22   Stöger, Migration, S.171.
23   Stöger, Migration, S.173.
24   siehe: Kapitel X. in dieser Arbeit: Geldflüsse – was geschah mit den Einnahmen.
25   siehe: Kapitel X. in dieser Arbeit: Geldflüsse – Was geschah mit den Einnahmen der Bergleute.
26   siehe: Kapitel X. in dieser Arbeit: Geldflüsse – Was geschah mit den Einnahmen der Bergleute.

Zum einen profitierte hiervon natürlich die agrarische Nachbarschaft der Knappen, da ein Teil der Einkünfte für den Kauf von Lebensmitteln verwendet wurde. Zum anderen wurde auch viel Geld für geistliche Belange aufgebracht. Ein gutes Beispiel hierfür bieten die zahlreichen Sakralbauten des 16. Jahrhunderts. Am stärksten profitierte von den Löhnen der Knappen jedoch das urbane Zentrum der Region mit seinen Handwerkern, Händlern und auch Wirtshäusern. Dieser Kern war es auch, der in der Hochphase des 16. Jahrhunderts die stärkste bauliche Ausgestaltung im Laufe seiner Geschichte erlebte.

These 10: Schwaz verfügte im Vergleich zu anderen, langsam gewachsenen Nordtiroler Städten wie Innsbruck oder Hall über eine sehr schlecht ausgeprägte handwerkliche Tradition, die anderen Anbietern den Zugang zu den Märkten leichter ermöglichte.

Trotz der vorwiegend ländlichen Struktur der Großregion Schwaz erscheint die geringe Anzahl an Handwerks- sowie Gewerbebetrieben verwunderlich. So arbeiteten in der benachbarten Stadt Rattenberg beispielsweise im Jahre 1550 bei rund 750 Einwohnern über 16 Bäcker[27] und acht Metzger.[28] Etwa zur gleichen Zeit sind für Schwaz nur etwa vier Bäcker und fünf Metzger mehr belegt und dies bei einer vielfach höheren Bevölkerung.[29] Schwaz verfügte im Vergleich zu anderen, langsam gewachsenen Nordtiroler Städten wie Innsbruck oder Hall also über eine sehr schlecht ausgeprägte handwerkliche Tradition, die anderen Anbietern den Zugang zu den Märkten leichter ermöglichte.

Dies kann man hauptsächlich mit einem raschen Wachstum, ausgelöst durch die so genannte „sekundäre Migration" erklären, die der „primären" durch die Bergleute folgte.[30] Die Einwanderungswelle der Knappen zog also eine ganze Reihe von weiteren „sekundären" Einwanderen nach sich, die sich um die Versorgung der neu Zugezogenen kümmerten. Die Zuwanderer konnten oder wollten sich nur bedingt in zünftischen Vereinen organisieren, wodurch Handel, Handwerk und Gewebe nicht so stark vertreten waren wie in anderen Städten. Dies war auch ein Mitgrund für den hohen Anteil an auswärtigen Händlern und Handwerkern, die in der Stadt ihre Waren parallel zu den städtischen Betrieben verkaufen konnten. Ebenso kann man dadurch auch zu einem gewissen Teil die starken Aktivitäten der Pfennwert-

---

27 Schmelzer, Preise und Löhne, S.7.
28 Schmelzer, Preise und Löhne, S.13.
29 Mathis, Versorgungswesen.
30 Stöger, Migration, S.171.

gesellschaften der Gewerken oder auch die Etablierung einer Großbäckerei im nahen Stans durch die Fugger erklären.[31]

---

31 Egg / Pfaundler / Pizzini, Werkleuten und Gewerbe, S.176.

XII. Literaturverzeichnis

Aberle, Andreas, Nahui, in Gott`s Nam! Schiffahrt auf Donau und Inn Salzach und Traun, Rosenheim 1974.

Ahrer, Günther, Schmiede- und Schlosserhandwerk in Südtirol, Innsbruck 1968.

Ammann, Gerd/Pizzini, Meinrad, Gewerken-Beamte-Bergarbeiter. Katalog, in: Bergbau in Tirol. Silber, Erz und Weißes Gold. Katalog zur Tiroler Landesausstellung 1990, Innsbruck 1990, S.136-169.

Bartels, Christoph, Grubenholz – Holz und seine Verwendung im Bergwerksbetrieb des Spätmittelalters und der frühen Neuzeit, in: Wolfgang Ingenhaeff (Hg.), Bergbau und Holz. Schwazer Silber, 4. Internationaler Montanhistorischer Kongress Schwaz 2005, Innsbruck 2006, S. 9-30.

Bartels, Christoph (Hg.)/Bingener, Andreas/Slotta, Rainer, „1556 Perkwerch etc." - Das Schwazer Bergbuch. Band II.: Der Bochumer Entwurf und die Entfassung von 1556. Textkritische Editionen, Bochum 2006.

Bartels, Christoph (Hg.)/Bingener, Andreas/Slotta, Rainer, „1556 Perkwerch etc." - Das Schwazer Bergbuch. Bd.III: Der Bergbau bei Schwaz in Tirol im mittleren 16. Jahrhundert, Bochum 2006.

Benevutti, Oliver, Säumer und Fuhrleute, Feldkirch 1999.

Bingener, Andreas, Gesundheitliche Aspekte im Zusammenhang mit der Lebensmittelversorgung von Schwaz in der Mitte des 16.Jahrhunderts, in: Bergbau und Medizin. Schwazer Silber, 3. Internationales Bergbausymposium Schwaz 2004. Tagungsband, Innsbruck 2005, S.49-69.

Bittner, Herbert, Hausnamenverzeichnis von Schwaz, Tiroler Heimatblätter, Heft 2/1985, S.50-57.

Burt, Roger, Economic and Social Structures in Mining Settlement From Pre-Modern to Modern Times. Was Mining a Good Thing, in: Anreiter Peter / Goldenberg Gert / Hanke Klaus (Hg.), Mining in European History and its Impact on Environment and Human Societies. Proceedings from the

First Mining in European History Conference of the SFB-HIMAT, 12.-15. November 2009 Innsbruck, Innsbruck 2010, S. 25-28.

Czaya, Eberhard, Der Silberbergbau. Aus Geschichte und Brauchtum der Bergleute, Leipzig 1990.

Egg, Erich, Aufstieg, Glanz und Ende des Gewerkengeschlechts der Tänzl, in: Hermann Gerhardinger / Franz Huter, Tiroler Wirtschaft in Vergangenheit und Gegenwart. Festgabe zur 100-Jahrfeier der Tiroler Handelskammer, Bd.I. Beiträge Zur Wirtschafts- und Sozialgeschichte Tirols (Schlern-Schriften 77), Innsbruck 1951, S. 31-52.

Egg, Erich, Die Silberstadt Schwaz. Ein Führer durch Geschichte und Kunst, Schwaz 1960.

Egg, Erich, Schwaz vom Anfang bis 1850, in: Stadtgemeinde Schwaz (Hg), Stadtbuch Schwaz. Natur-Bergbau-Geschichte, Schwaz 1986, S.78-216.

Egg, Erich, Kirnbauer Franz, Das Bruderhaus zu Schwaz, Wien 1963.

Egg, Erich/Pfaundler, Wolfgang/Pizzini, Meinrad, Von allerley Werkleuten und Gewerben. Eine Bildgeschichte der Tiroler Wirtschaft, Innsbruck 1976.

Egg, Erich, Die Kirche Unser lieben Frau in Schwaz als Bergbauunternehmer, in: Der Anschnitt, Jahrgang 25 (1973), Heft 6, S. 3-13.

Egg, Erich, Die Stöckl in Schwaz, in: Gerhard Heilfurth, Leopold Schmidt (Hg), Bergbauüberlieferungen und Bergbauprobleme in Österreich und seinem Umkreis. Festschrift für Franz Kirnbauer, Wien 1975, S.51-64.

Egg, Erich, Kunst in Schwaz, Schwaz 2001.

Egg, Erich, Das Schmelzbuch des Hans Stöckl. Die Schmelztechnik in den Tiroler Hüttenwerken um 1550, in: Der Anschnitt. Zeitschrift für Kunst und Kultur im Bergbau, Sonderheft 2 (1963), S. 3-34.

Egg, Erich, Meister der Eisenkunst in Schwaz {Tiroler Heimat 1954}, Innsbruck 1954, S.77-90.

Egg, Erich, Aus der Geschichte des Bauhandwerks in Tirol, Innsbruck 1957.

Egg, Erich, das Handwerk der Uhr-und Büchsenmacher in Tirol, Innsbruck 1982.

Egg, Erich, Die Stöckl-Offizin in Siegmundslust bei Schwaz, Veröffentlichungen des Museum Ferdinandeum, Band 50 1970, S.5-27.

Egg, Erich, Die Kirche Unser lieben Frau in Schwaz als Bergbauunternehmer, in: Der Anschnitt, Jahrgang 25 (1973), Heft 6, S. 3-13.

Epidemien in Schwaz und die ärztliche Versorgung, in: Sonntagspost, Jhg. 11, 14.03.1982, S.5.

Fischer, Josef, Tirols Getreidepolitik von 1527 bis 1601 (Forschungen zur inneren Geschichte Österreichs), Innsbruck 1919.

Fischer, Peter, Die gemeine Gesellschaft der Bergwerke. Bergbau und Bergleute im Tiroler Montanrevier Schwaz zur Zeit des Bauernkrieges, St. Kathrinen 2001.

Fürweger, Katherina, Krankheitsbilder der Bergwergsangehörigen und Heilmethoden im Schwazer Bergsegen, in: Bergbau und Medizin. Schwazer Silber, 3. Internationales Bergbausymposium Schwaz 2004. Tagungsband, Innsbruck 2005, S.105-111.

Glas, Andreas, Beiträge zur Geschichte der Preise und Löhne in Tirol, phil. Dipl., Innsbruck 2007.

Grass, Nikolaus, Holzmann Hermann, Geschichte des Tiroler Metzgerhandwerkes und der Fleischversorgung des Landes Tirols, Innsbruck 1982.

Grass, Franz, Studien zur Sakralkultur und Kirchlichen Rechtshistorie Österreichs, Innsbruck 1967.

Hilber, Marina, Social Interrelations in an Early Modern Mining Area. Marriage Patterns in the Greater Schwaz Area, in: Anreiter Peter / Goldenberg Gert / Hanke Klaus (Hg.), Mining in European History and its Impact on Environment and Human Societies. Proceedings from the First Mining in

European History Conference of the SFB-HIMAT, 12.-15. November 2009 Innsbruck, Innsbruck 2010, S. 45-49.

Hochenegg, Hans, Die Handwerksordnung der Rotgerber zu Hall in Tirol vom 6. Mai 1668, in: Tiroler Heimat. Jahrbuch für Geschichte und Volkskunde, Band 36 1972, S.61-77.

Hoffmann, Gerd, Bergmännische Privilegien im Bereich des Strafrechtes in der alten Bergbauregion Schwaz, in: Der Anschnitt. Zeitschrift für Kunst und Kultur im Bergbau 60 (5-6, 2008), S. 242-246.

Huter, Franz, Das historische Verkehrsnetz, in: Kammer der Gewerblichen Wirtschaft für Tirol (Hg.), Hundert Jahre Tiroler Verkehrsentwicklung 1858-1958. Gedenkschrift anläßlich der Säkularfeier der Eröffnung der Eisenbahn Kufstein-Innsbruck, Innsbruck 1961, S.19-36.

Hye, Franz-Heinz, Stadt und Bergbau in Tirol mit besonderer Berücksichtigung der Städte Hall und Schwaz, in: Karl-Heinrich Kaufhold /Wilfried Reininghaus (Hg.), Stadt und Bergbau (Städteforschung Reihe A), Köln/Weimar/ Wien 2004, S.313-330.

Isser, Max, Knappen – Unruhen und der Einfluss der Reformation 1500-1550, in: der Sammler, Jhg.III (1909), Heft 11.

Kathrein, Yvonne, Bei- und Familiennamengeographie im 14. und 15. Jahrhundert in Tirol. Ein onomastischer Beitrag zur Beginnphase des Schwazer Bergbaus, in: Peter Anreiter (Hg.), Miscellanea Onomastica (Innsbrucker Beiträge zur Onomastik 7), Wien 2009, S. 53-76.

Kathrein, Yvonne, Berufsnamen und -übernamen 1540 in Schwaz (unveröffentlichtes Manuskript), Innsbruck 2008.

Kirnbauer, Franz, 400 Jahre Schwazer Bergbuch 1556-1956, Wien 1956.

Kieslinger, Alois, die Steine von St.Stefan, Wien 1949.

Kiessling, Rudolf, Der Inn als Wasserstrasse. Beobachtungen zur Versorgung des Schwazer Bergbaureviers im 15. und 16. Jahrhundert, in: Wolfgang Ingenhaeff / Johann Bair (Hg.), Wasser – Fluch und Segen, 2. Internationales Bergbausymposium Schwaz 2003. Tagungsband, S. 95-115.

Kohlegger, Leopold, Das Innsbrucker Bäckergewerbe [Tiroler Studien, Heft 17], Innsbruck 1937, S.13.

Ludwig, Karl-Heinz, Unternehmenserfolge im südeutsch-alpenländischen Montanwesen in der ersten Hälfte des 16. Jahrhunderts in Abhängigkeit von Lösungen der Versorgungs- und Ressourcenprobleme, in: Ekkehard Westermann (Hg.), Bergbaureviere als Verbraucherzentren im vorindustriellen Europa. Fallstudien zu Beschaffung und Verbrauch von Lebensmitteln sowie Roh- und Hilfsstoffen (13.-18. Jahrhundert), S.47-58.

Ludwig, Karl-Heinz, Sozialstruktur, Lehenschaftsorganisation und Einkommensverhältnisse im Bergbau des 15. und 16. Jahrhunderts, in: Anschnitt. Zeitschrift für Kunst und Kultur im Bergbau Nr. 30 (1984), S. 118-124.

Ludwig, Karl-Heinz, Einkommen und Löhne von Knappen und Arbeitern in der europäischen Montankonjunktur des 15./16. Jahrhunderts, in: ZHF 14, 1987, S.385-406.

Mathis, Franz, Die wirtschaftliche Entwicklung in der frühen Neuzeit, in: Gesellschaft für Wirtschaftsdokumentationen (Hg), Tiroler Wirtschaftschronik Nordtirol/Südtirol, Wien 1994, S.75-114.

Mathis, Franz, Versorgungswesen in Bergbaugebieten am Beispiel Schwaz. Forschungsstand und Forschunglücken, in: Oeggl, Klaus / Prast Mario (Hg.), Die Geschichte des Bergbaus in Tirol und seinen angrenzenden Gebieten. Proceedings zum 3. Milestone-Meeting des SFB HiMAT vom 23.-26.10.2008 in Silbertal, S. 25-35.

Mathis, Franz, Zur Bevölkerungsstruktur österreichischer Städte im 17. Jahrhundert, Wien 1977.

Mathis, Franz, Bergbau in Tirol. Ein interdisziplinäres Forschungsprojekt an der Universität Innsbruck, in: Der Anschnitt 60 (2008), Heft 5-6, S. 198-201.

Mutschlechner, Georg, Löhne und Preise anno 1631, Tiroler Heimatblätter, Heft Nr.1 1991 (Jhg. 66), S.26.

Mutschlechner, Georg, Vom alten Bergbau am Falkenstein (Schwaz). Nach gedruckten und ungedruckten Quellen, in: R. Klebelsberg (Hg), Schlern-Schriften. Schwazer Buch. Beiträge zur Heimatkunde von Schwaz und Umgebung, Innsbruck 1951, S.113-125.

Mutschlechner, Georg, Aus der Frühzeit des Hüttenwesens in Brixlegg, in: Veröffentlichungen des Tiroler Landesmuseum Ferdinandeum, Band 67 (1987), S. 57-91.

Mutschlechner, Georg, Löhne und Preise anno 1631, Tiroler Heimatblätter, Heft Nr.1 1991 (Jhg. 66), S.26.

Mutschlechner, Georg, Der Pfennwerthandel, in: Der Schlern, Heft 5 1993, S.327-328.

Münch, Paul, Lebensformen in der frühen Neuzeit, Frankfurt 1992.

Palme, Rudolf, Frühe soziale Regelungen für die mittelalterlichen Berg-knappen in Österreich, in Louis C. Morsak (Hg.), Festgabe für Kurt Ebner zum 60. Geburtstag, S.181-195.

Palme, Rudolf, Gstrein Peter, Ingenhaeff Wolfgang, Glück auf. Faszination Schwazer Silberbergwerk, Innsbruck 2002.

Palme, Rudolf, Die Unschlittversorgung von Schwaz Mitte der zwanziger Jahre des 16. Jahrhunderts, in: Bergbaureviere als Verbrauchszentren, Stuttgart 1997, S.33-45.

Palme, Rudolf, Rechtliche und soziale Probleme im Tiroler Erzbergbau vom 12. bis zum 16. Jahrhundert, in: Anschnitt. Zeitschrift für Kunst und Kultur im Bergbau Nr. 30 (1984), S.111-117.

Palme, Rudolf, Historiographische und rezeptionsgeschichtliche Aspekte der Tätigkeit der Fugger in Tirol, in: Johannes Burkhardt (Hg.), Colloquia Augustana. Augsburger Handelshäuser im Wandel des historischen Urteils, Wien 1996, S. 297-307.

Palme, Rudolf, Die Unschlittversorgung von Schwaz Mitte der zwanziger Jahre des 16. Jahrhunderts, in: Bergbaureviere als Verbrauchszentren, Stuttgart 1997, S.33-45.

Palme, Rudolf, Der spätmittelalterliche und frühneuzeitliche „Rod"-Verkehr durch Tirol, in: Helmut Zwahr (Hg.), Uwe Schirmer, Henning Steinführer, Leipzig, Mitteldeutschland und Europa. Festgabe für Manfred Straube und Manfred Unger zum 70. Geburtstag, Leipzig 2000, S.523-530.

Reininghaus, Wilfried, Gewerbe in der frühen Neuzeit, München 1990, S.32.

Ryslavy, Kurt, Geschichte der Apotheken Nord-, Ost- und Südtirols, Wien 1991.

Schmelzer, Mathias, Geschichte der Preise und Löhne in Rattenberg vom Ende des 15. bis in die zweite Hälfte des 19 Jahrhunderts, phil.Diss., Innsbruck 1972.

Sokoll, Thomas, Bergbau im Übergang zur Neuzeit, Idstein 1994.

Steinegger, Fritz, Krankheiten und Sanitätswesen im Schwazer Bergbau, in: Bergbau und Medizin. Schwazer Silber, 3. Internationales Bergbausymposium Schwaz 2004. Tagungsband, Innsbruck 2005, S.287-301.

Stolz, Otto, Quellen zur Steuer-, Bevölkerungs- und Sippengeschichte des Landes Tirol im 13., 14. und 15. Jahrhundert (Schlern Schriften Nr.44), Innsbruck 1939.

Stolz, Otto, Geschichte des Zollwesens, Verkehrs und Handels in Tirol und Vorarlberg. Von den Anfängen bis ins XX. Jahrhundert, in: R. Klebelsberg (Hg), Schlern-Schriften Nr. 108, Innsbruck 1953.

Stöger, Georg, Die Migration europäischer Bergleute während der frühen Neuzeit, in: Der Anschnitt 58 (2006), Heft 4-5, S.170-186.

Strele, Georg, Von alten Gewerben und Handwerken in Tirol, in: Tiroler Heimatblätter, Heft 11/12 1938, S.311-319.

Stuffer, Rupert, Technische Voraussetzungen zur Innschiffahrt, in: Wolfgang Ingenhaeff / Johann Bair (Hg.), Wasser – Fluch und Segen, 2. Internationales Bergbausymposium Schwaz 2003. Tagungsband, S. 217-225.

Suhling, Lothar, Schmelztechnische Entwicklungen im ostalpinen Metall-hüttenwesen des 15. und 16. Jahunderts, in: Anschnitt. Zeitschrift für Kunst und Kultur im Bergbau Nr. 30 (1984), S.125-130.

Suhling, Lothar, Der Seigerhüttenprozeß. Die Technologie des Kupfersei-gerns nach dem frühen metallurgischen Schrifttum, Stuttgart 1976.

von Srbik, Robert R., Überblick des Bergbaues von Tirol und Vorarlberg in Vergangenheit und Gegenwart. Sonderabdruck aus den Berichten des Na-turwissenschaftlich-medizinischen Vereines Innsbruck, Innsbruck 1929.

Unterkircher, Alois, Zur Bevölkerungsgeschichte und zur Sozialstruktur ei-nes Bergbauzentrums in der frühen Neuzeit: Das Fallbeispiel Schwaz (Ti-rol), in: Der Anschnitt. Zeitschrift für Kunst und Kultur im Bergbau 60 (5-6, 2008), S. 222-231.

Unterkircher, Alois, Birth and Death in a Mining Dominated Region. Popu-lation Movement Exemplified by Two Villages in the Greater Schwaz Area (17th - 19th Century), in: Anreiter Peter / Goldenberg Gert / Hanke Klaus (Hg.), Mining in European History and its Impact on Environment and Human Societies. Proceedings from the First Mining in European History Conference of the SFB-HIMAT, 12.-15. November 2009 Innsbruck, Inns-bruck 2010, S. 51-56.

Weigel, Christoph, Christoph Weigels Ständebuch von 1698, Leipzig 1936.

Westermann, Ekkehard, Zur Versorgung von Bergbaurevieren: Aufgaben künftiger Forschungen, in: Ekkehard Westermann (Hg.), Bergbaureviere als Verbraucherzentren im vorindustriellen Europa. Fallstudien zu Beschaffung und Verbrauch von Lebensmitteln sowie Roh- und Hilfsstoffen (13.-18. Jahrhundert), S.429-442.

Wopfner, Thomas, Tirol im 16. Jahrhundert. Die sozialen, wirtschaftlichen und religiösen Verhältnisse zu Beginn der Neuzeit, phil. Dis., Innsbruck 1994.

Worms, Stephen, Schwazer Bergbau im fünfzehnten Jahrhundert. Ein Bei-trag zur Wirtschaftsgeschichte, Wien 1904.

XIII. Quellenverzeichnis

Bittner, Herbert, Hausgeschichte des Marktviertel Schwaz, Band I+II+II, (Manuskript TLM-Innsbruck) 1989.

Tiroler Landesmuseum Ferdinandeum, Innsbruck, Dip / 856.

Tiroler Landesarchiv Innsbruck, Feuerstättenverzeichnis des Jahres 1427, Cod.12, 2v.

Tiroler Landesarchiv Innsbruck, Urbar 85/1, 85/2, 85/3.

Tiroler Landesarchiv Innsbruck, Pestarchiv XIV, Nr.617.

Tiroler Landesarchiv Innsbruck, HS 13, fol.92r-95r.

Tiroler Landesarchiv Innsbruck, Urbar der Pfarrkirche Schwaz von 1606, Mikrofilmnummer Nr. 1797/3.

Tiroler Landesarchiv Innsbruck, Urbar der Pfarrkirche Schwaz von 1546, Mikrofilmnummer Nr. 1797/2.

Tiroler Landesarchiv Innsbruck, Kataster 18/1, fol.10r.

Tiroler Landesarchiv Innsbruck, OÖKKB, Bd.231, Reihe Entbieten und Befehle, Nr.54 von 1552, fol. 199r-200v.

XIV. Tabellen- und Abbildungsverzeichnis

Schaufenster des „Wirtschaftswunders" und Brückenschlag nach Osten

Westdeutsche Industriemessen und Messebeteiligungen
im Kalten Krieg (1946-1973)
(Forum Deutsche Geschichte 20)
Von Christiane Fritsche
2008, 627 Seiten, Paperback, Euro 59,90/CHF 104,00, ISBN 978-3-89975-689-0

In den 1950er und 1960er Jahren waren Messen, so die zentrale These der Arbeit, weit mehr als Marktveranstaltungen, auf denen Geschäfte angebahnt wurden. Stattdessen hatten sie vor dem Hintergrund des Kalten Kriegs, der deutschen Teilung und der Systemkonkurrenz zwischen Bundesrepublik und DDR eine immense politische Bedeutung.

So bot sich für Westdeutschland auf der Bühne der internationalen Messen einerseits die Möglichkeit, sich als der DDR haushoch überlegenes „Wirtschaftswunderland" zu präsentieren. Andererseits waren Messen in Zeiten der politischen Spannungen Foren für Politiker und Industrielle aus Ost und West, auf denen sie bereits in den 1960er Jahren Kontakte über den Eisernen Vorhang hinweg knüpften und damit die Entspannungspolitik der Ära Brandt/Scheel vorweg nahmen. Westdeutsche Messen und Messeauftritte im Kalten Krieg waren also beides zugleich: Schaufenster des Wirtschaftswunders und ein Brückenschlag nach Osten.

Kurswechsel an der Börse – Kapitalmarktpolitik unter Hitler und Mussolini

Wertpapierhandel im deutschen Nationalsozialismus (1933–1945) und im italienischen Faschismus (1922–1945)
(Forum Europäische Geschichte 6)
Von Patrik Hof
2008, 482 Seiten, Paperback, Euro 59,90/CHF 104,00, ISBN 978-3-89975-663-0

Während des Zweiten Weltkriegs zählten die Börsen in Deutschland und Italien zu den wichtigsten Säulen der nationalen Volkswirtschaften. Für die Kriegsfinanzierung bauten die Faschisten und Nationalsozialisten die ursprünglich privatwirtschaftlich arbeitenden Börsen zu „Staatsbörsen" um.

Diese Studie thematisiert nicht nur die Staatseingriffe und Turbulenzen an den Börsenmärkten, sondern beleuchtet auch die Rolle der Börsen als Handelsplatz für Staatswerte und für geraubte jüdische Wertpapiere.

Ihr Wissenschaftsverlag. Kompetent und unabhängig.

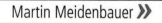

Martin Meidenbauer »

Verlagsbuchhandlung GmbH & Co. KG
Schwanthalerstr. 81 • 80336 München
Tel. (089) 20 23 86 -03 • Fax -04
info@m-verlag.net • www.m-verlag.net